Sternenlicht

Edwin & Caroline Zimmerli

STERNEN LICHT

Kosmische Energie
für den nächsten Schritt
der Evolution

Ansata

Das vorliegende Buch ist sorgfältig erarbeitet worden. Dennoch erfolgen alle Angaben ohne Gewähr. Weder die Autoren noch der Verlag können für eventuelle Nachteile oder Schäden, die aus den im Buch gemachten praktischen Hinweisen resultieren, eine Haftung übernehmen.

MIX
Papier aus verantwortungsvollen Quellen
FSC
www.fsc.org   FSC® C014496

Verlagsgruppe Random House FSC-DEU-0100
Das für dieses Buch verwendete FSC®-zertifizierte Papier
EOS liefert Salzer Papier, St. Pölten, Austria.

Ansata Verlag
Ansata ist ein Verlag der Verlagsgruppe Random House GmbH.

ISBN 978-3-7787-7449-6

1. Auflage 2012
Copyright © 2012 by Ansata Verlag, München,
in der Verlagsgruppe Random House GmbH
Alle Rechte sind vorbehalten. Printed in Germany
Redaktionelle Mitarbeit: Wulfing von Rohr
Lektorat: Dr. Diane Zilliges
Einbandgestaltung: Reinert & Partner, München
Gesetzt aus der Minion Pro von EDV-Fotosatz Huber/
Verlagsservice G. Pfeifer, Germering
Druck und Bindung: GGP Media GmbH, Pößneck

Inhalt

Vorwort. 9
Einleitung. 11

Der Lichtkörper ist eine Realität. 15
 Was ist der Lichtkörper? 15
 Warum nehmen wir den Lichtkörper nicht wahr? 20
 Wie wir den Lichtkörper jetzt wieder aktivieren
 können 26
 Wendezeit – Entscheidungszeit. 36

Warum Sternenlicht den Lichtkörper am wirksamsten
aktiviert. 39
 Licht ist der Schlüssel zum Lichtkörper. 39
 Was ist Licht? Die Entdeckung der Lichtgesetze 41
 Sternenlicht als harmonisches Licht höherer
 Ordnung. 45
 Die verborgene Macht der Kohärenz. 47
 Das kohärente Licht der Fixsterne 52

Die Sterne wollen mit uns sprechen. 64
 Der erste Ruf der Sterne: Die verschlüsselte
 Botschaft. 64
 Der zweite Ruf der Sterne: Kosmische Religiosität 67
 Der dritte Ruf der Sterne: Die Inspiration/
 Der Auftrag 76

Licht als Träger von Bewusstsein 88
 Die zentrale Rolle des Lichts. 89

Wahrnehmung und Wirklichkeit.................. 102
DNA, Gehirn und Bewusstsein................... 104

Unsere kosmische DNA........................... 112
Was ist die DNA?............................... 113
DNA, Licht und Evolution....................... 119
Wie es zur Entdeckung der kosmischen DNA kam.... 127
DNA und Kristalle............................. 131

Durch Transformation der Materie in die fünfte
Dimension.. 138
Die neue Sicht der Wirklichkeit.................. 139
Wesen und Herstellung eines Hologramms.......... 142
Kohärenz ist der Schlüssel in die fünfte Dimension ... 154

Mit Sternenlicht zum kosmischen Bewusstsein......... 164
Kosmisches Bewusstsein......................... 166
Der nächste Schritt in der Entwicklung der
Menschheit...................................... 169
Kosmische Weisheit............................. 175
Evolutionssprung durch Sternenlicht............... 182
Sternreisen und Spacetrips....................... 184

Die Sternenlichtarbeit............................ 186
Die Energie der Sterne........................... 187
Wichtige Fixsterne und ihre Lichtenergien.......... 189

Dein Stern ruft dich!............................. 223
Sternenlicht: Der neue Schlüssel zu Heilung,
Ganzheit und Erfüllung.......................... 223
Ihr Stern und seine Botschaft.................... 226
Einladung zur persönlichen Erfahrung.............. 232

Der STARCON-Lichtkörperprozess. 249
Was sind Sternenlichtkristalle?. 251
Ganzheitliche Verbindung mit den höheren Ebenen . . 256
Die Arbeit mit den Sternenlichtkristallen. 259
Die Sternenlichtbehandlung. 266
. . . außer man tut es!. 273

Literaturverzeichnis 275
Über die Autoren. 287
Kontakt und Webadressen. 288

Vorwort

von Edwin Zimmerli

Ich wurde 1960 geboren und wuchs als zweiter von drei Buben in einem kleinen Dorf am Zürichsee auf. An schönen Wochenenden waren die Zimmerlis oft zum Wandern in den Bergen. Die wilde Alpenwelt mit ihren Wäldern, Wiesen und Bächen faszinierte mich. Meistens war ich als Entdecker unterwegs. Ich kletterte auf Felsen und erforschte jede Höhle, die in Sichtweite des Weges lag. Mit großer Leidenschaft sammelte ich schöne Steine und hoffte, eines Tages einen großen Kristallschatz zu finden.

Rund 30 Jahre später ging dieser Wunsch unverhofft in Erfüllung und meine frühe Leidenschaft für Kristalle und Edelsteine wurde Teil meiner neuen Berufung. Die Faszination für Kristalle ist aber nur die eine Seite. Sie macht sozusagen die irdische Hälfte aus. Die andere Hälfte ist himmlischer Art und entspringt dem besonderen Licht entfernter Sterne, deren rätselhafte Botschaft mich ebenfalls schon in der Kindheit berührte.

Als ich 1996 in einem meditativen Zustand die deutliche Eingebung hatte, die klarsten Kristalle der Welt an einer Sternwarte per Teleskop mit dem Licht von Fixsternen zu bestrahlen, um mit solchen Sternenlichtkristallen die Entfaltung des Lichtkörpers zu unterstützen, wusste ich noch nichts von der besonderen Qualität des Sternenlichts. Ich folgte einfach meinen inneren Impulsen und war neugierig genug, diese Idee auszuprobieren. Auch war mir damals noch nicht bekannt, dass klare Kristalle nicht nur für Licht durchlässig sind, sondern auch für eine andere, verborgene Wellenform, und dass sie uns dank dieser Eigenschaft und in Verbindung mit den Sternen einen direkten Zugang zu höheren Ebenen der Seele und des Geistes verschaffen können. All diese Erkenntnisse kamen erst später hinzu und begannen im Lichte der erlebten Erfahrungen immer mehr Sinn zu machen; so viel Sinn, dass es sich lohnt, darüber ein Buch zu schreiben.

Dieses Buch handelt von Licht, von Sternenlicht und von der Magie, die durch das Zusammentreffen von zwei hohen Ordnungen zustande kommt: der hohen irdischen Ordnung des Kristalls und der hohen himmlischen Ordnung des Sternenlichts. Materie kann man im Prinzip als »gefrorenes Licht« ansehen. Und so treffen in einem Kristall, der mit Sternenlicht bestrahlt wurde, zwei hohe Lichtordnungen zusammen: eine himmlische und eine irdische. In dieser mystischen Vereinigung von Himmel und Erde liegt die Schöpfungsmagie für ein Leben auf einer neuen Realitätsebene, die wir als die »Realität des Lichtkörpers« bezeichnen. Jeder Sternenlichtkristall repräsentiert diese Realität bereits im Kleinen und manifestiert ein solches Lichtkörperfeld.

Alchemistisch betrachtet ist der Sternenlichtkristall der lange gesuchte »Stein der Weisen«. Er verkörpert die durch Sternenlicht veredelte *prima materia* der äußeren, materiellen Schöpfung, die sich durch das höhere Licht zur durchgeistigten *ultima materia* transformiert.

In diesem Buch geht es darum, wie Sternenlicht und Sternenlichtkristalle uns Menschen bei unserer eigenen Transformation auf die nächste Evolutionsebene unterstützen können. Es geht um das Heraufdämmern eines Neubeginns, dessen Zeit nach einer langen Evolution jetzt gekommen ist.

Einleitung

Der Lichtkörper und das kosmische Bewusstsein sind das eigentliche Ziel der Evolution. Das ist eine der Hauptaussagen dieses Buches. Wir sprechen hier ganz bewusst nicht nur von einer Tendenz, wie das bei Evolutionsbetrachtungen sonst meist üblich ist, sondern benennen das Ziel klar und eindeutig. So entsteht eine ganz neue Perspektive, die den Vorteil hat, dass viele Probleme der heutigen Welt als sinnvoll erkannt und nachhaltig erfolgreicher angegangen werden können. Es liegt eine große Kraft darin: eine lebendige Kraft, die Zuversicht vermittelt. Und eine solche Kraft ist auch erforderlich, um die globalen Herausforderungen zu verstehen und zu meistern.

Vielen Menschen ist inzwischen klar, dass der materielle Fortschritt nicht weiter zum Selbstzweck werden darf. Aus der kosmischen Perspektive ist Wohlstand auch nicht Sinn und Zweck des Lebens, sondern lediglich eine Voraussetzung für die Bewusstseinsentwicklung hin zum Lichtkörper. Solange der Mensch im Überlebenskampf gefangen ist, kann er sein Bewusstsein nur innerhalb irdischer Begrenzungen entwickeln. Es braucht Technologie, Fortschritt und Wohlstand, um diese Entwicklungsstufe zu überwinden. Hierfür war die rational analytische Bewusstseinsentwicklung enorm nützlich und sogar Voraussetzung. Durch sie konnten die Naturgesetze wissenschaftlich erforscht, erkannt und technisch genutzt werden. Wenn aber ein gewisses Maß an Wohlstand erreicht ist, tritt eine Art Sättigung ein und es keimt ein erweitertes, umfassenderes Sein hervor, das zur Entfaltung kommen will.

Der Kulturphilosoph und Bewusstseinsforscher Jean Gebser (1905–1973) nannte es das »integrale Bewusstsein«. Wir nennen es in diesem Buch »kosmisches Bewusstsein« und beziehen es auf den Lichtkörper. Wenn diese neue hervorkeimende Seinserweiterung nicht bald beginnt oder gar verpasst wird, verfällt der Mensch in Dekadenz, sinnlose Leere und Depression. Wird sie hingegen gefördert, entfalten wir Menschen unser volles Potenzial.

Für die meisten Spezies auf unserer Erde reichen die beiden Grundtriebe Überleben und Fortpflanzen sowie das Territorialverhalten und Sozialverhalten aus, um den Daseinszweck zu erfüllen. Beim Menschen ist das anders. Der Mensch ist angehalten, sich selbst zu erkennen, er stellt Fragen und sucht nach dem Sinn des Lebens. Kraft seines selbstbewussten Geistes ist er nicht nur Geschöpf, sondern auch Mitschöpfer. Deshalb kann er nicht einfach nur seinen Wohlstand genießen und immer weiter ausbauen, sondern muss stets etwas Neues erschaffen oder zumindest daran beteiligt sein. Der Mensch braucht eine Aufgabe, die kreativ ist, ihn mit Sinn erfüllt und seinem ureigenen Wesen entspricht. Und jetzt kommt der springende Punkt: Weil das Wesen des Menschen im Grunde von lichthafter und geistiger Natur ist, wird sich seine Schöpferkraft irgendwann zwangsläufig über das Materielle hinaus ins Lichthafte und Geistige hinein entwickeln. An diesem Entwicklungspunkt sind wir jetzt auf der Erde angelangt.

Die Bewusstseinsentwicklung und damit auch die Wirklichkeitssicht des Menschen verläuft laut Jean Gebser vom archaischen Bewusstsein über das magische, mythische und mentale hin zum integralen Bewusstsein. Jede dieser Bewusstseinsdimensionen umfasst die vorhergehenden. Die Übergänge sind fließend. Die jeweils nächste Bewusstseinsstruktur oder Bewusstseinsdimension beginnt sich zu entfalten, wenn die bestehende zu viele Defizite aufweist und zunehmend negative Auswirkungen nach sich zieht. Das ist inzwischen bei der mentalen Bewusstseinsdimension zweifellos der Fall. Ihre analytisch sezierende Sicht fragmentiert die Welt und zerteilt das Lebendige. Sie wird oft zu materialistisch und derart einseitig auf den eigenen Vorteil bedacht angewandt, dass sie sich für die Umwelt und andere Spezies lebensbedrohlich auszuwirken beginnt. Das jetzt heraufkeimende integrale oder kosmische Bewusstsein ist ganzheitlich. Es beinhaltet die Rückverbindung mit dem Ursprung und die Wiederherstellung des unverletzten, ursprünglichen Zustandes. Wir bezeichnen diesen Zustand als Lichtkörper und verwenden den Begriff »kosmisches Bewusstsein«, weil er die Gesamtheit des Kosmos mit einschließt.

In diesem Buch stellen wir Ihnen einen praktischen Arbeitsansatz vor, der zeigt, wie kosmisches Bewusstsein durch die Integration von Sternenlicht zur Entfaltung gebracht werden kann und welche Vorteile das hat. Das kosmische Bewusstsein, von dem wir sprechen, zeichnet sich durch folgende Eigenschaften aus:

- Es ist der globalen Ebene, dem globalen Prozess übergeordnet.
- Es integriert die körperlichen, seelischen und geistigen Aspekte.
- Es ist multidimensional und dem mentalen Bewusstsein überlegen.
- Es ist ganzheitlich beziehungsweise holoenergetisch organisiert.
- Es zeichnet sich durch Kohärenz, durch harmonische Übereinstimmung aus.

Zahlreiche frühere Pioniere haben in der einen oder anderen Form bereits von diesem kommenden Bewusstseinsprozess gesprochen und ihre Gedanken, Einsichten oder Offenbarungen publiziert: Sri Aurobindo, Teilhard de Chardin, Walter Russel, Alfred North Whitehead, der erwähnte Jean Gebser, Ken Wilber, Peter Russel und andere mehr. Dieses Buch zeigt, warum das neue, das kosmische Bewusstsein und der Lichtkörper keine Utopie sind, sondern eine sich bereits entfaltende Realität, deren Richtung der Einzelne zum Beispiel durch den neuen Sternenlichtansatz auf der Handlungsebene mit unterstützen kann.

Der Sternenlichtansatz ist eine holistische Energie- und Lichtarbeit, die mehrere Polaritäten verbindet: Himmel und Erde, oben und unten, innen und außen, Spiritualität und Wissenschaft, Individuum und Kollektiv, Teil und Ganzes. Im Wesentlichen ist es ein Weg des Lichts, der Heilung und der Ganzheit. Konkret handelt es sich um eine Methode, die das höhere Licht von Fixsternen nutzt, um den Lichtkörper zu aktivieren. Jeder kann diesen Weg auf seine eigene Weise gehen. Für diejenigen, die sich stärker engagieren wollen, gehen wir im abschließenden Kapitel näher auf die von uns entwickelte Sternenlichtmethode und deren Merkmale ein.

Das Buch führt verschiedene Fakten, Informationen und Konzepte aus mehreren Erfahrungs- und Wissensbereichen zusammen, um auf den Transformationsprozess hinzuweisen, der sich auf unserem Planeten vollzieht. Es beleuchtet sozusagen die Fäden, die das Muster des Lebens weben. Dieses Muster zu erkennen, wird immer schwieriger, weil die Spezialisierung in der modernen Welt schnell zunimmt. Der Preis, den wir als Gesellschaft dafür zahlen, steigt stetig an. Wir sind aufgefordert, diese Fragmentierung des Lebens zu überwinden. Es geht schließlich um nichts Geringeres als die eigene Zukunft und die Zukunft von Erde und Menschheit. Ja, es geht jetzt um das Ganze, um den Lichtkörper.

Der Lichtkörper ist eine Realität

Der Lichtkörper ist nicht etwas Neues, sondern der Ursprung des Menschen und gleichzeitig auch seine Zukunft. Der Mensch, so wie wir ihn jetzt kennen, ist ein Übergangswesen, das derzeit noch in Raum und Zeit gefangen ist. Jetzt dämmert eine neue Epoche herauf, in der wir viele Limitierungen der Vergangenheit überwinden und in die Realität des Lichtkörpers gelangen können.

Doch was ist der Lichtkörper eigentlich? Weshalb können wir ihn derzeit noch nicht wahrnehmen? Wie können wir ihn jetzt wieder reaktivieren? Was kann der Lichtkörper zur Heilung und Ganzheit des Einzelnen und der ganzen Menschheit beitragen? Warum ist die Wendezeit, in der wir heute leben, die wichtigste Entscheidungszeit, seit man Geschichte schreibt? Das sind die Fragen, denen wir hier im ersten Kapitel nachgehen.

Was ist der Lichtkörper?

Diese Frage kann nicht eindeutig, sondern nur andeutungsweise beantwortet werden. Die Vielschichtigkeit und Multidimensionalität des Lichtkörpers verunmöglichen eine Konkretisierung. Deshalb findet man in der Literatur hierzu auch keine einheitlichen Begriffe oder Beschreibungen. Das ist auch gar nicht möglich, weil der Lichtkörper etwas Multidimensionales ist, das auch subjektive Wahrnehmungsebenen mit einschließt. So viel aber kann gesagt werden: Der Lichtkörper ist die Ganzheit des Menschen, sein Ursprung und seine Zukunftsform. Zu ihm gehören neben dem physischen Leib mehrere feinstoffliche und spirituelle Körper, wobei die untersten, dichtesten Ebenen sich eines Tages transformieren werden.

In der spirituellen Literatur gibt es verschiedene Konzepte zum Lichtkörper. Sogar die Aufgliederung wird unterschiedlich gesehen. Während die einen die Ganzheit des Menschen lediglich in Körper, Seele und Geist aufteilen, gibt es feiner gegliederte Konzepte, die fünf-, sechs-, sieben- oder zwölfschichtig sind. Je tiefer man sich mit dem Thema beschäftigt, desto mehr Widersprüche treten zutage. Dies sollte aber kein Grund sein, sich nicht für dieses faszinierende Thema zu interessieren.

Manchmal findet man die Bezeichnung»Lichtkörper« auch für eine einzelne Schicht oder Ebene dieser Ganzheit. Hellsichtige nehmen die feinstofflichen Körper oder eine bestimmte Schicht des Lichtkörpers als Lichtschwingung wahr und bezeichnen sie dann oft als Lichtkörper. Dabei ist nicht immer klar, um welche Schicht es sich handelt, da diese sich gegenseitig durchdringen. Dadurch kann es zu Verwechslungen kommen.

Eine gute Übersichtstabelle zu den zahlreichen Konzepten der Aura oder des Lichtkörpers hat Stefan von Jankovich (1920– 2002) in seinem Buch *Die energetische Struktur des Menschen* zusammengestellt. Er war Architekt und erlitt 1964 als Beifahrer einen beinahe tödlichen Autounfall mit Herzstillstand, den er nur dank einer Adrenalinspitze in die Herzkammer überlebte. Durch sein Nahtoderlebnis machte er eine kosmische Einheitserfahrung, die ihn tiefgreifend veränderte. Trotz 18 Knochenbrüchen und zahlreichen Operationen bezeichnete er diesen Beinahe-Tod als sein schönstes Erlebnis. Seine bis dahin weltliche Ausrichtung änderte sich mit einem Mal und er schlug einen spirituellen Weg ein. Stefan von Jankovich schrieb mehrere spirituelle Bücher. Zusammen mit seiner Frau förderte er den spirituellen Bewusstseinsprozess bis ins hohe Alter, ohne dabei kommerzielle Interessen zu verfolgen. Seine Übersichtstabelle zu den feinstofflichen Körpern zeigt, wie wichtig es ihm war, die Ganzheit des Lichtkörpers zu erfassen und den Menschen näher zu bringen.

Das Sieben-Körper-Modell

Im Folgenden stellen wir ein Sieben-Körper-Modell vor, wie es beispielsweise von Ananda Bosman in seinen Lichtkörpertrainings vermittelt wird. Es passt konzeptionell gut zu den sieben Hauptchakren. Zur Veranschaulichung nehmen wir das Bild einer siebenteiligen Matrjoschka; das sind diese russischen Holzpuppen, die man ineinanderstapeln kann und die manchmal als »Babuschka« bezeichnet werden. Nun stellen wir uns vor, wie jede dieser sieben Puppen einen der sieben Körper der Lichtkörpereinheit darstellt. Die Reihenfolge vom höchsten Körper aus gesehen ist: Atmankörper, Buddhikörper, Kausalkörper, Astralkörper, Mentalkörper, Emotionalkörper, physischer Körper.

Die äußerste und größte Puppe hat die höchste Frequenz und die größte Ausdehnung. »Frequenz« steht hier für den zunehmenden Grad an Subtilität und Vernetzung und sollte nicht mit dem technischen Frequenzbegriff verwechselt werden. Die höheren, subtileren Körper durchdringen alle darunter liegenden Schichten. Nach unten findet eine zunehmende Kondensation und Verdichtung statt, bis hin zum festen, relativ undurchdringlichen physischen Körper.

Die Chakren in diesem Modell

Jeder dieser sieben Körper hat sieben Hauptchakren, wobei jedes Chakra einen der sieben Körper energetisch repräsentiert. In diesem Modell haben wir also nicht nur den physischen Körper mit seinen sieben Hauptchakren, sondern insgesamt sieben verschiedene Körper mit je sieben Chakren. Jeder dieser Körper ist in jedem anderen durch das entsprechende Chakra enthalten. Zum Beispiel ist der Emotionalkörper im physischen Leib durch das zweite Chakra repräsentiert und der Mentalkörper durch das dritte, der Astralkörper durch das vierte und so weiter. Daraus ergibt sich ein komplexes holoenergetisches Beziehungsnetzwerk, das dadurch charakterisiert ist, dass das Ganze in jedem Teil enthalten ist. Auf das holografische oder holoenergetische Beziehungs- und Lebensnetzwerk werden wir im Kapitel *Durch Transformation der Materie in die fünfte Dimension* genauer eingehen.

Der Ätherleib

Eine Sonderstellung innerhalb des Lichtkörpers nimmt der Ätherleib ein. Er wird nicht als eigenständiger Körper, sondern eher als eine Art Mittlerschablone aufgefasst, die man auch als ätherische Blaupause bezeichnet. In der Theosophie wurde der Ätherleib anfangs noch als Astralkörper bezeichnet, was aber nicht das Gleiche ist und später durch Annie Besant geändert wurde. Der Ätherleib ist am engsten mit dem physischen Körper verbunden und reicht etwa fünf Zentimeter über diesen hinaus. Er integriert den physischen Körper in die Energiekörper der Erde, des Sonnensystems und des Kosmos. Je nach Lehre durchziehen zwischen 72 000 bis 340 000 Energiebahnen, auch Nadis genannt, den Ätherleib. Die ätherische Substanz spiegelt die Lebenskraft, das Chi, Ki oder Prana wider. Wird ihr Fluss blockiert, zeigt sich eine dunkle Färbung. Der Ätherleib bleibt nach dem Tod noch einige Zeit mit der Persönlichkeit verbunden und löst sich auf, wenn die Seele auf die astrale Ebene wechselt.

Nach Rudolf Steiner (1861–1925) ist der Ätherleib des Menschen die Umgestaltung eines Wirbels, der sich durch das Zusammenstoßen zweier polarer Ätherströme bildet: Kosmischer Wärme- und Lichtäther strahlen von allen Seiten in den Ätherleib ein, strömen auf Yang-Meridianen entlang und gehören zu Kopf und Gehirn. Chemischer Äther und Lebensäther hingegen kommen aus der Erde, strömen auf Yin-Meridianen entlang und betreffen den Rest des Körpers. Steiner weist in einem Vortrag vom 12. April 1921 auf die kosmischen Aspekte des Ätherleibs hin:»Der Mensch umkleidet sein geistig-seelisches Wesen beim Herabstieg aus der geistigen Welt mit seinem ätherischen Leib. (…) Es ist so, dass dieser ätherische Leib z.b. an seiner Umgebung Sternenhaftes zeigt und dass er in seinem unteren Teile etwas zeigt, was sich wie ein Abbild der Erde ausnimmt. Ja, er hat sogar eine Art Abbild des Sonnen- und Mondhaften in sich. Es ist außerordentlich bedeutsam, dass, wenn wir aus der allgemeinen Ätherwelt beim Herunterstieg in die irdische Welt die Ätherkräfte heranziehen, wir in unserem Ätherleib ein Abbild des Kosmos mitnehmen. Wenn wir den Ätherleib in dem Moment herausnehmen könnten, wo der Mensch sich mit dem physischen Leib verbindet, so würden wir, viel schöner, als jemals mechanisch geformt worden ist, eine Sphäre haben mit Sternen, mit dem Tierkreis, mit Sonne und Mond.«[1]

---

[1] Zit. n.: AnthroWiki – Die freie Wissensdatenbank für Anthroposophie

Warum nehmen wir den Lichtkörper nicht wahr?

Die Religionen des Ostens und des Westens sind sich darin einig, dass der ursprüngliche Schöpfungsentwurf des Menschen ein kosmisches Lichtwesen ist, eine Gestalt jenseits unserer jetzigen, raumzeitlich limitierten Vorstellungen. Diese kosmische Wesenheit soll bereits zu Beginn des Universums angelegt und mit diesem in Erscheinung getreten sein. Hinweise auf diesen kosmischen Ursprungsmenschen findet man in praktisch allen alten Religionen und deren Schöpfungsmythen. In den indischen Veden heißt er »Purusha«, bei den alten Persern »Gayomart«, bei den Gnostikern und den Griechen »Makroanthropos«, bei den Germanen »Ymir« und in der jüdischen Kabbalah »Adam Kadmon«. Der kosmische Ursprungsmensch war anfangs eine rein geistige Schöpfung, die ganz und heil war. Erst durch die Ausdehnung in weitere Bereiche hinein kam es zum Bruch mit der Einheit, für den es wiederum in den Religionen unterschiedliche Metaphern gibt. Fast jedes Volk hat seine eigenen Schöpfungsmythen, die es dann oft noch in mehreren Versionen gebraucht. Obschon die Geschichten zum Teil sehr unterschiedlich sind, haben sie im Bild der Trennung, des Falls oder der Vermischung von Gut und Böse einen gemeinsamen Nenner.

Der paradiesische Zustand

Im Westen am bekanntesten ist die biblische Metapher, die mit Adam im Paradies beginnt. Das Wort *Adam* bedeutet im Hebräischen »Mensch«. Gemäß der Bibel waren wir also ursprünglich gemeinsam dieser eine Mensch im paradiesischen Zustand. Dieser ursprüngliche Adam war noch nicht verdichtet und noch nicht individualisiert. Er war noch nicht einmal geschlechtlich.

Das kam alles erst später. Er/wir umfasste/n den ganzen Kosmos. Dieser kosmische Ursprungsmensch hatte einen Lichtkörper, der allerdings die heutigen dichten, materiellen Ebenen noch nicht enthielt. Er hatte noch kein reflexives Selbstbewusstsein, sondern ein kosmisches Gewahrsein. Als integraler, unbewusster Teil des »Adam Kadmon« verfügte er nicht über eine Wahrnehmung im heutigen Sinne, denn es gab für ihn in diesem Zustand noch kein »Ich«. Erst durch die Erschaffung der äußeren Welt kam es zur Auftrennung der Ganzheit in Subjekt und Objekt. Dadurch erst wurde eine äußere Evolution möglich, und erst jetzt kann man von Sinneseindrücken und Wahrnehmung sprechen, denn solange das Selbst mit der Umgebung verschmolzen ist, bilden Subjekt und Objekt eine Einheit.

Ein solcher Zustand ist für uns heute kaum vorstellbar und man kann ihn sprachlich auch nicht beschreiben. Doch wir können gelegentlich über unser eigenes Selbst hinausgehen, es transzendieren, als wären die Erde und all die Sterne und Galaxien da draußen in uns drinnen, sodass es keine äußeren Dinge mehr gibt, weil alles in allem enthalten ist. Dieser Zustand kosmischen Gewahrseins ermöglicht unmittelbares, direktes Sein ohne ein individualisiertes, dazwischengeschaltetes »Ich«, das die Welt betrachtet. Die Wahrnehmung der Einheit des Lichtkörpers entspricht also nicht dem Sehen der Aura, in dem Sinne, dass ein »Ich« die Aura der anderen da draußen sieht. Es handelt sich vielmehr um ein Gewahrsein, das die gespaltene Wirklichkeit von Subjekt und Objekt transzendiert.

Im Kern unseres Wesens kennen wir diesen allumfassenden Zustand und sehnen uns unbewusst danach. Wenn wir in einer klaren Nacht die Sterne bewundern, können wir diese Sehnsucht in uns spüren. Doch genauso wie das Kind nicht mehr zurück in den Mutterleib kann, können wir nicht in den Lichtkörper zurück. Wir können uns nur vorwärts entwickeln und durch Hingabe in diese größere Ganzheit gewissermaßen »hineinsterben«. Ja, es ist tatsächlich eine Art von Sterben, denn es erfordert die Hingabe (nicht etwa die Verneinung) unseres kleinen, persönlichen Selbst.

Nicht nur die Religionen und Schöpfungsmythen weisen darauf hin, dass die ursprüngliche Einheit des Lichtkörpers existiert hat. Auch Physik und Astrophysik bestätigen das Bild eines gemeinsamen Ursprungs. Die wissenschaftlichen Erkenntnisse über die Vergangenheit können uns Hinweise liefern, wodurch dieser ganzheitliche Zustand charakterisiert war und wie er verloren ging. Daraus lassen sich Schlüsse ziehen, wie wir ihn wiederherstellen können. Nach dem Bild der modernen Physik haben Symmetriebrüche in den höheren Dimensionen dazu geführt, dass sich eine uranfängliche einheitliche Superenergie oder Superkraft in vier physikalische Grundkräfte aufteilte, aus denen sich dann das äußere, materielle Universum bildete. Die vier physikalischen Grundkräfte bzw. Wechselwirkungen sind:

- Die Schwerkraft (Gravitation). Sie bewirkt, dass sich Materie gegenseitig »anzieht« bzw. sich stets zusammenballen will.
- Die starke Wechselwirkung (starke Kernkraft). Sie hält die Nukleonen (Neutronen und Protonen) im Atomkern zusammen.
- Die schwache Wechselwirkung (schwache Kernkraft). Sie macht sich vor allem beim Zerfall radioaktiver Atome bemerkbar und spielt eine entscheidende Rolle bei der Fusion von Wasserstoff zu Helium in der Sonne und in den Sternen.
- Die elektromagnetische Wechselwirkung. Sie erzeugt den äußeren Raum sowie die Phänomene Elektrizität, Magnetismus, Licht und ist verantwortlich für die chemischen Eigenschaften und die relative Undurchdringlichkeit der Materie.

Physikalische Theorien und Experimente an Teilchenbeschleunigern weisen darauf hin, dass die vier physikalischen Grundkräfte ganz zu Beginn des Universums – noch bevor die ersten Elementarteilchen entstanden – eine höherdimensionale supersymmetrische Einheit bildeten. Deshalb sind die Rückverbindung mit dem geistigen Ursprung, höhere Dimensionen, universelle Symmetrien sowie kosmische Verbundenheit die wichtigsten Schlüssel zur Wiederherstellung der Ganzheit.

Die Vertreibung aus dem Paradies

Der Mythos vom Fall aus der Einheit ist weltumspannend. Es handelt sich keineswegs nur um ein einzelnes religionsspezifisches Bild, sondern um einen kollektiven Archetyp. Irgendwie wurde der Mensch aus dem Himmel verstoßen und in seinen Möglichkeiten begrenzt. Kein Wunder also, dass wir den Lichtkörper nicht wahrnehmen können.

Die bekannte Geschichte von der Vertreibung aus dem Paradies folgt in wesentlichen Zügen dem Muster anderer Religionen. Nach dem biblischen Bild haben Luzifers Einflüsterungen zum Sündenfall des Menschen geführt. Die Erlösung aus dem Zustand nach dem Fall wird indes durch den auferstandenen Christus repräsentiert, der in einem verklärten Lichtleib – dem Lichtkörper – zum Himmel auffährt.

Der biblische Sündenfall ist untrennbar mit dem Sturz von Luzifer verbunden. Der Physiker und Quantenoptiker Arthur Zajonc schreibt in seinem Buch *Die gemeinsame Geschichte von Licht und Bewusstsein*, dass es eine apokryphe Überlieferung gibt, in der es heißt, dass Luzifer und Christus Brüder waren. Sie sollen beide hochgestellte Engel des Lichts gewesen sein. Luzifer fiel, weil er sich weigerte, den Menschen vor dem Angesicht Gottes zu verehren. Durch diesen Hochmut wurde er auf die

Erde hinabgeworfen. Dort führte er die Menschen in Versuchung und zog sie auf seine Seite. Die eigentliche Vertreibung aus dem Paradies fand gemäß dieser Metapher erst durch diese Verfehlung statt. Die Folgen waren Sterblichkeit, materielle Verdichtung (Schwere) und die Polarität von Gut und Böse.

Früher fand ich (Edwin) diese Geschichten lächerlich, weil ich sie viel zu wörtlich nahm und mein gesunder Menschenverstand mir sagte, dass es wohl kaum so gewesen sein kann. Inzwischen glaube ich allerdings, dass es ganz gute Metaphern sind, um zu illustrieren, was vorgefallen war.

Nach Friedrich Weinreb (1910–1988), einem jüdisch-chassidischen Bibelkommentator, ergibt sich der tiefere Sinn der Schöpfungsgeschichte erst, wenn man sie in hebräischer Schrift liest und die Zahlenebene berücksichtigt. Die 22 Konsonanten des hebräischen Alphabets repräsentieren bestimmte Zahlenwerte und haben eine in sich geschlossene Logik, sodass sich die tiefere Bedeutung eines Textes nur dem Eingeweihten erschließt. Dies ist auch der Grund, warum bei den Abschriften des Alten Testaments nicht ein einziger Buchstabe verändert, weggelassen oder hinzugeführt werden durfte, auch dann nicht, wenn ein Wort offensichtlich falsch geschrieben da stand.

Der springende Punkt im Zusammenhang mit unserer Frage, warum wir den Lichtkörper nicht wahrnehmen, dreht sich um die beiden entscheidenden Bäume im Paradies: den Baum des Lebens und den (verbotenen) Baum der Erkenntnis des Guten und des Bösen, zudem um die Schlange, die den Menschen in die Versuchung führte, Früchte vom verbotenen Baum zu essen. Die Bäume sind ein Symbol für die Abstammung des Lebens, letztlich für den Stammbaum. Das Eingehen auf die Versuchung der Schlange hatte unerfreuliche Folgen und führte zu einem Wechsel des Stammbaums beziehungsweise einer Durchmischung der Abstammungslinie. Dadurch geriet der geistige Ursprung des Menschen, respektive seine geistige Abstammung in Vergessenheit.

Adam und Eva wurden aus dem Paradies vertrieben. Mit ihnen wurde aber auch die Schlange, der wir in Kapitel 5 im Zusammenhang mit der kosmischen DNA nochmals begegnen, vom himmlischen Baum verdammt. Durch seinen Ungehorsam wurde der Mensch sterblich und bekam den Verlust der Einheit am eigenen Leib zu spüren. Sein Körper war nicht mehr feinstofflich und licht, sondern wurde grobphysisch und dicht. Er benötigte äußere Nahrung, die er durch harte, anstrengende Arbeit nun selbst anbauen musste. Die Frau musste von nun an unter Schmerzen Kinder gebären. Und die Geschichte von Kain und Abel erzählt uns, dass es endgültig aus war mit dem unschuldigen, unbewussten Ganzheitszustand. Hier in der harten Realität der äußeren, materiellen Welt gab es plötzlich Gut und Böse.

Wie wir im Zusammenhang mit der DNA später noch genauer sehen werden, ist es hochgradig stimmig, für die luziferische Versuchung das Bild einer Schlange zu verwenden und die Geschichte mit zwei Bäumen und damit Abstammungslinien zu verknüpfen. Durch die Vertreibung aus dem Paradies verlor die Schlange ihre Beine (oder Flügel) und musste fortan am Boden kriechen und »Staub fressen«. Mit Staub ist natürlich die Welt der Materie gemeint. Die Schlange ist ein Symbol für die DNA, für jenes intelligente Erbmolekül, das den Bauplan und die Funktionsanweisungen für den Körper enthält und das jeder von uns im Kern jeder Körperzelle hat. Durch den Fall aus der Einheit wurde dieses »Lebensmolekül«, das – wie man inzwischen weiß – ein Lichtträger ist, vom kosmischen Lichtgewebe abgetrennt. Dies wird in der Geschichte eben dadurch zum Ausdruck gebracht, dass die Schlange ihre Beine beziehungsweise Flügel einbüßte.

Die luziferische Versuchung wird also in Form einer Schlange dargestellt, die ein Symbol für das DNA-Molekül ist, das als Lichtträger fungiert. Macht es da nicht stutzig, dass der Name

Luzifer ebenfalls »Lichtträger« oder »Lichtbringer« bedeutet? Der Grund, warum wir den Lichtkörper nicht wahrnehmen können, hängt also letztlich mit einer limitierten DNA zusammen. Er hängt damit zusammen, dass wir den eigenwilligen Einflüsterungen Luzifers gefolgt sind und mit ihm aus den lichten Himmeln verbannt wurden. Das Konzept der Erbsünde – sofern man es vom kirchlichen Schuldkomplex befreit – findet hier in der limitierten DNA eine einleuchtende Erklärung. Denn durch die geschlechtliche Fortpflanzung wurde auch diese Limitierung an die nächste Generation weitergegeben.

Wie wir den Lichtkörper jetzt wieder aktivieren können

Wir können heute erkennen, dass die ursprüngliche Ganzheit etwas mit dem Kosmos und mit Licht zu tun hat, und wir können die »Lichtfäden« in Form von Sternenlicht aufgreifen und ihnen folgen. Dabei werden wir feststellen, dass wir einem Pfad der Liebe folgen, der zu mehr Verbundenheit, Weisheit und Ganzheit führt. Liebe ist dasselbe wie die tiefere Verbundenheit und Einheit des Lichts. Deshalb stellte Jesus die Liebe zu Gott, zu unseren Nächsten und zu uns selbst so zentral in den Vordergrund und sagte: »Ich bin das Licht der Welt. Wer mir nachfolgt, wird nicht in der Finsternis umhergehen, sondern wird das Licht des Lebens haben.« Dieses ursprüngliche Licht der Welt, von dem Christus sprach, ist primär ein geistiges Licht. Es ist aber teilweise auch im Universum ausgebreitet und leuchtet uns in Form der Sterne entgegen. Anfangs war alles ein Ganzes und bildete eine höherdimensionale Einheit. In diese Einheit wird das verstreute Licht der Materie nun durch das Funkeln der Sterne wieder zusammengerufen.

Ob wir die Rückkehr in die Einheit allein bewerkstelligen können, ist umstritten. Religionsgründer wie Zarathustra oder Mani vertraten diesen Standpunkt, während manche Christen ihn vehement bekämpfen und davor warnen, dass eine solche Haltung in eine Selbsterlösungsillusion führt. In dieser Frage gibt es aber nicht nur ein Entweder-oder, denn es braucht beides: den Glauben an die göttliche Ur-Lichtquelle und das persönliche Bemühen, die eigene Situation und die Umstände in dieser Welt zu verbessern. Ein zentraler Faktor dabei ist die gegenseitige Verbundenheit und damit auch alles, was hilft, die Trennungsillusion zu überwinden. Hierzu gehören unter anderem:

- Verzeihungsarbeit (sich selbst und anderen vergeben)
- Beendigung von Selbstbeschuldigung und Schuldzuweisung
- Auflösung von Täter-Opfer-Dynamiken
- Auflösung von Dünkel, Überheblichkeit und Hochmut
- Unterlassen von Verurteilung (Wahl und Beurteilung genügen)
- Schattenintegration (das sogenannte Böse nicht abspalten)
- Erkennen und Zurücknehmen von Projektionen
- Verbindung mit der größeren Ganzheit
- Überschreiten der Dimensionen des Verstandes
- Wechsel zu einer multidimensionalen Wirklichkeitsauffassung

Es gibt verschiedene Methoden und Ansätze, um den Lichtkörper gezielt zu erwecken. Da ist zum Beispiel der taoistische Ansatz des unsterblichen Körpers, Mantraansätze oder das Rezitieren der göttlichen Namen, geometrische Ansätze mit dem Sternentetraeder oder Vortexijah, Elohim-, Erzengel- und Farb-

strahlenansätze, verschiedene Chakrenansätze und Chakren-
übungen oder das komplexe Kathara-Biohealing-System. Si-
cherlich gibt es auch noch weitere Systeme. Ich (Edwin) habe
früher selbst mehrere Lichtkörper-Erweckungsmethoden unterrichtet. Inzwischen konzentrieren Caroline und ich uns ganz
auf den Sternenlichtansatz. Er hat den Vorzug, sehr einfach und
effektiv zu sein, und er wirkt über die höhere Ordnung des Sternenlichts direkt auf das kollektive Hologramm der Spezies-
DNA ein. (Mehr dazu in den Kapiteln zur kosmischen DNA
und zur Transformation der Materie.)

Letztlich dienen auch viele traditionelle Wege und Methoden
direkt oder indirekt der Entfaltung des Lichtkörpers, auch wenn
das nicht explizit erwähnt wird. Wir denken hier an Yoga, Shiat-
su, Qi Gong, Tai Chi, Reiki, Geistiges Heilen, Holistische Ener-
gie- und Körperarbeit, aber auch Homöopathie, Bachblütenthe-
rapie und andere. Man kann eigentlich alles dazu zählen, was
den physischen Körper flexibler und durchlässiger macht, mehr
Verbundenheit schafft oder auf der seelischen und geistigen
Ebene ansetzt. Letztlich bewegt sich die irdische Evolution inklusive der äußeren technologischen Entwicklung immer mehr
in Richtung Lichtkörper.

Im Zusammenhang mit Lichtkörper-Erweckungsmethoden
wird oft von der Merkaba (auch Merkabah) geredet. Die Merkaba und der Lichtkörper sind aber nicht identisch. Der Begriff
stammt aus der jüdischen Mystik, und man kann ihn insofern
vom Lichtkörper abgrenzen, als damit das Gefährt oder das
göttliche Lichtvehikel gemeint ist, mit dem man unsere physischen Begrenzungen überwinden und die höheren Ebenen jenseits der Raumzeit erkunden kann. Die Merkaba kann verschiedene Größen und Formen annehmen und sich durch die
unterschiedlichen Dimensionen bewegen. Als Merkaba wurde
auch der Thronwagen in der biblischen Vision Hesekiels bezeichnet. Erich von Däniken und andere UFO-Befürworter

glauben, in diesem Thronwagen die Beschreibung eines Raum-
schiffs mit Landefüßen erkannt zu haben. Im Kontext der Licht-
körpererweckung wird darunter jedoch meistens ein immateri-
elles Lichtvehikel verstanden, das man durch bestimmte
Meditationen aktivieren kann.

Wie der Lichtkörper hilft, Heilung und Ganzheit zu erlangen

Da der Lichtkörper unser Ursprung und unsere Ganzheit ist, in
die wir wieder hineinwachsen, ist er auch von großer Bedeutung
für das, was man als Heilung bezeichnet. Heilung und Ganzheit
hängen eng miteinander zusammen, denn Heilung bedeutet
Ganzwerdung. Je weiter sich die Menschheit entwickelt, desto
wichtiger wird es, dies zu begreifen.

Die moderne Medizin hat großartige Fortschritte gemacht
und kann auf der Ebene des physischen Körpers inzwischen
schier Unglaubliches leisten. Ihr Ansatz ist aber immer noch
analytisch und mechanistisch, auch wenn inzwischen klar ist,
dass die Ursache vieler Krankheiten im psychischen Bereich
liegt und es für echte Heilung mehr als die erfolgreiche »Repa-
ratur« der physischen Ebene braucht.

Es ist anzunehmen, dass die Gesundheitskosten künftig weiter
ansteigen, solange sich an dieser analytisch mechanistischen
Vorgehensweise nichts ändert. So wie das Gesundheitssystem
derzeit etabliert ist, kann eine Änderung aber kaum direkt von
den Ärzten ausgehen, sondern muss über den Einzelnen und
dessen gelebte Eigenverantwortung erfolgen.

Der Glaube an die Realität des Lichtkörpers und die Arbeit an
der Wiederherstellung dieser ursprünglichen Einheit ist jener
Beitrag, den der Einzelne selbst leisten kann, um mehr Ganzheit
und Heilung zu erlangen. Es ist genau der umgekehrte Weg der

heutigen Medizin, denn er geht nicht vom Teil, dem Problem oder der Krankheit aus, sondern versucht, den »ganzen«, heilen Zustand wiederherzustellen. Deshalb ist es wichtig, nachvollziehbare, plausible Argumente für den Lichtkörper zu haben. Ist dem Einzelnen der Verlust seiner Ganzheit klar geworden, so ist er auch bereit, etwas zur Wiederherstellung dieser Ganzheit zu tun.

Heilung und Ganzheit erlangen wir, indem wir begreifen, dass wir mehr als unser fleischlicher Körper sind, und den seelischen und geistigen Bereichen ebenfalls einen gebührenden Platz in unserem Leben einräumen. Heilung und Ganzheit erlangen wir auch, indem wir uns als heil und vollkommen betrachten, auch wenn wir es derzeit noch nicht ganz sind. Dies ist natürlich ein Widerspruch, den es in den kommenden Jahren zu überwinden gilt. Einerseits sind wir in den Fall aus dem Paradies involviert und wurden von den höheren Ebenen abgetrennt. Andererseits steht uns die Ganzheit des Lichtkörpers als Zukunftsform bereits wieder zur Verfügung. Wir müssen sie lediglich noch erschließen. Die höheren Wahrnehmungsfelder des Lichtkörpers sind bei jedem Menschen latent vorhanden, auch wenn sie derzeit noch inaktiv sind. Ihre Erweckung kann individuell gefördert werden. Der eigentliche Aufstieg ist aber aufgrund der zunehmenden gegenseitigen Verbundenheit letztlich eine kollektive Angelegenheit, die sich noch einige Zeit hinziehen kann. Wann es so weit ist, bleibt offen. Die Zukunft ist nicht festgelegt. Was man aber bereits jetzt klar erkennen kann, ist, dass die gegenwärtige Entwicklung zügig auf die Realität des Lichtkörpers zusteuert.

Der Lichtkörper nimmt Gestalt an

Falls wir nicht durch globale Zusammenbrüche der Finanz- und Wirtschaftssysteme oder durch gigantische Naturkatastrophen völlig zurückgeworfen werden, wird sich der Prozess weiter in Richtung Lichtkörper fortsetzen und sogar noch beschleunigen. Unser gesamtes Wirtschafts- und Geldsystem verlangt wegen Zins- und Zinseszins jährliches Wachstum. Ein großer Teil der Investitionen fließt dabei in neue Technologien. Dies ist so vorgegeben, weil die Marktmechanismen innerhalb einiger Jahre zur Sättigung führen und ein Verdrängungsmarkt einsetzt. Deshalb braucht es immer neue Technologien und Produkte, und dieser Prozess führt zielsicher tiefer in die technologische Lichtvernetzung, die eine Vorstufe der Realität des Lichtkörpers ist.

Die entscheidende Frage ist also nicht, ob und wann nun der Lichtkörper kommt, sondern welche Lichtwirklichkeit wir für uns selbst realisieren: Wählen wir die technologische oder die spirituelle Variante, und ab welchem Punkt laufen wir Gefahr, die spirituelle Möglichkeit zu verlieren, weil wir uns zu tief in die äußere Technologie verstrickt haben?

Die Technik scheint uns mehr Freiheit zu geben, doch gleichzeitig werden wir immer stärker von ihr abhängig. Die Geräte werden immer kleiner, kostengünstiger und unterwandern uns vielleicht schon bald in Form von winzig kleinen Chip-Implantaten. Der praktische Nutzen könnte derart erfolgreich sein, dass die Entwicklung so selbstverständlich verläuft wie bei den Handys, deren Netz immer dichter ausgebaut wird. Manche Zukunftsexperten prognostizieren, dass Menschen- und Maschinenwelt auf eine Weise zusammenwachsen werden, dass keiner mehr sagen kann, wo der Mensch aufhört und die Maschine anfängt. Diese Einschätzungen kommen nicht etwa von abgefahrenen Technikfreaks, die zu viele Science-Fiction-Filme gesehen haben, sondern von ernst zu nehmenden Fachleuten. Sie sprechen davon, dass man sich langsam Gedanken über die Rechte intelligenter Roboter machen sollte, weil diese in einigen Jahren bereits selbst lernen und sogar Gefühle ausdrücken können.

Sollte die Entwicklung ungebremst so weitergehen, behalten diese Zukunftsexperten wahrscheinlich recht. Wir dürfen uns dann nicht wundern, wenn sich einige von uns dereinst in einem technologisch realisierten Lichtnetz als Cyborg wiederfinden – halb Mensch, halb Maschine. Unsere Intelligenz wäre dann – aufgepeppt durch Nanoimplantate – millionenfach größer als heute. Durch modernste Gen-, Nano- und Biotechnologie könnten wir jede Krankheit in Schach halten, die eigene Sterblichkeit durch Zellerneuerung verzögern oder sogar überwinden. Über die gezielte Stimulation aller Sinneskanäle könnten wir in verschiedene virtuelle Welten eintauchen, die uns derart echt erscheinen, dass wir sie kaum mehr von der »richtigen« Realität unterscheiden können.

Auf diese Weise wären wir dann auch in einer Art Lichtkörper – eben in einem rein technologischen. Es besteht kein Zweifel, dass diese Zukunftsvariante bereits Gestalt annimmt. Liest man die Bücher von Wissenschaftlern wie Frank Tipler, James Gardner oder Ray Kurzweil, so merkt man, dass darin so etwas wie eine Seele oder ein geistiges Bewusstsein nicht auftaucht. Die einzige Intelligenz, die darin zum Zug kommt, stammt »von unten«, aus dem Materiellen. Sie soll angeblich zufällig aus der richtigen Anordnung und Vernetzung von Materie entstanden sein und entwickelt sich nun schon bald mittels intelligenter Roboter über die Kapazität des menschlichen Gehirns hinaus. Diese wissenschaftlich-materielle Sichtweise ist aber unvollständig. Sie zeigt nicht das ganze Bild, sondern nur die materielle Hälfte.

Der technologische Lichtkörper
wächst immer schneller

Überall auf der Welt werden jetzt Glasfasernetze erstellt. Multimediale Angebote und das Internet erfordern immer mehr Bandbreite. Da die Kupferleitungen noch in diesem Jahrzehnt an ihre Leistungsgrenze stoßen, stellen viele Stadtwerke, Gemeinden und Netzbetreiber auf die neue Lichtleitertechnologie um: auf Glasfaserkabel. Viele Regierungen glauben, dass die Investition in diese Netze wirtschaftlich sinnvoll ist, weil dadurch mehr Arbeitsplätze entstehen. Ferner lässt sich damit die Produktivität steigern, man kann Energie einsparen und die Bildung fördern. Obschon die meisten Länder erst am Anfang der Glasfaserära stehen, erkennt man bereits eindrückliche Wachstumsraten. In Europa wuchs die Zahl der anschließbaren Haushalte im Jahr 2010 um 23 Prozent. In der Schweiz sollen Ende 2015 eine Million Haushalte komplett mit Glasfaser erschlossen sein, sodass dann bereits ein Drittel der Bevölkerung Zugriff auf das neue Lichtnetz hat.[2] Weltweit wird in jeder Sekunde ein Kilometer Glasfaserkabel verlegt. Mit anderen Worten: Unser Planet erhält ein neues »Nervensystem« auf der Basis von Licht.

Der äußere, technologische Lichtkörper wächst also sehr schnell und mit ihm auch unsere Abhängigkeit von der Technik. Sie ist aber nicht das Hauptproblem, denn Leben kann nie unabhängig existieren. Zudem ist der technologische Prozess für die Transformation in den Lichtkörper vermutlich ebenso erforderlich wie die Verpuppungshülle der Raupe für den Schmetterling. Das Problem liegt vielmehr darin, dass die spirituelle Entwicklung durch den technologischen Erfolg abgewertet und als rückständig betrachtet wird. Dadurch besteht eine gewisse

---

[2] In: *Willkommen im Glasfaser-Zeitalter.* R&M Kundenmagazin Connections (4/2011)

Gefahr, dass der Mensch durch den Fortschritt, der ihm eigentlich behilflich sein sollte, sich seelisch und geistig zu entfalten, gerade in seelischer und geistiger Hinsicht verkümmert.

Zwei Lichtkörpervarianten

Die Manifestation des Lichtkörpers ist also bereits in vollem Gange, und es gibt offenbar zwei Varianten davon. Konkret sichtbar ist die materielle Variante, die über die Technologie von außen kommt und sich uns durch den rasanten Fortschritt zunehmend aufdrängt. Ebenfalls erkennbar, wenn auch nicht konkret fassbar, ist die feinstofflich spirituelle Variante, die wir durch unseren Glauben wählen können. Jesus, der als zentrale Lehre die Auferstehung in den Lichtleib verkündete und großes Leid auf sich nahm, um uns von seiner Botschaft zu überzeugen, sprach vom spirituellen Lichtkörper.

Es ist möglich, dass die äußere technologische Lichtvernetzung bis zu einem gewissen Grad erforderlich ist, damit die spirituelle Variante von der Mehrheit überhaupt erkannt und gewählt werden kann. Bei den meisten Menschen ist die Vorstellung einer feststehenden äußeren Welt nämlich so tief verankert, dass sie dies als unabänderlich empfinden. Das heißt, sie können sich das Leben in einer multidimensionalen, immateriellen Realität des Lichtkörpers gar nicht vorstellen.

Wie der Transformationspionier José Argüelles bereits 1987 richtig erkannt hatte, hilft Technologie, die biologischen Limitierungen der DNA mit künstlichen Mitteln zu überschreiten. Mithilfe von Mikroskopen, Teleskopen, Infrarot-, Ultraviolet-, Radio-, Röntgen- und Gammastrahlendetektoren sowie mit Teilchenbeschleunigern begann der Mensch, die äußere Welt bis auf die subatomare Ebene hinunter und bis in die kosmische Ebene hinaus gründlich zu untersuchen. Dabei fand und findet er heraus, wie die Welt wirklich funktioniert und dass sie eigentlich gar nicht aus Materie, sondern aus intelligent organisierter Energie und Information besteht. Im Laufe dieses Prozesses entdeckte die Wissenschaft auch die vier physikalischen Grundkräfte, wobei sie eine davon – das Licht beziehungsweise den Elektromagnetismus – bereits beherrscht und in äußere Technologie umgesetzt hat.

Damit sich die Menschheit aber ein Leben in einer anderen, nichtphysischen Realität vorstellen kann, muss der technologische Prozess vermutlich so weit gehen, bis wir kaum mehr zwischen einer simulierten, virtuellen Wirklichkeit und der realen Welt unterscheiden können. Das heißt, es braucht eine Art Entkoppelung von der äußeren Welt, damit wir als Menschheit überhaupt in die Realität des Lichtkörpers hinüberwechseln können. Und diese Entkoppelung findet bereits statt. Die jüngere Generation wächst schon selbstverständlich in einen interaktiven, virtuellen Cyberspace hinein. Die fixe kollektive Vorstellung einer feststehenden äußeren Welt lockert sich automatisch auf, wenn die kommenden Generationen zunehmend in virtuelle Realitäten hineinwachsen. Die Frage ist nur, ob wir dann noch rechtzeitig in den lebendigen, spirituellen Lichtkörper gelangen? Der technologische Prozess könnte auch in eine ungewollte Richtung steuern. Wir schlagen vor, ihn nicht zu verurteilen, sondern zu beobachten und achtzugeben, dass die Technik nicht in Form von Implantaten in uns hineinwandert, was zu irreversiblen Abhängigkeiten oder gar kollektiver Versklavung führen könnte.

Wir sind überzeugt, dass das eigentliche Ziel der spirituelle Lichtkörper ist und die technische Vernetzung eines Tages wie die Verpuppungshülle beim Schmetterling zurückbleibt. Fairerweise sollte die junge Generation, die von Kindesbeinen an mit Technik aufwächst und kaum mehr vom Gameboy, TV, Computer oder Smartphone wegzubringen ist, über die verschiedenen

Varianten informiert werden. Wir hoffen, dass einige Leser den Mut haben, dieses delikate Thema anzusprechen. Manche Zeitgenossen vertreten die Ansicht, es sei rückständig, wenn man an feinstoffliche und spirituelle Realitäten glaubt. Es gibt auch Schullehrer und -lehrerinnen, die diesen Standpunkt vertreten, und natürlich will keiner der Jugendlichen »von gestern« sein. Eine solch einseitige Haltung kann aber dazu führen, dass man zu kurzfristig denkt und die materialistische Ausrichtung unserer Gesellschaft sowie die Konsequenzen eines einseitig technologischen Fortschritts zu wenig hinterfragt.

Technologie macht das Leben leichter und ist ein unverzichtbarer Wirtschaftsfaktor. Ihre Existenz verdanken wir vor allem der wissenschaftlichen Ausrichtung. Es wäre aber falsch, die religiöse oder feinstofflich-spirituelle Orientierung pauschal als Rückfall in den mittelalterlichen Aberglauben zu beurteilen. Verkümmert das innere, seelische Sensorium durch solch einseitige Wertungen, könnten wir in wenigen Jahrzehnten zu technologisch gesteuerten Cyborgs werden, die den Wechsel in die spirituelle Realität des Lichtkörpers verpassen.

Wendezeit – Entscheidungszeit

Jetzt entscheidet der Einzelne selbst, ob er den Lichtkörper zu seiner Realität macht. Seit Jahren spricht man vom Wassermannzeitalter, das eine Wende markiert. Zahlreiche bedeutende Wenden haben bereits stattgefunden oder sind noch im Prozess: die Abschaffung der Sklaverei und die Einführung der Demokratie, die Gleichberechtigung von Mann und Frau, das Ende des Kalten Krieges, die Wende zu nachhaltigem Wachstum und nachhaltiger Energieproduktion. Die bedeutendste Wende steht uns aber noch bevor. Sie kommt einer Art Umstülpung gleich;

einer Umstülpung von außen nach innen. Es ist die Wende von der Materie ins Licht. Es ist die Wende, die beginnt, wenn der Mensch merkt, dass er ein Lichtwesen ist.

Die jetzige Wendezeit ist mehr als alle früheren Epochen auch eine Entscheidungszeit. Denn der Individualisierungsprozess ist einerseits weit vorangeschritten, während andererseits die Vernetzung weiter zunimmt und den Entwicklungsprozess der Menschheit als Ganzes globalisiert.

In einem Gespräch mit einem Freund bemerkte dieser, dass sich trotz Fortschritt und Technologie sehr wenig geändert habe. Er sagte:»Die grundlegenden Bedürfnisse sind doch alle gleich geblieben. Die Menschen werden geboren. Sie essen, trinken, schlafen, pflanzen sich fort, arbeiten, vergnügen sich und sterben eines Tages. Sie erleben Freude, Lust, Schmerz und Trauer. Eigentlich hat sich für den Einzelnen kaum etwas geändert und ich glaube auch nicht, dass das in Zukunft jemals anders sein wird.«

Teilweise pflichten wir dem bei. Doch genau im Schlusssatz liegt der springende Punkt. Für den Einzelnen hat sich sehr wohl etwas verändert. Er hat heute viel mehr Wahlmöglichkeiten als noch vor wenigen Jahrzehnten und dies in vielerlei Hinsicht. Er kann sich heute seinen eigenen Lifestyle zusammenzimmern. Die Angebote und Möglichkeiten hier in den Industrienationen sind immens. Damit steigt aber auch die Verantwortung des Einzelnen, wohin er seine Aufmerksamkeit, seine Energie und sein Geld gibt. Wie wir gesehen haben, entstehen derzeit zwei verschiedene Lichtkörper: ein technologischer und ein spiritueller. Es ist möglich, dass der Einzelne – ohne sich dessen bewusst zu sein – durch seine Wahl die Weichen für seine Zukunft stellt.

Ich (Edwin) werde bei Vorträgen oft gefragt, wann denn nun der Übergang stattfindet. Die Antwort ist: Jetzt! Und jetzt ist immer. Dessen sollte man sich bewusst sein. Bis vor einigen Jahren hielt ich noch ein dafür relevantes äußeres Ereignis im Jahr 2012 für möglich. 2009 merkte ich aber, dass diese 2012-Konzepte gar nicht stimmen und man über einen äußeren Auslöser auch nicht spekulieren sollte, denn der Mensch ist in diesem Prozess als Mitschöpfer gedacht und nicht als Spekulant. Der Unterschied ist der, dass er als Mitschöpfer den Prozess mitgestaltet und nicht einfach nur wie beim Glücksspiel oder der Börsenspekulation auf das eine oder andere Ergebnis setzt.

Die eigene Haltung hierzu ist allerdings eine Frage der Verbundenheit. Im Trennungsbewusstsein erfahren wir die Evolution als einen äußeren Prozess, welchem wir ausgeliefert sind und über dessen Verlauf wir bestenfalls spekulieren können. Aus der kosmischen Verbundenheit heraus erleben wir uns aber als einen Teil dieses Prozesses, der den Verlauf aktiv mitbestimmen kann. Das hat nichts mit Selbstüberschätzung oder Größenwahn zu tun, sondern mit dem Erkennen und Akzeptieren jener Rolle, die einem Wesen mit selbstreflexivem Bewusstsein innerhalb eines sich transformierenden Evolutionsplanes zukommt. Es hat mit der Verantwortung zu tun, die wir Menschen aufgrund unserer heutigen Möglichkeiten haben.

Warum Sternenlicht den Lichtkörper am wirksamsten aktiviert

Jeder Mensch hat eine natürliche Resonanz zum Kosmos und wird über das Licht der Sterne direkt auf der Seelenebene berührt. Der Weg zur Seele über das Sternenlicht ist nicht religiös vorbelastet. Sternenlicht ist neutral und ermöglicht das direkte persönliche Erlebnis. Sternenlicht lässt uns in Resonanz mit dem Kosmos, unserer größeren Ganzheit gehen. Es harmonisiert, öffnet und verbindet auch jenseits von Glaubenskonzepten. Sternenlicht hat eine reale, sichtbare und erlebbare Komponente.

Bevor wir uns den besonderen Eigenschaften des Sternenlichts zuwenden, werfen wir einen Blick auf das Rätsel des Lichts im Allgemeinen. Dabei werden wir sehen, dass die Erweckung des Lichtkörpers synchron mit der Entschlüsselung der Lichtgesetze durch die Wissenschaft begonnen hat und jetzt immer schneller vorangeht. Wenn wir die Verwandlung der Raupe zum Schmetterling als Analogie nehmen, so hilft das Sternenlicht bei der Heranbildung und Entfaltung der Flügel. Es stellt sicher, dass wir in den spirituellen Lichtkörper gelangen und nicht in der technologischen Verpuppungshülle stecken bleiben.

Licht ist der Schlüssel zum Lichtkörper

Licht ist das Mittel, der Mittler zum Lichtkörper und damit der wichtigste Schlüssel! Das gilt insbesondere für Sternenlicht, weil es eine »höhere Ordnung« hat und uns zudem an unseren kosmischen Ursprung erinnert (dazu später mehr). Licht befreit und verbindet gleichzeitig. Denken Sie nur an den elektrischen Strom und die vielen Geräte, die Ihnen das Leben erleichtern. Gleichzeitig können Sie sich über diese Geräte auch über weite Distanzen hinweg mit anderen verbinden. Durch Fernseh-, Radio- und Internetkanäle werden sogar viele Menschen gleichzeitig über Licht beziehungsweise elektromagnetische Wellen verbunden.

Der Strom und all diese Geräte verdanken ihre Existenz letztlich der Entdeckung der elektromagnetischen Gesetze – der Gesetze des Lichts. Durch die Leichtigkeit, die uns das Licht beschert, erhalten wir mehr Wahlmöglichkeiten und können uns individueller entfalten. Über das Licht entstehen aber wie erwähnt auch mehr Vernetzung und Verbundenheit, was wiederum den kollektiven Prozess vorantreibt. Einerseits können wir heute über das Internet aus Tausenden von Informations-, Fernseh- und Radiokanälen genau das holen, was wir individuell möchten. Andererseits entsteht durch diese Vernetzung auch ein globaler Entwicklungsprozess, dem wir uns nicht mehr entziehen können. Diese beiden Aspekte – Teil und Ganzes, Individuum und Kollektiv – sind bereits in der Doppelnatur des Lichts angelegt und offenbaren sich in seinem Teilchen- und seinem Wellenaspekt.

In der Physik war lange Zeit unklar, ob Licht nun aus Teilchen oder aus Wellen besteht. Für beides gab es genügend Hinweise. Erst als man ein Sowohl-als-auch akzeptierte, ging es in der Forschung weiter voran. Licht – und damit auch der Lichtkörper – ist also von Grund auf geheimnisvoll, rätselhaft und widersprüchlich. Selbst das Jahrtausendgenie Einstein konnte es nicht erfassen und sagte einst: »Den Rest meines Lebens möchte ich damit zubringen, darüber nachzudenken, was Licht ist.«

Inzwischen sind Jahrzehnte vergangen und die Wissenschaft beginnt zunehmend zu begreifen, dass wir die Welt nicht wirklich erfassen können, wenn wir uns selbst weiterhin ausklammern. Um das Licht und den Lichtkörper zu verstehen, müssen wir erkennen, dass wir selbst Licht sind. Wir haben eigentlich keinen Lichtkörper, sondern wir sind einer!

Was ist Licht?
Die Entdeckung der Lichtgesetze

Wenn man in der Physik von Licht spricht, meint man meistens ganz allgemein Elektromagnetismus oder elektromagnetische Wellen. Das heißt, man verwendet hier den Ausdruck »Licht« allgemeiner und nicht nur für den sichtbaren Bereich der Regenbogenfarben. Mit anderen Worten: Funkwellen, Radiowellen, Fernsehwellen, Wärmestrahlung (Infrarot), Ultraviolettstrahlen, Röntgenstrahlen und sogar sehr hoch schwingende radioaktive oder kosmische Strahlen sind alles elektromagnetische Wellen und werden in der Physik meist kurz und bündig als »Licht« bezeichnet. Für all diese Wellen gelten die Gesetze des Lichts beziehungsweise die elektromagnetischen Gleichungen, die der schottische Physiker James Clerk Maxwell (1831–1879) im Jahre 1864 erstmals publiziert hatte.

Maxwell hatte sich zuvor viele Jahre mit der Elektrizität beschäftigt und schließlich die Forschungsergebnisse von Michael Faraday (1791–1867) und André-Marie Ampère (1775–1836) in einem Gleichungssystem zusammengefasst. Durch seine Arbeiten wurde klar, dass die Phänomene Elektrizität und Magnetismus, die zuvor als zwei eigenständige Kräfte betrachtet wurden, aus einer einzigen grundlegenden Kraft hervorgingen (Physiker sprechen bevorzugt von Wechselwirkungen statt von Kräften).

Einsteins berühmte Lichtgleichung: $E = mc^2$

Um den Lichtkörper zu realisieren, brauchen wir eine Verlagerung vom Teilchenaspekt des Lichts in Richtung Wellenaspekt. Die beiden Aspekte sind wie die zwei Seiten einer Münze. Eine Seite repräsentiert den materiellen Aspekt der Wirklichkeit, die andere den energetischen. Bereits 1905 hat Albert Einstein diesen Sachverhalt erkannt und in der Gleichung $E = mc^2$ zusammengefasst. Es ist wohl die berühmteste Gleichung der Physik und auch die wichtigste für den Lichtkörper. Da sie letztlich sehr einfach ist, schauen wir sie uns etwas genauer an. Auf der einen Seite der Gleichung haben wir E, die Energie, und auf der anderen m, die Masse. Sie steht für die Materie. Das c^2 steht für die Lichtgeschwindigkeit im Quadrat. Die Gleichung besagt, dass jede Masse eine Energiemenge verkörpert, die exakt gleich groß ist wie das Produkt dieser Masse und der Lichtgeschwindigkeit im Quadrat. Einsteins Formel erklärt unter anderem, wieso die Sonne und die anderen Fixsterne solch ungeheure Mengen an Energie in den Kosmos hinausstrahlen können, ohne gleich zu erlöschen.

Materie ist gefrorenes Licht

Die Wesensgleichheit von Masse und Energie, wie sie uns in Einsteins Gleichung entgegentritt, birgt einen entscheidenden Hinweis für den Lichtkörper. Sie offenbart nämlich, dass Materie »gefrorene« oder gebundene Energie ist. Und da der Schlüssel zum »Auftauen« im Licht liegt beziehungsweise im Quadrat der Lichtgeschwindigkeit, können wir sagen, Materie sei gefrorenes Licht.

Die Lichtgeschwindigkeit c ist eine Naturkonstante, eine absolute Größe von universeller Gültigkeit. Sie ist das wesentliche

Merkmal des Lichts schlechthin. Wir können also die berühmte Formel wie folgt übersetzen: Wenn wir die feste Materie (m) mit Licht x Licht multiplizieren, gelangen wir auf die energetische Seite der Wirklichkeit und damit in den Lichtkörper. Bitte beachten Sie, dass c^2 – wie jedes Quadrat – Flächencharakter hat. Wir interpretieren das als eine Art Lichtteppich und stellen uns vor, dass die horizontalen und vertikalen Fäden entsprechende Lichtwellen sind. Sie bilden das Gewebe unseres Lichtteppichs. Einsteins Formel, die schon über hundert Jahre alt ist, offenbart also, dass die Wirklichkeit eigentlich ein Lichtgewebe ist.

Die Frage ist nun: Wie können wir uns derart mit c^2 multiplizieren, dass die gefrorene Wirklichkeit»auftaut« und wir in den Lichtkörper kommen? Die Antwort lautet: durch Integration von Sternenlicht. Denn es hilft, das Empfangsspektrum der DNA beziehungsweise unsere Wahrnehmung multidimensional zu erweitern. Gelingt dieser Auftauprozess, so hätten wir damit zahlreiche Probleme gelöst. Es gäbe dann keine Platz- oder Bevölkerungsprobleme mehr. Auch Energie- oder Umweltprobleme wären passé. Wir bräuchten kein Benzin mehr, sondern könnten uns per Lichtkörper durch den Lichtraum bewegen.

Das klingt fantastisch und verrückt. Doch bedenken wir: Die Sterne verwandeln ja selbst Materie in Licht und verkörpern dieses Prinzip bereits. Um die Wirklichkeit in Licht zu transformieren, müssen wir nicht so heiß werden wie die Sterne, sondern lediglich ihr Licht integrieren. Kühne Visionen hören sich anfangs immer verrückt an. Das war auch so bei der Dampfmaschine, dem Telegraf, dem Auto, Flugzeug, Radio, Fernseher, der Mondlandung, dem PC oder Handy. All diese Erfindungen haben uns den Begrenzungen der Materie und der Getrenntheit etwas entrückt, und ginge es nach den Skeptikern, wäre nichts davon je möglich geworden.

Das Auftauen unterstützen

Der kollektive Lichtkörperprozess ist längst im Gange. Erstaunlich ist nur, dass wir so lange gebraucht haben, um es zu merken. Immerhin fand in der Physik schon vor Jahrzehnten ein deutlicher Wandel von der Materie über die Energie hin zur Information statt. Während für die frühen Physiker die Welt noch aus fester Materie bestand, stellte sich seit Einstein und der Quantenphysik zunehmend die Erkenntnis ein, dass alles Energie und Schwingung ist. Heute ist man sogar der Ansicht, dass unser Universum im Wesentlichen aus Information besteht. Was aber ist Information, und inwiefern macht dieser Begriff ohne ein Bewusstsein überhaupt Sinn? Das sind ungewohnte Fragen an eine Disziplin, die sich ursprünglich nur mit den greifbaren, materiellen Dingen beschäftigen wollte. Dass ausgerechnet die Physik als grundlegendste Wissenschaftsdisziplin in diese immaterielle Richtung weist, sollte uns alle aufhorchen lassen.

Es gibt verschiedene Möglichkeiten, diesen Auftauprozess zu unterstützen. Eine der Hauptaufgaben wird sein, den Verstand, der konkrete Vorstellungen darüber hat, was die Welt ist und wie sie funktioniert, etwas durchlässiger zu machen. Seine Vorstellungen sind veraltet und zementieren die gefrorene Wirklichkeit. Es ist sinnvoll, sich mit den Entdeckungen der modernen Physik auseinanderzusetzen. Sie hat neue, multidimensionale Wirklichkeitsmodelle anzubieten. Weiß man, was die Physik über die Materie und das Licht herausgefunden hat, hat man auf der grundlegenden Ebene der Materie mehr Klarheit über unsere Welt und unsere Zukunftsmöglichkeiten. Vielleicht werden Experimente am Europäischen Kernforschungszentrum CERN die Physik schon bald ein weiteres Mal revolutionieren und zu Erkenntnissen führen, wie wir die raumzeitlichen Begrenzungen überwinden können.

Meditation, Lichtkörpermethoden und der Sternenlichtansatz sind unabhängig davon jetzt bereits nützlich, die gefrorene Welt aufzutauen – und sie sind natürlich einfacher.

Sternenlicht als harmonisches Licht höherer Ordnung

Sternenlicht ist tatsächlich ein Licht höherer Ordnung; nicht etwa, weil es vom Himmel kommt, sondern weil es von einer Punktlichtquelle stammt. Das bedeutet nicht, dass der Stern tatsächlich so klein wie ein Punkt ist. Fixsterne sind sogar oft um ein Vielfaches größer als unsere Sonne. Weil sie aber so gigantisch weit von uns entfernt sind, sehen sie von der Erde aus wie ein Punkt und strahlen deshalb ein für uns hochwertiges harmonisches Licht aus. In der Physik bezeichnet man dieses Licht als kohärent, was bedeutet, dass es zusammenhängend, einheitlich, ganzheitlich und harmonisch ist. Der Kosmos ist offenbar so eingerichtet, dass für uns im Licht der Sterne die Erinnerung an die Ganzheit und Einheit bewahrt bleibt.

Was ist kohärentes Licht? Der Begriff »Kohärenz« kommt aus dem Lateinischen (*cohaerere*, »zusammenhängen«). Im Unterschied zu normalem Licht, wie etwa elektrischem Licht, Kerzenlicht oder Sonnenlicht, ist das Licht von Fixsternen kohärent. Das heißt, die Wellen gleicher Frequenz oder Farbe sind miteinander verbunden und in Übereinstimmung. Diese Verbundenheit ergibt ein Lichtgewebe, das uns bei besagtem Auftauen der Materie helfen kann. Mit normalem Licht geht das nicht. Da schwingen alle Lichtwellen – auch die innerhalb derselben Farbe – chaotisch durcheinander. Am besten kann man das anhand einer Analogie verstehen, bei der wir statt einer Anzahl Lichtwellen Menschen haben, die zu Musik tanzen:

45

Stellen wir uns eine Turnhalle mit Schülern vor, die zu ihrem Lieblingsstück tanzen. Jeder hört auf seinem MP3-Player über Kopfhörer seine eigene Musik und tanzt zu deren Takt. Da fast alle ein anderes Musikstück hören, sehen die Tanzbewegungen – über das Ganze betrachtet – chaotisch aus. Es fehlt ihnen das verbindende Element.

Wenn wir nun den Schülern sagen, sie sollen ihre Kopfhörer beiseitelegen und zu einem gemeinsamen Stück tanzen, das über die Lautsprecheranlage läuft, erscheint ein geordnetes Muster. Die Tanzmuster mögen zwar immer noch eine gewisse Individualität beinhalten, da jeder seinen eigenen Tanzstil hat. Das verbindende Element aber, die allen gemeinsame Musik, führt offensichtlich zu einer gewissen Ordnung. Eine noch höhere Ordnung hätte man, wenn alle die gleichen Bewegungen machen, wie beim Synchronturnen.

Diese Analogie übertragen wir jetzt auf verschiedene Lichtquellen:

Laserlicht: Es hat nur eine Frequenz und gleicht dem Synchronturnen. Laserlicht repräsentiert ein Einheitslicht. In der Physik bezeichnet man es auch als »reines Licht«. Solch eine Totalkohärenz ist aber nur bei Lichtquellen möglich, die auf eine einzige Frequenz respektive Farbe oder Wellenlänge begrenzt sind (man spricht auch von monochromatischem Licht). Absolute Kohärenz gibt es zudem nur theoretisch, weil vollkommen ideale Strahlungsquellen oder Bedingungen in der realen Welt nicht existieren.

Sternenlicht: Es enthält verschiedene Farben (verschiedene Frequenzen) und gleicht dem gemeinsamen Tanz zum Musikstück aus der Lautsprecheranlage. Auch hier sind Abstriche zu machen, weil das Sternenlicht durch die Luftmoleküle in der Erdatmosphäre zum Teil gestreut wird. Trotzdem ist Sternenlicht noch ausreichend harmonisch verbunden und geordnet, dass wir es zur Erweckung des Lichtkörpers nutzen können (man spricht von partieller Kohärenz). Wir wollen es in der Folge der Einfachheit halber als »kohärent« bezeichnen.

Normales Licht: Es enthält ebenfalls verschiedene Farben beziehungsweise Frequenzen und gleicht dem unkoordinierten, eigenwilligen Tanz der Schüler mit Kopfhörern, bei dem es keine Verbundenheit untereinander gibt. Hierzu gehören alle Lichtquellen wie die Sonne, der Mond, Feuer, Kerzenlicht und künstliches elektrisches Licht usw. In der Physik bezeichnet man das normale Licht als »diffuses Licht«, das von flächigen Lichtquellen abgestrahlt wird und daher praktisch keine Kohärenz besitzt.

Die verborgene Macht der Kohärenz

Die Kohärenz des Lichts ist unsichtbar. Sie ist die innere Beziehung, der innere Zusammenhalt der Lichtwellen untereinander. Genauso ist es mit den höheren Feldern des Lichtkörpers. Sie sind ebenfalls unsichtbar und machen den inneren Zusammenhalt des Lebens aus. Aufgrund seiner Kohärenz wird Sternenlicht uns dabei helfen, den Lichtkörper zu erwecken. In der harmonischen Übereinstimmung von Lichtwellen liegt eine verborgene Macht, die in verschiedenen technologischen Anwendungen auch bereits genutzt wird. Uns interessiert hier aber vor allem die natürliche Lichtkohärenz des Lebens.

Kohärenz ist letztlich nichts anderes als die technische Bezeichnung für Liebe. Wenn wir »Liebe« erklären müssten, so könnten wir sie am zutreffendsten als »harmonische Übereinstimmung« definieren. Genau diese Definition trifft auch auf kohärente Lichtwellen zu. Da Liebe, Kohärenz und Leben zusammenhängen, verdichten wir das zu einer einfachen Formel: Liebe = Kohärenz = Leben.

Kohärenz organisiert Leben

Fritz Albert Popp hat mit speziellen Messgeräten (Lichtverstärkern) nachgewiesen, dass alles Leben ständig geringe Mengen an kohärentem Licht ausstrahlt. Er nennt dieses Licht »Biophotonen«. Man hat herausgefunden, dass 90 Prozent davon von der DNA im Zellkern kommt. Die DNA, die den Körperbauplan sowie die Anweisungen für den Stoffwechsel und den »Betrieb« des Körpers enthält, kann als Schlüsselmolekül des Lebens bezeichnet werden. Es ist naheliegend, in ihrer Kohärenz die Lebensintelligenz schlechthin zu sehen. Die DNA als Information tragendes, intelligentes Lebensmolekül hat eine Art Bewusstsein. Ihr »Geist« oder ihre Intelligenz liegt in der Kohärenz ihres Lichts. Etwas genauer gesagt: Der unteilbare Geist kann in der Materie dort am besten zum Ausdruck kommen, wo zusammenhängendes, kohärentes Licht vorhanden ist. Kohärentes Licht spiegelt den Zusammenhang und die Einheit des Geistes am besten wider, und so ist es nicht verwunderlich, dass kohärentes Licht in der Evolution eine Schlüsselrolle spielt. Gemäß der Biophotonentheorie von Fritz A. Popp liegt hinter den Atomen und Molekülen ein intelligentes kohärentes Lichtnetz, welches das Leben organisiert.

Kohärenz harmonisiert und heilt

Fritz A. Popp hat mit seinen Lichtverstärkern auch erfolgreiche Heiler ausgemessen und konnte zeigen, dass diese die Biophotonenemission der Hände durch das bewusste Strömenlassen der Heilenergie willentlich erhöhen konnten. Dies ist ein deutlicher Hinweis darauf, dass lebendige Kohärenz harmonisiert und heilt und unsere Formel (Liebe = Kohärenz = Leben) stimmig ist. Kohärenz, Heilung und Ganzheit hängen zusammen, ebenso Heilsein und Ganzsein. Im Englischen ist dieser Sachverhalt noch sprachlich erkennbar. Das Wort *whole* bedeutet »ganz«. Es ist mit *holy* = »heilig« und mit *healing* = »heilen« verwandt. Christus wurde der Heiland genannt, weil er durch seine Mission die getrennte Verbindung zu Gott und den höheren Bewusstseinsebenen des Lichtkörpers wiederhergestellt hatte. Mit seinem Gebot »Liebe Gott über alles und deinen Nächsten wie dich selbst« hat er die Kohärenzformel für den Alltag auf den kürzesten Nenner gebracht. Kürzer und besser kann man es gar nicht sagen. Was mit dieser Kohärenzformel genau gemeint ist, vertiefen wir im sechsten Kapitel, in dem es um die Transformation der Materie geht. Zunächst genügt es zu wissen, dass das konsequente Verfolgen dieser einfachen Formel zur besten Übereinstimmung mit sich selbst, seinem Umfeld und dem Ganzen führt und somit auch eine Art Glücks- und Heilsformel ist.

Kohärenz ist der Schlüssel zur Ganzheit

Das Phänomen Leben basiert auf der holoenergetischen Lichtvernetzung, wie sie beim holografischen Prinzip zur Anwendung kommt. Eine solche Lichtvernetzung bedingt Kohärenz, die quantenphysikalisch auf der grundlegenden Ebene der Elektronen vorhanden und an ihrem ganzheitlichen Verhalten erkennbar und experimentell nachgewiesen ist. Kohärenz ist der Schlüssel, der vom materiellen Teilchenaspekt zur energetischen Wellenrealität des Lichts führt. Kohärenz ist der verborgene Pfad, um von der gefrorenen dreidimensionalen Welt in die fließende, fünfdimensionale Wirklichkeit des Lichtkörpers zu gelangen. Sie ist der Schlüssel zur Ganzheit.

Kohärenz durchdringt Materie

Messungen haben gezeigt, dass kohärentes Licht Materie durchdringen kann. Normales Licht wird von Materie reflektiert oder absorbiert. Kohärentes Licht hingegen kann die Materie durchdringen. Deshalb muss sich ein Klient beim Geistheiler, der Hände auflegt, auch nicht ausziehen. Das kohärente, heilende Licht durchdringt die Kleidung.

In einem Experiment wurde eine Kugel aus sehr heißem Gas (Plasma) erzeugt, die eine zehn Zentimeter dicke Stahlplatte durchdrang, ohne ihren Zusammenhalt beziehungsweise ihre Form zu verlieren. Der Grund sind die kohärenten Zustände im Plasma. Es gibt auch Augenzeugenberichte von Kugelblitzen, die über dem Boden geschwebt und durch Hauswände hindurchgedrungen sind, als wenn diese gar nicht existiert hätten.

Kohärenz enthält Information

Licht beziehungsweise elektromagnetische Wellen sind die Basis jeder Informationsübertragung in unserer äußeren Welt. Das gilt für unsere Wahrnehmung und unser Nervensystem wie auch für technische Geräte. Damit diese Informationsübertragung wirklich funktioniert, braucht es eine Ordnung im Licht (Kohärenz) oder eine hinter den Lichtwellen liegende gemeinsame »Absprache«. Mit chaotischen Lichtwellen kann man keine Information übertragen. Aus diesem Grund haben optische Diskettenlaufwerke von PCs, CD-Geräten, DVD- oder Blueray-Playern eine Laserdiode, welche die Information mit kohärentem Licht abtastet, und aus demselben Grund basiert auch das Leben auf kohärentem Licht.

Kohärenz ermöglicht Höherentwicklung

Die Untersuchung dissipativer, also wandelbarer Strukturen hat gezeigt, dass Hunderttausende bis Millionen von Molekülen eines sich entwickelnden Systems durch Energiezufuhr spontan auf ein neues, komplexeres Struktur- und Organisationsniveau springen können. Dabei wird der neue Platz von den einzelnen Molekülen derart schnell eingenommen, dass als Organisator nur kohärentes Licht in Frage kommt. Die Theorie der dissipativen Strukturen beschreibt also ein grundlegendes Prinzip sprunghafter Evolution und Höherentwicklung. Es hat sich in den letzten Jahrzehnten gezeigt, dass dieses Prinzip auf viele Bereiche übertragbar und breit anwendbar ist. Übertragen wir es auf die bewusste Integration von Sternenlicht, können wir damit der Evolution buchstäblich auf die Sprünge helfen und den Evolutionssprung in den Lichtkörper vorbereiten.

Kohärenz ermöglicht beziehungsweise ist Bewusstsein

Aufzeichnungen von Gehirnwellen während verschiedener Bewusstseinszustände haben gezeigt, dass das, was man als bewusste Aufmerksamkeit oder wachsames Bewusstsein erfährt, mit kohärenten Oszillationen von Gehirnwellen im Gammabereich einhergeht. Wir begegnen dem Phänomen Kohärenz also auf allen Ebenen: atomar, molekular, zellular sowie im Gehirn, wo es selbstreflexives Bewusstsein ermöglicht. Es liegt daher auf der Hand, dass es einen Zusammenhang zwischen Kohärenz, Höherentwicklung und Bewusstsein gibt und dass kohärentes Sternenlicht für die nächste Entwicklungsebene beziehungsweise für die Entfaltung des kosmischen Bewusstseins und des Lichtkörpers eine wichtige Schlüsselfunktion hat.

Das kohärente Licht der Fixsterne

Bereits im 19. Jahrhundert nutzten Physiker das kohärente Licht von Fixsternen, um mithilfe von Interferometern die Durchmesser dieser Sterne auszurechnen. Fixsterne sind viele Billionen Kilometer von uns entfernt. Das Licht legt pro Jahr eine Distanz von fast zehn Billionen Kilometern zurück. Genauer gesagt, entspricht ein Lichtjahr einer Distanz von 9,461 Billionen Kilometern. Das heißt, der nächste Fixstern, nämlich Alpha Centauri am Südhimmel, ist mit 4,3 Lichtjahren Abstand bereits über 40 Billionen Kilometer von uns entfernt.

Solche riesigen Distanzen führen dazu, dass Sterne für uns als Punktlichtquellen strahlen. Das gilt auch dann, wenn man einen Fixstern mit dem Teleskop anschaut. Im Teleskop leuchtet der Punkt natürlich heller, weil das Teleskop mehr Licht einsammeln kann als unsere Augen. Doch trotz der riesigen Vergrößerung bleibt der Fixstern ein Punkt. Planeten sind uns sehr viel näher. Bereits im Feldstecher erscheinen sie nicht mehr als strahlende Punkte, sondern als runde Scheibchen. Sie haben zudem kein eigenes Licht, sondern reflektieren wie der Mond das Licht der Sonne. Ob die Lichtwellen von der Mitte oder vom Rand des Planetenscheibchens kommen, ergibt einen Wegunterschied, durch den die Lichtwellen nicht mehr vereint im gleichen Takt schwingen. Man bezeichnet das als Phasenverschiebung. Eine präzise technische Darstellung über Phasenverschiebungen habe ich (Edwin) im Rahmen einer Artikelserie über Schwingungen für das Magazin »Lichtfokus« geschrieben. Sie finden die entsprechenden Texte auf www.holoenergetic.ch unter der Rubrik »Texte«.

Der Zusammenhang zwischen der Größe einer Lichtquelle, ihrer Distanz und der daraus resultierenden Kohärenzfläche beziehungsweise dem Kohärenzradius ist aus dem Van-Cittert-Zernike-Theorem mathematisch ableitbar. Die nachfolgende Tabelle zeigt den Kohärenzradius für verschiedene Sterne.

Kohärenztabelle

Stern	Entfernung in Lichtjahren (wenn nicht anders angegeben)	Winkeldurch- messer in Milli- winkelsekunden (wenn nicht anders ange- geben)	Kohärenz- radius in Metern (wenn nicht anders angegeben)
Sonne	150 Millionen km	0,5 Grad	0,08 mm
(Mond)	384 000 km	0,5 Grad	0,08 mm
Betelgeuse	520	50	2,4
Antares	520	40	3
Aldebaran	68	25	4,9
Arcturus	36	22	5,5
Sirius	8,7	5,6	21
Canopus	98	6,2	20
Procyon	11,3	5,5	21
Vega	26,5	3,1	42
Spica	220	0,80	152
Bellatrix	470	0,75	161

Tabelle nach: *The Intensity Interferometer* von Robert Hanbury Brown, Halsted Press

Die Kohärenztabelle zeigt, dass das Licht von Mond und Sonne nicht sehr kohärent ist, da diese Himmelskörper uns zu nahe sind. Ihr Winkeldurchmesser ist von der Erde aus gesehen zu groß, nämlich 0,5 Grad. Der Kohärenzradius liegt in beiden Fällen bei 0,08 Millimeter. Das heißt: Sonnenlicht kann noch knapp oberhalb der Zellebene ordnend wirken, um die biologische Evolution des Lebens auf der Erde anzuschieben. Für die Entfaltung der feinstofflichen Körper reicht es aber nicht.

Sternenlicht erweckt die höheren, feinstofflichen Körper

Die feinstofflichen und spirituellen Körper ragen nicht nur über den physischen Körper hinaus, sondern sind auch von ganz anderer Art. Sie sind weniger durch ihre Gestalt charakterisiert als durch ihre Vernetzung oder Verbundenheit mit anderen Wirklichkeiten. Für die Ausdehnung der feinstofflichen Körper gibt es in der Literatur unterschiedliche Angaben. Übertragen auf das Matrjoschka-Modell im ersten Kapitel erhalten wir für die verschiedenen Körper der Lichtkörpereinheit ungefähr folgende Größen: Atmankörper: 18 Meter, Buddhikörper: 11 Meter, Kausalkörper: 8 Meter, Astralkörper: 5 Meter, Mentalkörper: 3 Meter, Emotionalkörper: 2,5 Meter, physischer Körper: 1,8 Meter.

Die Kohärenztabelle zeigt, dass die Kohärenzradien mancher Sterne unsere feinstofflichen Körper problemlos umfassen können. Konkret muss man sich vorstellen, dass wir vom Stern Arcturus ständig 11 Meter (2 x 5,5 Meter) große kohärente »Lichtflächen« empfangen. Der Physiker Nick Herbert schreibt, man könne sie sich vorstellen wie riesige, ganz dünne Pfannkuchen. Bei Spica hätte der kohärente »Fladen« sogar einen Durchmesser von 304 Metern (2 x 152 Meter).

Sternenlicht verbindet uns mit dem Kosmos, unserem Ursprung

Die Erkenntnis, dass der Mensch ein Teil des Kosmos ist, findet man nicht nur in den Religionen, die uns vom kosmischen Ursprungsmenschen erzählen. Astrophysiker sagen uns, dass unser physischer Körper aus »Sternenstaub« zusammengesetzt ist. Wir bestehen aus Elementen des Kosmos, die in den Sternen durch Fusionsprozesse erzeugt wurden. Das gilt praktisch für die gesamte normale Materie im Universum außer für Wasserstoff und Helium und ein paar unbedeutende Reste Lithium und Beryllium. Diese einfachsten Elemente konnten einige Zeit nach dem Urknall von selbst aus dem heißen Ur-Licht auskondensieren. Alle weiteren Elemente sind nach heutigem Stand des Wissens ehemalige Sternteilchen. Das gilt für die lebenswichtigen Gase wie Sauerstoff oder Stickstoff genauso wie für den Kohlenstoff, der als Grundbaustein der biologischen Evolution dient. Aber auch alle anderen natürlichen Elemente wurden entweder in den »Hochöfen« der Sterne gebacken (wobei nicht nur höhere Elemente entstanden, sondern einfachere Atome auch direkt in Licht verwandelt wurden), oder sie entstanden durch den Tod eines Sterns. Edelmetalle wie Gold, Silber, Platin sowie alle anderen schweren Elemente des Periodensystems oberhalb des Eisens konnten erst durch die unvorstellbar hohen Energiefreisetzungen bei einem Sterntod entstehen.

Der Bezug unseres eigenen Körpers zu den Sternen und zum Kosmos ist unbestritten und liefert einen Teil der Antwort auf die wichtigste Frage des Lebens: Wer bin ich? Oder: Wer sind wir? Auch für Berge, Pflanzen oder Tiere gilt, dass sie aus Sternenstaub sind, und man könnte meinen, das sei gar nichts Besonderes. Das ist es für uns Menschen aber sehr wohl, und zwar deshalb, weil wir das durch unsere Neugierde und unseren Forscherdrang herausgefunden haben. Dadurch erlangen unser Sein und unsere Rolle in diesem Universum eine ganz neue Bedeutung beziehungsweise überhaupt erst Bedeutung.

Der Regenwurm, die Katze oder die Schimpansen können ihre gemeinsame Entstehung aus dem einheitlichen Ur-Licht sowie die Abstammung ihrer eigenen Körperatome von den Sternen nicht erkennen. Sie wissen nichts vom Kosmos, seiner Entstehung und ihrem eigenen Bezug dazu. Sie können und müssen es nicht wissen, denn sie erfüllen ihren instinktgebundenen Zweck auch ohne dieses Wissen. Das Gleiche gilt auch für unsere Vorfahren. Auch sie haben noch nicht gewusst, dass ihre Körperatome durch Fusionsprozesse der Sterne erzeugt wurden und dass unser Universum so riesig ist, dass es mehr Sterne darin gibt als Sandkörner in allen Wüsten und Stränden der Erde zusammen. Wir aber wissen es, und deshalb ist unsere Generation aufgefordert, die Schöpfung mitsamt der Unermesslichkeit des Kosmos zu würdigen und den Bezug zum Ursprung und zur Ganzheit wiederherzustellen.

Von allen Erdenspezies ist der Mensch dasjenige Wesen, das sich am weitesten aus der Einheit und vom Ursprung entfernt hat. Unser selbstreflexives Bewusstsein und der analytische Intellekt haben uns ganz in die Trennung geführt – vielleicht ein notwendiger Prozess, um jenen Individualisierungsgrad zu erreichen, der für bewusste Selbsterkenntnis erforderlich ist. Eigenartigerweise werden wir nun aber durch dieselbe Erkenntnisfähigkeit, die uns in die Trennung geführt hat, wieder an die Einheit des Ursprungs erinnert. Mit dem Wissen über den Urknall und die Entstehung des Kosmos ist ein verblüffendes Mysterium verbunden, das die Wissenschaft als Feinabstimmung bezeichnet. Alle Naturkonstanten haben nämlich exakt den Wert, den sie haben müssen, damit intelligentes Leben in biologischer Form überhaupt entstehen kann. Zahlreiche Faktoren müssen genau aufeinander abgestimmt sein, damit es uns mit unserer enormen Neugierde und Erkenntnisfähigkeit überhaupt gibt.

Nachdem wir uns ganz vom Göttlichen entfernt haben, können wir dies heute erkennen und den Kosmos, der durch unser Bewusstsein in unser Dasein gerufen wird, wieder in die Einheit zurückbringen. Darin liegt der tiefere Sinn unseres Lebens und unserer Rolle als selbstbewusste Spezies. Und woher haben die Astronomen ihr Wissen über die Geschichte des Kosmos? Aus dem Sternenlicht! Darin sind alle Informationen enthalten: Es verrät den Forschern, welche Elemente im Kosmos und in den

Sternen sind, wie heiß es auf den verschiedenen Sternen ist, wie viele Sterne und Galaxien es gibt, wie schnell sich das Universum ausdehnt, wie alt es ist, wie es früher ausgesehen hat und wie es wahrscheinlich in Zukunft aussehen wird.

Sternenlicht verschafft
einen direkten Zugang zur Seele

Der Astralkörper ist der eigentliche Seelenkörper und steht mit den Sternen in direktem Bezug – Astra bedeutet »Stern«. Der Astralkörper ist das Bindeglied zwischen innen und außen. In ihm bilden sich die übergeordneten kosmischen Gesetzmäßigkeiten ab. Gemäß Rudolf Steiner waltet eine ungeheure kosmische Weisheit im Astralkörper, die uns unseren Aufgaben und unserem Schicksal zuführt. Die materialistische und hektische Lebensweise in der modernen Gesellschaft kann allerdings leicht dazu führen, dass die feinen Impulse der Seele von der Persönlichkeit kaum mehr vernommen werden und wir uns in Äußerlichkeiten verlieren. Als Folge davon können sich Depressionen, seelische Orientierungslosigkeit und ein Gefühl sinnloser Leere einstellen. Sternenlicht hilft, den Kontakt zur Seele zu stärken. In diesem Sinne kann man die Sterne auch als »Navigationssatelliten« der Seele auffassen.

Sternenlicht kann die Chakren
besonders effektiv harmonisieren

Die höhere Ordnung des Sternenlichts kann bestens zur Harmonisierung der Chakren genutzt werden. Das kohärente gleichschwingende Licht hat dieselbe Wirkung wie die beschriebene Musik aus den Lautsprechern in der Turnhalle. Chakren sind energetische Repräsentanten unserer verschiedenen Körper, die wir als Wahrnehmungs- oder Bewusstseinsebenen auffassen können. In der Regel verläuft im Leben eines Menschen nicht immer alles harmonisch, sondern es sammeln sich durch Konflikte, Streit, Enttäuschungen und Verletzungen verschiedene Disharmonien in den Chakren an. Das lässt sich mit Instrumenten vergleichen, die sich mit der Zeit verstimmen. Aufgrund der Vielseitigkeit und Vielschichtigkeit des Lebens haben wir in jedem Chakra ein ganzes Orchester mit mehr oder weniger verstimmten Instrumenten. Bringt man hier Sternenlicht hinzu, haben alle Energiezentren die Gelegenheit, sich wieder harmonisch aufeinander abzustimmen. Das Sternenlicht gleicht hier sozusagen der Stimmpfeife oder dem Kammerton, der als Referenz dient.

Um ein bestimmtes Chakra zu harmonisieren, kann man das Licht eines Fixsterns mithilfe der Vorstellung gezielt in dieses Chakra hineinatmen. Entsprechende Übungen finden Sie im Kapitel »Dein Stern ruft dich«. Ist kein klarer Sternenhimmel zu sehen, können als praktische Hilfsmittel die kleinen Sternenlichtkristalle dienen, die im abschließenden Kapitel näher beschrieben werden.

Sternenlicht reaktiviert die brachliegenden kosmischen Chakren

Gemäß einigen Lichtkörperkonzepten existieren neben den traditionellen sieben Hauptchakren noch weitere Chakren, die außerhalb des physischen Körpers lokalisiert sind und seit dem Fall oder Abstieg in die dichten Regionen brachliegen. Wie anfangs angedeutet, gibt es auch hier unterschiedliche Vorstellungen. Die Autoren J. J. Hurtak und Tashira Tachi-Ren erwähnen in ihren Büchern weitere außerkörperliche Chakren. Das achte und elfte Chakra soll flache kristalline Schablonen enthalten, durch welche kosmische Verbindungslinien hindurchlaufen: die sogenannten axiatonalen Linien oder kosmischen Meridiane. Wenn das menschliche System wieder mit diesen Meridianen, die von zwölf Sternpopulationen ausstrahlen, verbunden ist, regelt die Überseele über diese Chakren die Sterneneinflüsse auf den physischen Körper. Das achte Chakra dient dabei als Hauptschaltstelle für die Verschmelzung der Energiekörper. Bevor dies stattfinden kann, müssen die alten Chakren harmonisiert und ihre Verknotungen oder Siegel aufgelöst werden. Diese waren dazu da, den menschlichen Organismus während des Karmazyklus, also während seiner dem Gesetz von Ursache und Wirkung unterliegenden Inkarnationen, in einem begrenzten Wahrnehmungsmodus zu halten. Sternenlicht und Sternenlichtkristalle können die Reaktivierung dieser brachliegenden Chakren sehr effektiv unterstützen.

Sternenlicht erweckt kosmisches Bewusstsein

Die Menschheit steckt derzeit in einer chaotischen Globalisierungsphase. Der nächste Schritt, der kosmische, ist in der Evolution angelegt. Er beinhaltet mehrere Möglichkeiten. Welche davon die Menschheit wählt, ist offen. Es ist auch möglich, dass ein Teil der Menschheit den äußeren Kosmos erschließt, während ein anderer Teil den spirituellen Aufstieg wählt. Der spirituelle Weg gleicht einer Umstülpung. Er expandiert nicht physisch in den Kosmos hinaus, sondern integriert diesen über das Licht der Sterne ins Bewusstsein. Die Integration von Sternenlicht bringt uns mit dem Makrokosmos in Einklang und lässt uns an der unermesslichen kosmischen Weisheit teilhaben.

Der expansive Weg ist eine Bewegung vom Zentrum (vom Ich) nach außen. Wahrnehmung und Bewusstsein bleiben dadurch dreidimensional. Der integrative Weg ist die umgekehrte Bewegung von der Peripherie – dem Kosmos – nach innen. Er ist die natürliche Fortsetzung des bisherigen Prozesses der Lichteinsammlung, wie er auf atomarer, molekularer und biologischer Ebene stattgefunden hat und weiter stattfindet. Der Unterschied jedoch ist, dass wir der DNA bewusst dabei helfen, Licht einzusammeln und ihr gezielt ein Licht höherer Ordnung, nämlich kohärentes Sternenlicht, über die feinstofflichen Systeme zuführen. Dadurch erweitert sich das irdisch geprägte, dreidimensional begrenzte Bewusstsein zum multidimensionalen kosmischen Bewusstsein.

Sternenlicht eröffnet als periphere Kraft den Zugang zum Lichtkörper

Durch die Integration von Sternenlicht werden die vier- bis siebendimensionalen Strukturen des Ätherleibs aktiviert. Die peripheren Lichtkräfte aus dem Weltall stellen uns die höherdimensionale Formschablone für die Zukunftsform »Lichtkörper« zur Verfügung. Sie projizieren sie sozusagen von außen an uns heran.

Ein Schlüssel für dieses Verständnis liefert die Neue Geometrie, die im 19. Jahrhundert von reinen Mathematikern ausformuliert wurde. Im Unterschied zur 2000 Jahre alten Euklidischen Geometrie, die wir alle in der Schule gelernt haben, beschreibt die Neue, auch duale oder polare Geometrie die Dinge von zwei Seiten:

1. Vom Punkt nach außen wie die übliche Euklidische Geometrie,
2. von der Peripherie nach innen, was völlig neu ist und die verborgene Seite des Lebens beschreibt.

Die Neue Geometrie ist ein Wechselspiel zwischen dem unendlich Kleinen (dem Punkt) und dem unendlich Großen (einer unendlich großen Kugel). Diese Geometrie bringt einen neuen, komplementären Ansatz, der bisher in der Literatur zum Lichtkörper fehlte. Die oft im Zusammenhang mit dem Lichtkörper erwähnte »Heilige Geometrie« ist noch unvollständig und muss um den komplementären Ansatz der Neuen Geometrie erweitert werden. Erst dann ist sie ganz und verdient ihren Namen. Die bisherige Geometrie zeigt uns nur das Bild der Entwicklung, wie sie von einem Punkt nach außen geht. Sie zeigt die materielle Seite und die Schubkräfte der Evolution.

Die neue Geometrie zeigt uns auch die andere, komplementäre Seite; nämlich, wie aus der Ferne Sogkräfte von der Peripherie nach innen wirken. Aus dieser ganzheitlichen und »gleichberechtigten« Sicht werden Form-Metamorphose, Gestaltbildung und der Lichtkörperprozess erst richtig verständlich.

Nach den bereits erwähnten Autoren Hurtak und Tachi-Ren enthält der Ätherleib vier- bis siebendimensionale Strukturen. Das heißt, der Ätherleib enthält Informationen oder Felder, die den Lichtkörper betreffen. Falls Rudolf Steiner mit seiner peripheren Projektion des Ätherleibs recht hat, lassen sich die höherdimensionalen Felder des Lichtkörpers umso einfacher aktivieren, je mehr wir uns den peripheren Kräften hingeben. Mit anderen Worten: Wenn wir uns vermehrt dem Kosmos hingeben und das Licht der Sterne integrieren, manifestiert sich der Lichtkörper mit der Zeit von selbst.

Es gibt zwei gewichtige Argumente für die bisher kaum erkannte Bedeutung der Neuen Geometrie:

1. Ihr komplementäres Prinzip hat 1995 in der Mathematik der Superstring-Physik zu einem Durchbruch geführt. Durch Hinzunahme des dualen Prinzips fand man end-

lich einen funktionierenden Weg, die Quantenphysik (Theorie des Mikrokosmos) mit der Relativitätstheorie (Theorie des Makrokosmos) zu verbinden. Dadurch gelang es, die widerspenstige Gravitation schließlich mit den drei anderen physikalischen Grundkräften theoretisch zu vereinen. Mit anderen Worten: Zur Einheit und Ganzheit gelangen wir erst durch eine Anschauungsweise, die beide Seiten beinhaltet.

2. Beim Heranwachsen des Lebens in einem Ei oder einer Gebärmutter findet noch keine Identifikation mit der Lebensstruktur, dem Körper, statt. Das geschieht erst später. Wer aber steuert dann den überaus komplexen Wachstumsprozess des Embryos? Man darf vermuten, dass hier überwiegend periphere Kräfte am Werk sind. Denn wo noch kein Selbst oder »Ich« nach außen hin tätig ist, wirkt das von außen Kommende maßgeblich gestaltend mit. Rudolf Steiner schrieb die bis heute nicht geklärte Wachstumsgestaltung des Embryos dem Wirken des Ätherleibs zu, der als periphere Kraft Möglichkeiten des Wachstums anbietet. Auf den Lichtkörper bezogen heißt das, dass auch hier die Gestaltung in den neuen Lichtleib von der Peripherie ausgeht, also vom Kosmos, und zwar in Form von kohärentem Sternenlicht. Genau das ist eine der Hauptaussagen dieses Buches: Die Hingabe an die peripheren kosmischen Lichtkräfte erweckt den Lichtkörper.

Gemäß dem dualen Prinzip der Neuen Geometrie sind Teil und Ganzes gleichberechtigt. Das Ganze ist nicht fundamentaler als der Teil, und der Teil ist nicht grundlegender als das Ganze. Beide sind miteinander verwoben und bedingen einander. Dieser gleichberechtigten Beziehung von Teil und Ganzem werden wir im holografischen Prinzip nochmals begegnen, bei welchem das

Ganze in jedem Teil enthalten ist und jeder Teil das Ganze mitgestaltet.

Zum geistigen Verschnaufen aber zunächst etwas leichtere Lesekost die davon handelt, wie Edwin ganz persönlich vom Sternenlicht und seinen Energien bezaubert wurde.

Die Sterne wollen mit uns sprechen

Mein erstes Erlebnis mit den Sternen liegt in meiner frühen Kindheit. Dennoch kann ich mich auch heute noch gut daran erinnern. Vielleicht ist das mit allen wichtigen Dingen im Leben so: Sie begegnen uns früh und wir spüren instinktiv ihre Bedeutung, ohne etwas darüber zu wissen. Es ist wertvoll, sich seiner Kindheitswünsche zu erinnern. Oft sind sie ein Hinweis der Seele für die Aufgabe im späteren Leben.

Der erste Ruf der Sterne:
Die verschlüsselte Botschaft

Ich war noch ein Dreikäsehoch, als mein Vater und ich an einem Winterabend zu Fuß auf dem Heimweg waren. Meine Mutter war mit meinen Brüdern schon vorher aufgebrochen, um das Abendessen vorzubereiten. Es war schon dunkel und recht kalt. Ich erinnere mich, wie ich von dem geheimnisvollen Glitzern auf der Straße und auf dem Gehsteig fasziniert war, das von Zeit zu Zeit wieder auftauchte. Als kleiner Knirps musste ich mich bemühen, mit meinem groß gewachsenen Vater Schritt zu halten. Als das geheimnisvolle Glitzern am Boden wieder da war, blieb ich stehen, um es zu beobachten. »Was hast du?«, fragte mein Vater. »Da, schau, Lichtfunken«, sagte ich, mit dem Finger vorwärts auf den Gehsteig zeigend. »Oh, jetzt blinken sie nicht mehr.« Mein Vater ging in die Knie, um meine Perspektive einzunehmen. »Ah«, sagte er, »jetzt sehe ich, was du meinst: Das sind Eiskristalle, die das Licht reflektieren.« Er zeigte mit dem Finger zur Straßenleuchte empor und erklärte mir, dass die Eiskristalle am Boden wie kleine Spiegel wirken, welche die Lichtstrahlen zu uns hinlenkten. »Weil wir jetzt stillstehen, hört der Funkentanz auf. Wenn wir uns bewegen, blinken uns andere Eiskristalle zu und es gibt wieder einen Funkentanz.« Wir wiegten uns beide hin und her und bewunderten das Schauspiel. Papi hatte recht! Das Funkeln hing tatsächlich mit unserer Bewegung zusammen. Es hatte etwas Magisches an sich. Bereits kleine Verschiebungen des Kopfes ergaben ein anderes Lichterbild. Ich war so fasziniert von dieser Funkenmagie, dass ich gar nicht mehr aufhören wollte, es zu untersuchen. Doch mein Vater wusste, dass wir rechtzeitig zum Abendessen daheim sein sollten. Mit dem Versprechen, dass es auf dem Weg noch mehr Straßenleuchten und solche Lichtfunken gab, konnte er mich zum Weitergehen bewegen.

Voller Erwartung hielt ich Ausschau nach weiteren Straßenlampen. Sie waren damals seltener als heute und standen nicht im Interesse eines Dreikäsehochs. Für mich waren es helle Lichter, die hoch oben hingen. Ich hatte sie zuvor kaum je bemerkt, da ich üblicherweise bei Dunkelheit im Haus oder schon im Bett war. Sicher geführt von der Hand meines Vaters legte ich während des Weitergehens gelegentlich den Kopf in den Nacken, um Ausschau nach der nächsten Straßenleuchte zu halten. In diesem Zusammenhang geschah es, dass ich zum ersten Mal die Sterne wahrnahm. Ich erinnere mich, wie ich irritiert stehen blieb, als mir plötzlich Lichtfunken von oben zublinkten. »Was ist denn jetzt wieder?«, mag mein Vater gefragt haben. Ich deutete nach oben und sagte. »Schau, Papi, Lichtfunken!« »Das sind Sterne«, erklärte er mir. »Sie sind wie unsere Sonne, aber sie sind ganz weit weg. Sie sind so weit weg, dass man sie sogar mit dem schnellsten Auto oder Flugzeug niemals erreichen kann. Der Weg zu den Sternen ist sooo weit, dass sogar das Aller-

schnellste – das Licht – Jahre braucht, um dorthin zu kommen.«
Seine Stimme schien die Unermesslichkeit des Kosmos in sich
zu tragen und orchestrierte zusammen mit dem geheimnisvollen Funkeln der Sterne eine Stimmung mystischen Staunens in
meinem kindlichen Gemüt. Ooh, fühlte ich. Aah! So weit weg
sind die Sterne, sooo weit weg … Stille – Staunen – Stille.

Ich schaute immer noch nach oben, und es offenbarte sich mir
ein weiteres Wunder: Ich entdeckte, dass die Lichter am Himmel auch dann funkelten, wenn ich regungslos da stand. Ich
brauchte mich nicht zu bewegen wie bei den Funken am Boden.
Die Sterne blinkten mir auch so zu. »Sie funkeln auch, wenn ich
still stehe«, sagte ich zu meinem Vater. Ich weiß nicht mehr, was
er darauf geantwortet hat. Jedenfalls hatte ich das Gefühl, dass
die Sterne lebendig sind und sich durch ihr Funkeln verständigen. Ich ahnte intuitiv, dass dies ihre Art war, sich mitzuteilen,
ich hatte das Gefühl, dass sie durch ihr Funkeln miteinander
sprachen. Ich fühlte, dass sie auch mir etwas Wichtiges sagen
wollten. Alles, was sie mir zufunkelten, schien Bedeutung zu haben. Ich spürte, dass darin ein großes Geheimnis lag, und
wünschte mir, sie zu verstehen. Aber ich konnte ihre Botschaft
damals noch nicht entschlüsseln.

Mein Vater beendete diese Momente kosmischen Staunens,
indem er mich an der Hand zog. »Komm jetzt, wir müssen weiter. Das Abendessen steht gleich auf dem Tisch.« Es sollte rund
zehn Jahre dauern, bis ich erneut in dieses Gefühl von Unermesslichkeit und kosmischem Staunen eintauchte.

Der zweite Ruf der Sterne: Kosmische Religiosität

Den zweiten Ruf der Sterne vernahm ich in der Oberstufe. Damals kam ein neuer, wichtiger Impuls hinzu, den man als kosmisch und mehrdimensional bezeichnen kann. Ich war etwa 14 Jahre alt und fing an, mir eigene Gedanken über die Welt zu machen. In unserer Klasse musste damals jeder Schüler einen Vortrag über eine Persönlichkeit seiner Wahl halten. Da ich zu jener Zeit in einer Radiosendung gehört hatte, dass ein weltberühmter Wissenschaftler namens Einstein eine faszinierende Theorie über das Universum entwickelt hatte, fiel meine Wahl auf ihn.

Ausschlaggebend für mein frühes Interesse an Einsteins neuer Weltsicht war ein inneres Wissen, das mich seit Jahren eine verborgene größere Realität erahnen ließ. Als Kind war ich überzeugt, dass es eine größere, verborgene Wirklichkeit geben musste. Diese Gewissheit hatte ich aufgrund einer spontanen Eingebung, die ich im Alter von vielleicht sechs Jahren hatte. Damals erwachte ich eines Morgens mit dem Wissen, dass das Leben ein Traum ist. Erregt ging ich mit meiner spontanen Einsicht zu meinem Vater und sagte: »Nicht wahr, Papi, wenn wir eines Tages sterben, dann erwachen wir aus einem großen Traum, oder? Dann merken wir erst, dass wir das Leben nur geträumt haben und gar nie richtig wach waren.« Natürlich wollte ich von meinem Vater auch gleich noch wissen, wie denn das richtige Leben nach dem Tod aussieht. Als religions- und kirchenkritischer Mensch glaubte dieser jedoch nicht an ein Leben nach dem Tod. Er bezog sich lieber auf greifbare Fakten. Er antwortete mir ungefähr so: »Was nach dem Tod ist, weiß niemand genau. Ich glaube nicht, dass es nach dem Tod weitergeht. Wenn wir sterben, dann existiert für uns nichts mehr, weil unser Gehirn nicht mehr durchblutet wird.« Dann erklärte er mir, dass die Sinnesorgane über Nervenleitungen Signale an das Gehirn übermitteln, die dort verarbeitet werden. Keine Durchblutung des Gehirns – keine Signalverarbeitung – keine Realität. Das war sein logischer Schluss. Etwas verunsichert durch diese Antwort flachte mein spontanes Wissen über die höhere Wirklichkeit zwar etwas ab, verschwand aber nie ganz.

Als ich dann als 14-Jähriger die Radiosendung über Albert Einstein und seine vierdimensionale Theorie hörte, erwachte diese frühe Ahnung zu neuem Leben. Ich hatte zwar keine Ahnung, worum es bei dieser Theorie ging, sondern nur gehört, dass Einstein herausgefunden hatte, dass das Universum nicht dreidimensional, sondern vierdimensional sei. Doch der Hinweis, dass eben alles ganz anders sei und es noch eine weitere Dimension gebe, die man nicht sehen und sich nicht vorstellen könne, rührte an mein frühes inneres Wissen und machte mich neugierig.

Ich ging in die Gemeindebibliothek und schaute mich nach entsprechenden Büchern um. Als ich nicht fündig wurde, fuhr meine Mutter mit mir extra nach Zürich und kaufte mir in einer großen Buchhandlung eine Einstein-Biografie und zwei kleine Taschenbücher, die ich heute noch besitze: eines *Über die spezielle und die allgemeine Relativitätstheorie* und das andere mit dem Titel *Grundzüge der Relativitätstheorie*. Schon auf der Rückfahrt stellte ich fest, dass ich Einsteins Theorie wohl kaum verstehen würde, denn die Taschenbücher enthielten mathematische Formeln und Zeichen, die ich gar nicht kannte. Also wandte ich mich der Biografie zu und trug das Wichtigste über Einsteins Theorie aus einer verständlich geschriebenen Lexikonreihe zusammen.

Was damals ganz naiv begann, hatte tief greifende Auswirkungen auf mein Leben. Einsteins Geist weckte in mir nicht nur das Interesse an Physik und Naturwissenschaft, sondern führte mich auch wieder an das Gefühl kosmischen Staunens heran, das ich als Dreikäsehoch erlebt hatte. Es war ein geradezu mystisches Gefühl der Verbundenheit mit dem Kosmos. Einstein kannte dieses Gefühl und nannte es »kosmische Religiosität«. Mehr noch: Er maß ihm sogar größte Bedeutung zu.

Ich war gerade im pubertären Alter, wo man Idolen nacheifert, und begann mich mit Einstein zu identifizieren. Die Bilder der Popstars verschwanden aus meinem Zimmer. Stattdessen zierten bald ein Einstein-Poster und eine riesige Sternkarte die Wände. An Winterabenden blickte ich mit dem Feldstecher meines Vaters zu den Sternen und in die unermesslichen Weiten des Alls. Ich beschaffte mir Bücher über Astronomie und verschlang sie regelrecht. Mit einer selbst geschnitzten Linoleumplatte druckte ich mir ein T-Shirt mit Einsteins Portrait und seiner berühmten Gleichung $E = mc^2$. Rund 30 Jahre später wurde mir bewusst, dass sie ein wichtiger Schlüssel für den Lichtkörper ist.

Während der Pubertät wird ein Teil der Netzwerke im Gehirn reorganisiert und es entstehen neue Verbindungen. Vermutlich wurde durch das Gefühl kosmischer Religiosität und die Auseinandersetzung mit Einsteins Weltbild ein »kosmischer Same« in mich hineingelegt, der Jahre danach als die Sternenlichtarbeit aufkeimte, die wir in diesem Buch vorstellen. In den folgenden Jahren schlummerte dieser Same noch in der Dunkelheit meines Unterbewusstseins heran, denn meine Hauptinteressen verlagerten sich schon bald in Richtung Technik. Gemeinsam mit einem Schulfreund bastelte ich in meiner Freizeit elektronische Geräte, wie Verstärker, Lichtschranken, Funksender, Teslaspulen und andere technische Spielereien. Die Möglichkeit, aus einzelnen Komponenten etwas Funktionierendes zusammenzubasteln, faszinierte mich unglaublich stark. Ich spürte, dass eine große Macht darin lag, besonders, wenn man als Schuljunge mit einem selbst gebauten kleinen Sender ins öffentliche Radioprogramm hineinfunken konnte.

Ab und zu wurde ich noch an Einstein erinnert. So führte mich ein Schnuppertag an der ETH Zürich an die Einsteinstraße, wo ich in einem Labor landete, in dem verschiedene Kristalle gezüchtet und erforscht wurden. Meine Lehre als FEAM (heute hieße das Elektroniker) begann ich genau 22 Jahre nach Einsteins Tod, am 18. April 1977. Nochmals sieben Jahre später führte mich eine Erfindung zum Patentamt nach Bern, an dem Einstein von 1902 bis 1909 als Experte gearbeitet und seine Theorien ausgearbeitet hatte. Es lag an der Einsteinstraße 2.

Rückblickend frage ich mich, ob die Einsteinstraßen in Zürich und Bern eine Art Symbol oder Wegweiser waren, denn die Sternenlichtarbeit dient unter anderem auch dazu, der von Einstein genannten »wichtigsten Aufgabe« nachzukommen und »das Gefühl kosmischer Religiosität unter den Empfänglichen zu erwecken und lebendig zu erhalten«.[3]

Das beste Hilfsmittel hierzu ist eigenartigerweise ein »kosmischer« Stein (EinStein): der Sternenlichtkristall!

War der Beginn meiner technischen Ausbildung am 22. Jahrestag von Einsteins Tod ein Symbol für das vorübergehende Verlassen des kosmischen Weges? War es Zufall, dass ich ausgerechnet in ein Labor an die Einsteinstraße kam, wo man Kristalle züchtete und erforschte? Rückblickend habe ich den Eindruck, die Zukunft habe die Vergangenheit mitgestaltet.

---

[3] Albert Einstein: *Über Religion und Wissenschaft.* In: Berliner Tagblatt, 11. Nov. 1930

Der Schrei nach Gott –
Eintauchen in die spirituelle Dimension

Als ich 23 Jahre alt war, geriet ich durch den Verlust meiner Freundin in eine emotionale Krise, die mich überwältigte. Die Situation spitzte sich dermaßen zu, dass ich dem Suizid nahe war. Schließlich schrie ich eines Nachts voller Verzweiflung nach Gott, an den ich eigentlich bis dato nie geglaubt hatte. In meiner Ohnmacht griff ich nach diesem letzten Strohhalm. Zu meiner großen Überraschung erwachte ich am anderen Morgen und mein unerträglicher emotionaler Schmerz war restlos verschwunden. Mir war, als sähe ich die Welt viel klarer und mit völlig neuen Augen. Als ich mich wunderte, was geschehen war, hörte ich innerlich den Satz: »Wenn ihr mich von ganzem Herzen sucht, will ich mich von euch finden lassen, spricht der Herr.« Ich erinnerte mich, dass dieser Satz in unserer Dorfkirche an der Wand stand, und war sehr erstaunt über sein Auftauchen, da ich absolut kein Kirchgänger bin.

Durch dieses Schlüsselerlebnis eröffnete sich mir eine neue, spirituelle Dimension. Gott wurde für mich zu einer inneren Realität, und zwar durchaus in dem »naiven« Sinne, dass ich mich persönlich an ihn wenden kann. Ich glaube sogar, dass es gerade auf diese persönliche Beziehung ankommt und die äußere Religion nebensächlich ist.

Durch dieses Schlüsselerlebnis begannen sich meine Interessen wie von selbst neu auszurichten, und zwar auf das, was ich von da an als wesentlich erfühlen konnte. Diese neue Fähigkeit schlug in jener Nacht wie ein unsichtbarer Blitz in mich ein und war mit einer mir bisher nicht bekannten Qualität des Gedankenfühlens gekoppelt. Mit einem Mal konnte ich die Schönheit, Wahrheit oder Stimmigkeit von Gedanken fühlen und sogar körperlich spüren. Es war, als wäre mein Denken auf geheimnisvolle Weise über Nacht zum Leben erweckt worden. Verglichen mit der neuen Lebendigkeit war mein früheres Denken dumpf und farblos. Hinzu kam ein neues Körpergefühl. Mir war, als spürte ich meinen Körper zum ersten Mal richtig. Eigenartigerweise hatte ich aber kaum Appetit. Essen schien mir nebensächlich, stattdessen stellte sich ein schier unstillbarer Wissensdurst um zentrale Lebensfragen ein: Was passiert bei der Geburt? Was beim Tod? Wie ist das Leben nach dem Tod? Was ist überhaupt Leben? Was ist die Seele? Was ist der Geist? Was ist Materie? Kann Leben aus Materie entstehen oder belebt der Geist die Form? Was ist Licht? Was ist Evolution und wie hängt das alles mit Gott zusammen? Wie hängen Geist, Seele und Körper zusammen? Wie hängen Wahrnehmung, Bewusstsein und Realität zusammen? … All diese Fragen nahmen kein Ende. Ich verschlang jede Menge Bücher und schien wie durch Geisterhand stets an die richtigen hingeführt zu werden. Es war eine ausgesprochen wundersame Zeit. Ich fing an zu meditieren, nahm Tai-Chi-Unterricht und empfand tiefe Ehrfurcht und Liebe für das Leben.

Mein Auffassungsvermögen schien die ersten drei Monate nach diesem »Einschlag« schier grenzenlos zu sein. Ich kam mit drei Stunden Schlaf pro Nacht aus und war anderntags topfit. Abends machte ich bei jedem Wetter einen Spaziergang im Wald und kommunizierte innerlich erstmals mit Bäumen und Pflanzen, da ich mich mit ihnen auf einmal verbunden fühlte. Danach las ich jeweils bis spät in die Nacht hinein und schrieb meine Gedanken und Erfahrungen nieder. Meine Lebensgewohnheiten und meine Interessen, ja sogar meine Stimme hatten sich verändert. Weibliche Themen wie Massage, Meditation und Schwangerschaft wurden plötzlich wichtig und das Wunder des Lebens faszinierte mich so sehr, dass ich am liebsten Hebamme geworden wäre. Neuankömmlinge mit den eigenen Händen auf der Erde willkommen zu heißen, schien mir die heiligste aller Berufungen zu sein. Ja, das Leben ist heilig und unermesslich wertvoll. Ich konnte es bis in jede Faser meines Körpers fühlen. Es ist ein Mysterium, ein unermessliches Wunder!

Dieses Hochgefühl hielt leider nicht ewig an. Nach etwa drei Monaten nahm der Bedarf an Nahrung und Schlaf allmählich wieder zu. Was blieb, war die Erinnerung an diese unvergessliche Phase und die neue Ausrichtung meiner Interessen. Und dann war da noch diese Sehnsucht, wieder in diesen Zustand der Verbundenheit und des Wunders des Lebens zurückzufinden. Die Weichen in Richtung Lichtweg waren gestellt. In den folgenden Jahren interessierte mich neben der Neuen Physik alles, was mit Bewusstseins-, Energie- und Lichtarbeit zu tun hatte.

Höhenflug und Bruchlandung

1990 hängte ich meinen technischen Beruf an den Nagel und arbeitete vollzeitlich an einer Erfindung. Es handelte sich um ein Kontaktlinsengerät, das ich ursprünglich für meine frühere Freundin entwickelt hatte. Die Einkünfte aus dieser Erfindung sollten in ein spirituelles Projekt in Kanada fließen. Dort war der Aufbau einer »Lichtinsel« geplant, wo Menschen in Harmonie mit der Natur leben und spirituelle Seminare, Trainings und Retreats angeboten werden. Mir schwebte etwas Ähnliches vor wie die Findhorn-Community, die Tennesee-Farm oder das Ananda-Village.

Anfangs klappte alles wie am Schnürchen. Namhafte Firmen waren an meiner Erfindung interessiert und es beteiligten sich Geschäftsleute und Freunde. Alles schien mir zuzufließen. Doch dann änderte sich die Lage. Kinderkrankheiten, ein versteckter Fehler an den Spritzgusswerkzeugen und schnelle Marktveränderungen führten zum vorzeitigen Ende des Projekts. Am Schluss stand ich völlig allein mit einem riesigen Schuldenberg da. Ich verstand die Welt nicht mehr. Nach kurzem, intensivem Höhenflug erlebte ich eine totale Bruchlandung. Ich hatte alles verloren, meine Vision und meine ganzen Ersparnisse inklusive Pensionskassengelder. Ich stand plötzlich vor dem Nichts.

Die Integration spiritueller Energie

Ein Jahr zuvor begegnete ich meiner inzwischen verstorbenen ersten Frau Gerda E. Drescher (1949–2003). Sie war Heilpraktikerin, Körper-Psychotherapeutin und traditionelle Reiki-Lehrerin. Neben ihrer Praxis leitete sie Seminare und Ausbildungen in ganzheitlicher Körper-, Energie- und Bewusstseinsarbeit. Ihr Arbeitsansatz war ganzheitlich integrativ; das heißt, sie achtete bei der spirituellen Arbeit auf eine gute Erdung. Von Gerda lernte ich verschiedene Techniken, die mir halfen, spirituelle Energien körperlich zu integrieren. Durch Tiefengewebsmassage erfuhr ich erstmals, wie viel Schmerz und Trennungsbewusstsein im Körper eingekerkert waren, und ich erkannte, dass spirituelle Höhenflüge ohne die bewusste Integration des unteren Pols zu einer Spaltung des Selbst führen. Verläuft der spirituelle Entwicklungsprozess einseitig, wird die Diskrepanz zwischen Ideal und Wirklichkeit immer größer. Das Höhere Selbst führt uns dann in Situationen, die uns wieder herunterholen, damit das spirituelle Bewusstsein auch in die tieferen Schichten integriert werden kann.

Zurück zum Ursprung

Durch Gerda wuchs ich schnell in die Seminartätigkeit hinein. 1993 legten wir unsere Fähigkeiten zusammen und konzipierten das Seminar- und Ausbildungsprogramm »HoloEnergetic«.

Es integrierte moderne wissenschaftliche Erkenntnisse, Spiritualität und holistische Therapie in ausgewogener Weise. Die Arbeit orientierte sich an der quantenphysikalischen Tatsache, dass die äußere Wirklichkeit auf der Elektronen- und Lichtebene wie ein Hologramm vernetzt ist (siehe Kapitel zur Transformation der Materie).

1994 zogen wir in die Schweiz und wohnten eigenartigerweise in jener Gemeinde, in der ich früher gearbeitet hatte. Ich war also an jenen Ort zurückgekehrt, an dem ich zehn Jahre lang in der Entwicklung neuer Funktechnologien tätig war. Bald erfuhr ich, dass auch mein früherer Fachlehrer inzwischen von der Technik abgerückt war. Er war jetzt der Leiter des benachbarten anthroposophischen Altersheims.

Ich kam mir vor wie in einem Film mit Szenen aus der Vergangenheit. Dieses Gefühl verstärkte sich noch, als wir zwei Jahre später nach Uetikon zogen, wo ich ursprünglich aufgewachsen war. Dort ergab es sich, dass wir exakt neben jenem Haus einzogen, in dem ich meine ersten vier Lebensjahre verbracht hatte. Damit nicht genug: Direkt gegenüber auf der anderen Straßenseite wohnte nun mein ehemaliger Primarschullehrer. Da begriff ich, dass ich mich wie auf einer Spirale wieder dem Ausgangspunkt näherte. Ich sah darin ein Symbol, zum Ursprung und zu meinen Wurzeln zurückzukehren; und dies nicht nur geografisch, sondern auch im Sinne einer Rückverbindung mit dem Ursprung, mit Gott und mit meinem ursprünglichen Selbst. Wie sich später herausstellte, war das für die Arbeit am Lichtkörper und für die Sternenlichtarbeit auch insofern von Bedeutung, dass es in Uetikon eine Sternwarte gab, die eine wichtige Rolle spielen sollte. Heute weiß ich: Der Weg zurück zum Ursprung geht über das Irdische hinaus und liegt im Kosmischen.

Unsere holoenergetische Arbeit führte uns zunehmend in die Themenbereiche »Globale Transformation« und »Lichtkörper«.

Es gab damals noch kaum deutsche Literatur zu diesen Themen. Das meiste kam aus den USA, wo sich aus der New-Age-Szene eine Aufstiegsbewegung (Ascension Movement) entwickelt hatte. Kennzeichnend an dieser neuen Bewegung war der transformative Ansatz beziehungsweise die Idee eines planetaren Aufstiegs- oder Dimensionswechsels. Bei der entsprechenden Literatur handelte es sich mehrheitlich um Neuoffenbarungen oder medial empfangene Botschaften (Channelings). Deren Hauptaufgabe bestand darin, die Grenzen des Verstandes zu sprengen und auf die Möglichkeit eines Aufstiegs in den Lichtkörper hinzuweisen. Was allerdings fehlte, war die Verbindung nach unten zur physischen Realität. Die Konzepte kamen ziemlich abgehoben daher.

Mein über die Jahre angehäuftes Wissen erlaubte es mir, Brücken zu den modernen Wissenschaften zu bilden und plausible, nachvollziehbare Argumente für den evolutionären Prozess anzufügen. Mit meinen Artikeln *Globale Transformation 2012*, *Transformation der Materie, Dimensionen und Bewusstsein*, die ich im Internet und einigen spirituellen Magazinen publizierte, versuchte ich diese Lücke zu schließen. Es war damals noch zu früh und sollte zehn weitere Jahre dauern, bis das Thema reif wurde.

Der dritte Ruf der Sterne: Die Inspiration/Der Auftrag

Im Sommer 1996 hatten wir in Italien ein Lichtkörpertraining geplant. Der Seminarplatz lag weit weg von jeder Stadt. Das löste in mir den Gedanken aus, dass es dort wohl einen wunderbaren Sternenhimmel geben muss. Weit weg von Städten und Dörfern ist es in der Nacht sehr dunkel und man kann die Sterne besser sehen. Ich beschloss, noch vor dem Training eine Sternkarte zu kaufen. Es gab keinen weiteren Anlass, warum mir damals dieser Gedanke kam, denn das Thema Sterne ruhte seit Jahren. Vielleicht hatte mich ein Engel inspiriert. Jedenfalls folgte ich dem Impuls und besorgte mir die Karte. Überrascht stellte ich fest, dass es genau jene Version noch gab, die während der Sekundarschule neben dem Poster von Einstein die Wand meines Zimmers geschmückt hatte.

Mit dieser Karte im Gepäck reisten wir im Juni 1996 zum Seminarplatz nach Brisighella. Es ergab sich bereits am Anfang der Woche, dass der Himmel klar war und ich mit einer Taschenlampe und meiner Sternkarte nachts nach draußen ging, um nach vielen Jahren wieder einmal bewusst die Sterne anzuschauen. Es mag noch vor Mitternacht gewesen sein, als jemand im Dunkel auf mich zukam und meinen Namen rief: »Edwin, sei tu? Cosa fai? Quardi i Stelli?« (Edwin, bist du es? Was machst du? Schaust du die Sterne an?) Es war Maurizio, ein Seminarteilnehmer, der noch auf war. Er bot mir an, die Karte wegzulegen, da er die Sterne gut kannte. Ich nahm diesen Vorschlag gern an, da das Benutzen der Taschenlampe jedes Mal dazu führte, dass sich meine Augen erst wieder an die Dunkelheit gewöhnen mussten. Dieses Problem lässt sich übrigens verringern, wenn man eine Taschenlampe mit rotem Licht verwendet. Das wusste ich damals aber noch nicht. Maurizio zeigte mir verschiedene Sterne und Konstellationen. Ich erinnerte mich an den einen oder anderen Stern, da ich sie vor vielen Jahren einmal auswendig gelernt hatte.

Nach einiger Zeit ließ mich Maurizio wissen, dass er mir etwas zeigen wollte. Er ging auf sein Zimmer, um etwas zu holen, und kam kurz darauf zurück mit einem Kristall, einigen Fotos und einer Panoramakarte der Südtiroler Dolomiten. Dann erzählte er mir eine faszinierende Geschichte, die letztlich dazu führte, dass ich zwei Monate später in den Dolomiten auf

2500 Metern Höhe über Nacht in einem Steintor saß, um ein Dimensionstor zu öffnen. Dort geriet ich in einen unbeschreiblichen »Umstülpungszustand«, von dem ich lediglich eine Art kosmischen Nachhall in unsere Welt hinüberretten konnte. Eine Woche später sah ich in denselben Bergen nachts Lichtwesen, die einen Bergkessel umkreisten. Ich möchte diese Geschichte hier nicht erzählen, sie würde den Rahmen dieses Buches in vielerlei Hinsicht sprengen und uns in zu viele andere Themenbereiche führen. Sie war aber für die Sternenlichtarbeit wichtig, weil ich dadurch begriff, dass ich gewisse Hindernisse überwinden musste. Doch das kam alles erst später und verstärkte im Nachhinein einmal mehr den Eindruck, dass die Zukunft in die Vergangenheit hinein wirkt … Nach unserem Gespräch legte sich Maurizio schlafen. Ich aber blieb draußen und schaute mir in Stille nochmals die Sterne an.

Am nächsten Tag war in unserem Lichtkörpertraining energetische Klärungsarbeit angesagt, um den Körper durchlässiger zu machen. Ein Teil davon war eine geführte Meditation, die durch Gerda angeleitet wurde. Es ging dabei darum, sich einen kleinen Lichtmenschen vorzustellen, der durch den Körper reist, um ihn zu erkunden und allfällige dunkle Stellen ausfindig zu machen. Diese wurden dann durch die Vorstellung von Licht erhellt und falls erforderlich durch Tiefengewebsarbeit aufgelockert. Ich legte mich ebenfalls auf eine Matte, um die Meditation, die ich bereits kannte, mitzumachen. In meiner Fantasie nahm der kleine Lichtmensch die Gestalt eines Tibeters an, der direkt ins Gehirn hochstieg und sich dort an der Zirbeldrüse (Epiphyse) zu schaffen machte. Er reinigte sie mit einer Bürste. Dann klopfte er mit einem Stab an eine Klangschale und an die Drüse und verglich die beiden Klänge. Dies machte er mehrere Male, wobei er immer wieder zur Bürste griff und an der Drüse herumschrubbte, bis sie schließlich den gleichen klaren Klang hatte wie die Klangschale. Wie ein stiller Beobachter verfolgte ich diese Putzaktion. Irgendwann muss ich dabei weggedriftet sein. Jedenfalls fehlt mir ein Stück »Film«. Meine nächste bewusste Wahrnehmung war wieder die Stimme von Gerda, die uns dazu aufforderte, die Meditation in den nächsten zwei bis drei Minuten abzuschließen und ins normale Tagesbewusstsein zurückzukommen. Ich fragte mich, ob ich eingeschlafen war, und hoffte, dass ich nicht geschnarcht hatte. Ich reckte und streckte mich auf der Matte und setzte mich dann auf.

Und da war auf einmal diese klare, eindeutige Idee in meinen Gedanken: Nimm die klarsten Kristalle der Welt und setze dich mit dem Mann in Verbindung, der in eurem Dorf eine Sternwarte hat. Schau, dass du diese Kristalle dort per Teleskop mit Sternenlicht bestrahlen kannst. Beginnt mit diesen Kristallen an euch zu arbeiten, um die Entfaltung des Lichtkörpers zu unterstützen!

Ich wunderte mich sehr über diese klare Eingebung. Woher kam sie? Ich hatte keine Stimme gehört und auch kein Geistwesen gesehen, das mich angewiesen hätte. Trotzdem stand dieser Auftrag im Raum und ich war verblüfft über diese ungewöhnliche Klarheit. In der Pause erzählte ich Gerda davon. Sie meinte: »Das klingt doch ganz interessant, und wenn es so klar kommt, dann sollte man es wohl tun, auch wenn wir nicht genau wissen, wo es uns hinführt.«

Erste Versuche

Als wir nach dem Training wieder zurück in der Schweiz waren, begann ich noch am selben Abend, behelfsmäßig erste Bergkristalle zu bestrahlen. Ich nahm ein Videostativ, befestigte mit Draht den Feldstecher darauf und montierte an seinem Okular mit Klebeband einen Kristall. Dabei stand ich vor der Frage, welchen Stern ich auswählen sollte. Ich nahm einen der helleren, der günstig stand. Anhand der Sternkarte konnte ich herausfinden, dass es Arcturus war. Wie sich später herausstellte, war das für den Anfang die richtige Wahl. Natürlich war die improvisierte Vorrichtung keine dauerhafte Lösung. Ich musste das Ganze ständig wieder nachrücken, da die Sterne aufgrund der Erddrehung am Himmel eine scheinbare Bewegung ausführen. Ohne Nachführung blieb der anvisierte Stern nicht lange im Feldstecher, sondern lief schon nach kurzer Zeit aus dem Sichtbereich hinaus. Dank meiner Neugierde nahm ich diese Erschwernis aber in Kauf und fokussierte das Licht von Arcturus durch stetes Nachrücken eine volle Stunde lang in den Kristall. Hinzu kam allerdings, dass der Feldstecher etwas zu klein war, um effizient Sternenlicht einzusammeln. Ein richtiges Teleskop bräuchte es für eine effiziente Umsetzung schon.

Tatsächlich aber hatte ich schon in der ersten Nacht ein überraschendes Erlebnis, als ich mir diesen Kristall auf die Stirn aufklebte. Ich hatte das Gefühl von Weite und Ausdehnung und als ich mich in dem Zustand kurz vor dem Einschlafen befand, registrierte ich plötzlich, wie ein dynamischer Strom mandalaförmiger Geometrien in mich hineinfloss. Aufgrund dieser Erfahrung entschloss ich mich, die Sache mit der Sternwarte bald anzugehen.

Die Sternwarte

Die Sternwarte befand sich etwas außerhalb des Dorfes, an der Grenze zur Nachbargemeinde. Sie stand gleich neben einem Einfamilienhaus. Der Besitzer war ein alter Mann, der die Sternwarte in den 1970er-Jahren für sich privat erbaut hatte. Sie hatte einen eigenen Turm mit einer Kuppel, die das Dach des Einfamilienhauses überragte. Die Frau des Besitzers freute sich, dass ich mich dafür interessierte. Sie erklärte mir, dass ihr Mann nicht mehr in der Lage sei, die Instrumente zu bedienen. Ihr einziger Sohn sei vor ein paar Jahren gestorben. Seither stehe die Sternwarte leer. Ich müsse mich selbst schlau machen, da sie sich die steile Holztreppe im Turm nicht mehr zumute.

Frau Jakob gab mir den Schlüssel und noch ein paar Hinweise. Ich nutzte die Gelegenheit, mich gleich ins Bild zu setzen und stieg die Holztreppe hoch. Oben war alles recht staubig, aber der Kuppelmechanismus und die Teleskopsteuerung funktionierten noch.

Ich freute mich riesig und staunte einmal mehr über die Möglichkeiten, die sich auftun, wenn man den Impulsen des Höheren Selbst folgt. Dann kann ich ja gleich in der nächsten klaren Nacht damit beginnen, erste Kristalle per Teleskop zu bestrahlen, dachte ich. Wie sich aber herausstellte, hatte ich mich zu früh gefreut. Als ich eines Abends an der Haustür klingelte, um den Schlüssel für die Sternwarte zu erbitten, konnte sich Herr Jakob nicht mehr erinnern, wer ich war und was ich wollte. Er reagierte verängstigt und unfreundlich. Seine Frau hatte große Mühe, ihm klarzumachen, dass alles in Ordnung sei, und entschuldigte sich bei mir. Ich entlastete sie, indem ich erzählte, dass mein Großvater dieselbe Krankheit hatte und ich das Problem kenne. Aufgrund der Erfahrungen mit meinem Großvater wusste ich, dass ich für Herrn Jakob auch in Zukunft ein Fremder bleiben würde und weitere ähnliche Situationen vorprogrammiert waren. Bei fortgeschrittener Alzheimer-Erkrankung werden praktisch keine neuen Gedächtnisinhalte mehr gespeichert. Da ich wusste, dass es in der Sternwarte noch ein mobiles Teleskop mit elektrischer Nachführung und Stativ gab, schlug ich Frau Jakob eine Mietgebühr für dieses Instrument vor, hinterlegte ein Depot und nahm es gleich mit.

Mit diesem Sieben-Zoll-Teleskop, das der Bewegung der Sterne selbst nachfolgte, machte ich dann weitere Versuche. Allerdings brauchte ich dazu Netzstrom, was gewisse Einschränkungen mit sich brachte, und gern hätte ich es noch etwas größer gehabt. Also informierte ich mich über Teleskope und fand heraus, dass es neue, auch mit Batterien betreibbare Instrumente einer amerikanischen Firma gab. Neben der Nachführung hatten sie einen Handcomputer, der die Sterne automatisch ansteuerte, nachdem man das Teleskop ausgerichtet und geeicht hatte. So ein Ding müsste ich haben, dachte ich. Damit wäre ich nicht mehr an die Steckdose gebunden und könnte mir die Zeit zum Bestimmen und Aufsuchen der Sterne sparen. Anfangs ist es nämlich gar nicht so einfach, sich am Himmel zu orientieren. Bis man einmal eine gewisse Routine und Sicherheit hat, dauert die Überprüfung ein Weilchen. Leider kostete ein solches Instrument damals rund 8000 Franken und hatte eine Lieferfrist von einem halben Jahr.

Einerseits gestaltete sich also das Herankommen an die Sternwarte oder ein besseres Teleskop schwierig und andererseits gab es Probleme bei der Beschaffung der klarsten Kristalle der Welt. Diese, so hatte ich erfahren, werden als Herkimer-Diamanten bezeichnet und kommen aus den USA. Es handelt sich um besondere, doppelendige Quarzkristalle, die sehr klar sind und eine hohe natürliche Brillanz haben. Ich besuchte mehrere Mineralienläden und musste feststellen, dass Herkimer-Diamanten in höchster Qualität kaum zu bekommen waren. Für die Energetisierung mit Sternenlicht aber brauchte ich Kristalle, die eine hohe Brillanz und kaum Anstoßstellen oder Einschlüsse hatten. Solche Exemplare waren selten und ich wollte hier keine Kompromisse eingehen. Aufgrund all dieser Schwierigkeiten war ich geneigt, die Sache zu vertagen oder allenfalls ganz aufzugeben. Es gab genug anderes zu tun und ich wollte nicht gegen Wände anrennen. Das Leben schien aber mit dem bevorstehenden Dolomitenabenteuer und den damit verbundenen Extremerfahrungen bereits den nächsten Schritt eingefädelt zu haben.

Schub für die Sternenlichtarbeit

Die Dolomitenerlebnisse und ihre Nachwirkungen brachten einen regelrechten Schub für die Sternenlichtarbeit. Der bereits erwähnte Umstülpungszustand mit kosmischem Nachhall und das Auftauchen der Lichtwesen bewirkten, dass ich die aufgetretenen Hindernisse bezüglich Sternwarte und Beschaffung der Kristalle unbedingt überwinden wollte. Im Gefühl, dass der Kosmos mit all seinen Sternen irgendwie auch in uns drin ist, sah ich eine Parallele zur Aufgabe, den Lichtkörper mithilfe von Sternenlichtkristallen zu erwecken. Was wäre, wenn sie ein Werkzeug sind, um uns zu erinnern, wenn sie uns dabei helfen könnten, uns »umzustülpen«? Müsste ich dann nicht alles unternehmen, die Idee umzusetzen?

Als ich das nächste Mal beim Mineralienhändler war und weitere Kristalle kaufen wollte, hatte er nur wenig klare Exemplare. Ich erfuhr, dass Herkimer-Diamanten in klarer, reiner Form sehr selten sind und man sie am ehesten auf den großen Mineralienmessen in den USA oder direkt in der Mine bekommt.

Etwa zur gleichen Zeit teilte mir die Vertretung der Teleskopfirma in der Schweiz, die ich noch einmal angefragt hatte, mit, dass ich für das computergesteuerte Modell aus den USA tatsächlich mit einer Lieferzeit von über sechs Monaten rechnen müsse. So lange wollte ich nicht warten. Also flog ich in die USA, kaufte mir dort das Teleskop mit automatischer Nachführung und besuchte anschließend noch eine Kristallmine. Meine Verblüffung war groß, als ich sah, dass die Kristalle in Felshohlräumen vorkommen, wo sie wie ein geheimer Schatz verborgen liegen. Ich fühlte mich an meine Kindheit erinnert, wo ich in den Bergen stets hoffte, einen Kristallschatz zu finden. Nun stand ich vor ihm. Er war zwar nicht in den Bergen und auch nicht von mir entdeckt worden, dafür aber gab es hier die schönsten und reinsten Kristalle der Welt.

Ich fragte den Minenbesitzer, was das für ein Gestein ist, in dem diese Kristalle wachsen. Er murmelte etwas in seinen Bart, das ich trotz mehrmaligem Nachfragen beim besten Willen nicht verstand. Da schrieb er es mitsamt der chemischen Formel auf einen Zettel. Als ich las, was darauf stand, durchfuhr es mich wie ein Blitz: Dolomite $CaMg(CO^3)^2$. Das gibt's ja nicht, dachte ich. Da saß ich noch vor Monaten in den Dolomiten über Nacht in einem Felsentor und machte die Vortexijah-Diamond-Spin-Lichtkörpermeditation und stehe nun in den USA vor Dolomitgestein, dessen Hohlräume von einem Juwelenkörper bewohnt sind. Was für ein außergewöhnliches Gleichnis! Dieser Eindruck verstärkte sich noch, als ich später las, dass man in den alten Schriften nicht vom Lichtkörper sprach, sondern vom Diamantkörper oder vom Juwelenkörper aus Licht.

Mit dem Teleskop und einer ganzen Auswahl Herkimer-Diamanten bester Qualität machte ich mich auf den Heimweg, um meiner neuen Aufgabe nachzukommen.

Die Wege teilen sich

In den kommenden Jahren entwickelten wir verschiedene Produkte und Seminare für die Sternenlichtarbeit und setzten uns für globale Meditationen ein. Ab 2001 begann Gerda sich von der Lichtkörperarbeit zu lösen und einen essenziellen Weg einzuschlagen, dessen Ziel es ist, möglichst ohne Träume, Visionen und Konzepte zu leben. Dies faszinierte sie so sehr, dass sie eine zusätzliche Ausbildung begann, die auf der Quantenpsychologie von Stephen Wolinsky basiert, der ein Schüler von Sri Nisargadatta Maharaj (1897–1981) war. Nisargadatta war ein Meister der indischen Advaita-Philosophie.

In der Folge begann sich Gerda zunehmend von allem zu befreien, um ganz aus der innersten Essenz heraus zu leben. Konsequent zog sie sich von unserer gemeinsamen Arbeit zurück und konzentrierte sich ganz auf ihre Praxis und die Essenzarbeit. Ich begleitete Gerda manchmal zu Trainings und Seminaren und bekam auch Sitzungen in der neuen Methode, die sehr effektiv ist. Dennoch hatte ich meine Mühe damit. Es passte mir nicht, dass Gerda unsere Arbeit ausgerechnet zu einem Zeitpunkt verließ, wo es endlich deutsche Literatur zum Lichtkörper gab und das Thema sich langsam verbreitete. Zudem leuchtete mir nicht ein, warum wir hier auf der Erde ins essenzielle Sein versinken sollen. In diesem Zustand ist alles gut, so wie es ist, und es gibt nichts zu tun. Ich fand es falsch, wenn die Menschen ihre Träume, Wünsche und Visionen aufgeben, sind sie doch der Hauptmotor für eine bessere Zukunft. Darüber hinaus empfand ich die Advaita-Philosophie als unvollständig, weil sie die weltliche Seite beziehungsweise die Illusion (Maya genannt) zu wenig ernst nimmt. Für mich bestand auch die materielle Welt, die äußere Illusion, substanziell aus dem gleichen göttlichen Licht. Man musste es sich nur vergegenwärtigen.

Unsere verschiedenen Standpunkte führten zu intensiven Diskussionen. Für mich war aber klar, dass ich mit der Sternenlicht- und Transformationsarbeit weitermachen wollte. Ich hatte das Gefühl, dass mich das Leben genau hierhin geführt hatte.

Etwa zu dieser Zeit meldeten sich bei Gerda gesundheitliche Probleme. Sie wurde gegen Milch- und Weizenprodukte allergisch und hatte öfters Darmprobleme. 2002 stellte sich heraus, dass sie an Darmkrebs erkrankt war. Es folgte eine Operation, gefolgt von verschiedenen Therapien – schul- und komplementärmedizinischen. Im Frühling 2003 schien es Gerda wieder besser zu gehen. Doch kurz darauf kam es zu Metastasen. Dann ging alles sehr schnell und es wurde klar, dass sie ihren Körper bald verlassen würde. Sie verstarb in der Nacht vom 16. zum 17. August 2003, genau 16 Jahre nach der Harmonischen Konvergenz.

Als ich 2004 meiner jetzigen Frau Caroline begegnete, spürte sie aufgrund ihrer Feinfühligkeit die Kraft der Sternenlichtkristalle und erkannte sofort deren Potenzial. Im folgenden Abschnitt erzählt sie selbst, wie sie ihren ersten Kontakt mit den himmlischen Lichtjuwelen empfand und was daraus entstand.

Wie Caroline dem Ruf der Sterne folgte

Als ich (Caroline) das erste Mal einen Sternenlichtkristall in den Händen hielt, fühlte sich das an wie ein Nachhausekommen; ein Erinnern an eine Welt, die ich in meinem Innern schon kannte. Durch die Berührung des Sternenlichtkristalls erwachte in mir aber auch ein verlorener Teil meines Seins. Es wurde etwas wiedererweckt, das ich schon lange vergessen hatte. Ich habe diese Kristalle direkt geliebt. Ihre zauberhafte Brillanz, ihre Klarheit und ihre Lebendigkeit grenzten für mich an ein Wunder. Ich war absolut fasziniert und hingerissen von diesen erfüllten Kleinoden.

Edwin hatte mir erzählt, woher sie kommen und wie sie vor Jahrmillionen in der Erde herangewachsen sind. Er hatte mir auch das Teleskopverfahren gezeigt, mit dem er diese kleinen Schätze mit dem Licht von Sternen energetisiert. Ich war total fasziniert von dieser Geschichte und wusste sofort intuitiv, dass diese Sternenlichtkristalle richtig und wichtig für uns Menschen sind. Auch die Symbolik darin, die Art, Himmel und Erde auf diese direkte Weise über Licht zu verbinden, hat mich berührt.

Edwin und ich haben schnell gespürt, dass wir zusammengehören und zusammengeführt worden sind, um diese schöne Arbeit in viele Herzen und zu vielen Menschen zu bringen. Dieser Eindruck bestätigte sich noch, als wir realisierten, dass wir am gleichen Tag Geburtstag haben. Edwin hat mir zwei wunderschöne Sternenlichtkristalle geschenkt, einen großen Arcturus-

Kristall und einen Unuk-Kristall, den er speziell für mich durch direktes Aussuchen eines Sterns am Himmel energetisiert hatte. Als er sich eines Nachts mit der Frage am Himmel umschaute, welchen Stern er für mich auswählen sollte, markierte just in diesem Moment eine Sternschnuppe wie ein Fingerzeig den Stern Unuk (auch Unukalhai genannt). Er liegt im Sternbild Ophiuchus, das nach Meinung der Astronomen eigentlich das 13. Sternbild ist. Ich habe große Freude an diesen Kristallen und trage sie heute noch oft mit mir.

Ich wusste von Edwin, dass seine Frau Gerda im Sommer 2003 verstorben war und er jemanden suchte, der ihren Praxisraum übernahm. Durch unser Zusammenkommen und die Ereignisse um den Venustransit im Sommer 2004 (siehe Kapitel »Die kosmische DNA«) begriff ich, dass hier ein neuer Aufgabenbereich vor mir lag, bei dem ich meine feinstofflichen und medialen Fähigkeiten sowie mein Wissen und meine Erfahrungen aus meinen holistischen Ausbildungen optimal nutzen konnte. Ich beschloss, meinen bisherigen Job zu kündigen, um mich ganz in die Sternenlichtarbeit einzubringen. Mithilfe verschiedener Selbstexperimente entwickelten wir die STARCON-Sternenlicht-Behandlungsmethode, die ich meinen Praxisklienten seither in Form von Einzelsitzungen anbiete und die wir auch unterrichten. Mehr hierzu erfahren Sie über die Kontakt- und Webadressen, die Sie am Schluss des Buches finden.

Licht als Träger von Bewusstsein

Wir haben gesehen, dass Licht eine äußerst rätselhafte Sache ist. Genauso ist es mit dem Bewusstsein. Die Frage, was Bewusstsein eigentlich ist, gehört zu den ganz großen ungeklärten Fragen. Der Philosoph Thomas Metzinger glaubt, dass das Problem des Bewusstseins – vielleicht zusammen mit der Frage nach der Entstehung unseres Universums – die äußerste Grenze des menschlichen Strebens nach Erkenntnis bildet. Bemerkenswert ist, dass sich diese beiden Fragen gerade jetzt in unserer Zeit zuspitzen; nicht etwa vor 100 oder 50 Jahren, sondern jetzt, wo sich die Situation, in der sich die Menschheit befindet, ebenfalls zuspitzt. Beiden Fragen wird mit großem technischem Aufwand zu Leibe gerückt. Beim Bewusstsein bringen neue bildgebende Verfahren wie die Kernspintomografie (MRI) oder die Positronen-Emissions-Tomografie (PET) besseren Einblick in die Funktionsweise des Gehirns, und der Entstehung des Universums versucht man durch Großteleskope, Satelliten und aufwendige Experimente in Teilchenbeschleunigern auf die Schliche zu kommen.

Möglicherweise hängen das Rätsel des Bewusstseins und das des Universums zusammen und wir sind der Lösung näher, als wir ahnen. Jedenfalls können wir uns bereits jetzt die Frage stellen, was denn an diesem Punkt passiert. Was geschieht, wenn wir hinter das Geheimnis des Universums und des Bewusstseins kommen? Was könnte dies bewirken? Bisher hat jede größere Erkenntnis den Verlauf der Geschichte irgendwie verändert. Was also könnte sich ändern, wenn die zwei größten Fragen unserer Zeit beantwortet werden? Könnte es sein, dass etwas völlig Neues beginnt, wenn wir herausfinden, wie und warum alles angefangen hat und was die Rolle des Menschen und seines Bewusstseins in diesem kosmischen Spiel ist?

Es fällt auf, dass hier auf der Erde nur der Mensch über solche Fragen nachdenkt. Er ist ja auch die einzige Spezies auf diesem Planeten, die das Universum erforscht und feststellt, dass es offenbar genau so gestaltet ist, dass intelligentes Leben entstehen und es bewusst wahrnehmen kann. Es scheint sogar, dass das menschliche Bewusstsein prädestiniert ist, all diesen Fragen nach dem Ursprung und unserer Herkunft nachzugehen. Irgendwie erinnern wir uns unbewusst an unsere frühere kosmische Ganzheit oder erahnen sie, und natürlich suchen wir bewusst oder unbewusst einen Weg, wieder in den ursprünglich paradiesischen Zustand der Ganzheit zu gelangen.

Durch die Sternenlichtarbeit haben wir gemerkt, dass Licht und Bewusstsein zusammenhängen, und darauf wollen wir in diesem Kapitel näher eingehen.

Die zentrale Rolle des Lichts

Die Rolle des Lichts wird allgemein unterschätzt, weil Licht an sich unsichtbar ist. Auch den sichtbaren Teil des elektromagnetischen Spektrums sehen wir nur dann, wenn das Licht auf Materie und unsere Augen trifft. Licht macht Materie für uns sichtbar. Licht selbst bleibt unsichtbar, was man leicht erkennen kann, wenn man mit einer Taschenlampe oder einem roten Laserpointer in die Dunkelheit hinaus zielt. Wäre die Luft völlig rein und trocken, würde man den Strahl überhaupt nicht sehen. Man könnte das Licht nur dort erkennen, wo es auf Materie trifft und von ihr reflektiert wird. Das kann ein fester Gegenstand sein, aber auch Nebel, Dunst, Rauch oder feinste Staubteilchen.

Kosmonauten erzählen, dass der Himmel außerhalb der Erde tief schwarz ist, weil es nicht einmal Luftmoleküle gibt, an denen sich die Gegenwart des Sonnenlichts zeigen könnte. Ohne Materie, die das Licht zu uns zurück reflektiert, bliebe uns das Licht völlig verborgen.

Genauso ist es mit dem Bewusstsein. Bewusstsein kann nur dort nachgewiesen werden, wo es mit der Materie beziehungsweise unserem Gehirn in Wechselwirkung tritt. Letztlich ist Bewusstsein aber etwas anderes als die Ströme in unserem Gehirn. Deshalb kann es auch ohne diese Gehirnströme existieren. Die Gehirngewitter, wie wir sie gern nennen, repräsentieren den geistigen Prozess innerhalb der Materie. Sie dienen der Wahrnehmung und sind dazu da, die Materie eines Tages durch bewusste Erkenntnis wieder mit dem Ursprung zu verbinden beziehungsweise sie auf diese Weise zum Ursprung zurückzuführen. Man kann auch sagen, dass die Lichtblitze im Gehirn die Träger des Bewusstseins sind oder dass der Geist auf den Lichtblitzen durch die Gehirne tanzt. Die Gehirngewitter dienen dem Geist als Landeplattform innerhalb der biologischen Lebensform. Das Licht nimmt hier die zentrale Mittlerrolle ein, denn das Feinste, was die Forscher noch messen und nachweisen können, sind Lichtimpulse oder Lichtteilchen (Photonen). Überhaupt läuft jede messbare Information über die äußere Welt über Licht (Elektromagnetismus). Das hängt damit zusammen, dass jede Messung wie auch jede Wahrnehmung durch Quanten vermittelt wird, also über Photonen (Lichtteilchen) läuft. Der Naturwissenschaftler Dr. Ulrich Warnke hat in seinem Buch »Gehirnmagie« die Quantenprozesse der verschiedenen Sinneswahrnehmungen erklärt. Der Leser erfährt dort, weshalb beispielsweise auch der Tastsinn auf Elektromagnetismus (Photonen/Elektronen-Wechselwirkung) beruht. Hier sind es die negativ geladenen Elektronenwolken der Atome, die aufeinanderstoßen und materielle Festigkeit vortäuschen, obschon es praktisch nur Leere in den Atomen gibt.

Biologische Mechanorezeptoren in der Haut leiten die Druckinformationen weiter an das Nervensystem und vermitteln uns die Erfahrung, dass unsere Finger beispielsweise einen Tisch berühren. Es sind die negativ geladenen Elektronenwolken der Atome, die einander abstoßen und verhindern, dass unsere Finger den Tisch durchdringen.

Letztlich verdanken wir sogar das Wissen um die Existenz der anderen drei physikalischen Grundkräfte (der Gravitation, der starken – und der schwachen Wechselwirkung) der Vermittlung durch Lichtquanten. Es kommt also alles über Licht beziehungsweise über elektromagnetische Wellen zu uns. Das muss man sich erst einmal bewusst machen: Die Erkenntnis, dass wir Lichtwesen in einer Welt aus Licht sind, ist physikalisch gesehen viel grundlegender, als man es je erahnen könnte. Es ist vielleicht die derzeit wichtigste Erkenntnis überhaupt, um aus dem materiellen Traum aufzuwachen!

Ähnlich zentral wie das Bewusstsein für uns ist, ist das Licht für die äußere Welt. Es ist die Grundlage und der Baumeister von allem. Es ist eine der vier Grundkräfte des Universums und spannt für uns die äußere Raumzeit auf, ähnlich wie ein Zirkuszelt, in dem sich die Ereignisse des Kosmos abspielen. Licht ist und kann aber noch viel mehr.

Licht ist Energie

Diese einfache Erkenntnis kommt in der Quantenphysik durch eine weitere fundamentale Formel zum Ausdruck: $E = h \cdot f$, wobei f für die Frequenz des Lichts steht und h für das sogenannte Planck'sche Wirkungsquantum. Das ist jene Naturkonstante, welche die kleinste elektromagnetische Energiemenge definiert, die sich mit der Materie noch austauschen kann. Alle Wechselwirkungsvorgänge zwischen Licht und Materie entsprechen ganzzahligen Vielfachen von h. Das hat damit zu tun, dass es nur ganzzahlige Schwingungen gibt und letztlich eben alles Schwingung ist – auch die Materie. Die Formel zeigt, dass eine Lichtwelle höherer Frequenz mehr Energie hat. Das sichtbare Regenbogenspektrum reicht von Rot bis Violett und entspricht damit etwa einer Oktave. Da eine Oktave einer Verdoppelung der Frequenz entspricht, hat eine einzelne, langsam schwingende rote Lichtwelle die halbe Energie einer schnell schwingenden violetten.

Die Sonne ist unsere nächste und stärkste Licht- beziehungsweise Energiequelle. Physikalisch gesehen ist sie ein Fusionsreaktor, der Atome verschmilzt und in elektromagnetische Strahlung (Licht) verwandelt. Außer den Kernkraftwerken nutzen die meisten Kraftwerke direkt oder indirekt Sonnenenergie. Wenn wir Holz, Steinkohle, Erdöl oder Erdgas verbrennen, so setzen wir eigentlich gespeicherte Sonnenenergie frei. Auch Wasserkraftwerke basieren indirekt auf Sonnenenergie. Es ist die Energie der Sonne, die das Wasser verdunstet und zum Himmel hochsteigen lässt. Als Regen oder Schnee fällt es dann wieder auf die Erde und füllt unsere Stauseen und Flüsse. Windkraftwerke verdanken ihre Funktion ebenfalls der Sonne. Ohne die Sonneneinstrahlung gäbe es keine Temperaturunterschiede und somit auch keine Luftströmungen oder Winde. Einzig bei Gezeitenkraftwerken spielt das Sonnenlicht keine Rolle, dafür aber ein anderes »Licht«: die Gravitation oder Schwerkraft, die man als ein Licht auffassen kann, das nach innen geht. Dies zu erklären sprengt hier allerdings den Rahmen.

Licht verbindet

Die verbindende Eigenschaft des Lichts ist im Zeitalter der Tele-
kommunikation augenfälliger denn je. Radiowellen, Fernsehwellen, Handywellen und natürlich auch jene Wellen, die durch
die Kabel des Internets reisen, verbinden uns in kürzester Zeit
mit anderen Menschen und Orten. Im Web können wir fast ver-
zögerungsfrei Bilder sehen, die eine Straßenkamera in Indien
aufnimmt. Licht vernetzt den Globus mehr und mehr. Nur dank
der modernen Lichttechnologie können wir erkennen, was
überall auf unserem Planeten geschieht und schnell Hilfe leisten, wenn sich irgendwo eine Katastrophe ereignet hat. Die
Lichtvernetzung macht uns auch bewusst, wie intensiv inzwischen alles zusammenhängt und wie sich zum Beispiel Schul-
den oder Krisen einzelner Länder auf die ganze Weltwirtschaft
auswirken. Licht informiert uns und verbindet das, was einst
getrennt war, wieder zu einer Ganzheit.

Licht verbindet uns auch mit unserem Ursprung, dem Kosmos. Ohne das Licht ferner Sterne und Galaxien wüssten wir
nicht einmal, dass der Kosmos existiert und wie unermesslich
groß er ist. Selbst dass er mit dem Urknall begonnen hat, weiß
die Wissenschaft anhand der Untersuchungen des Lichts ferner
Sterne und Galaxien sowie auf Grund entsprechender Berech-
nungen und Rückschlüsse. Der Kosmos erzählt uns seine Geschichte durch das Licht. Um über die taktile Wahrnehmung
des Regenwurms hinauszugelangen, hat die Evolution verschiedene Wege eingeschlagen, um Lichtsinne zu entwickeln. Das
Prinzip des Sehens beziehungsweise der Augen hat sich daher
gleich mehrfach entfaltet; es ist eine Voraussetzung, um den
weiteren Raum um sich herum zu entdecken und zu erschließen.

Licht ist unser Ursprung und unsere Zukunft

Licht stand auch am Anfang des äußeren Universums, das nach heutigem Stand der Wissenschaft vor 13,75 Milliarden Jahren mit dem Urknall begann. Aus diesem Anfangslicht, einer unvorstellbar heißen Strahlungssuppe, entstand unsere vierdimensionale Raumzeit, in der sich erst nach etwa 300 000 Jahren durch Ausdehnung und Abkühlung die ersten stabilen Atome bilden konnten. Die erforderlichen Grundbausteine wie Protonen und Elektronen wurden zuvor sozusagen aus dem heißen Ur-Licht herauskondensiert.

Licht ist aber nicht nur unser Ursprung, sondern auch unsere Zukunft. Seit der Mensch die Elektrizität und die elektromagnetischen Gleichungen entdeckt hat, entwickelt sich unser Planet zunehmend in Richtung Licht. Die Lichtnetze werden Jahr für Jahr mehr ausgebaut. Denken wir nur an die technologischen Netze der Mobiltelefone, der Satellitennavigation oder des Internets. Bereits jetzt zeichnet sich der nächste Technologiesprung ab. Die bereits beschriebenen Glasfasernetze wachsen rapide und die ersten Photonenprozessoren sind bereits in der Entwicklung. Sofern die Finanz- und Wirtschaftssysteme nicht komplett einbrechen (was derzeit niemand sicher weiß), werden wir unweigerlich vom Zeitalter der Elektronik in das Zeitalter der Photonik wechseln. Es besteht kein Zweifel, dass das Zeitalter des Lichts schon begonnen hat und wir bereits in einigen Jahren Lichtcomputer nutzen werden. Sie sind viel leistungsfähiger, brauchen weniger Strom und müssen nicht mehr gekühlt werden, da die Lichtteilchen (Photonen) im Unterschied zu den Elektronen wärmefrei geschaltet werden können. Es darf also nicht verwundern, wenn die Vertreter der künstlichen Intelligenz bereits heute von Robotern sprechen, die über eine Art Bewusstsein verfügen. Mit seinem Buch »Bauplan für eine Seele« beschreibt der Psychologie-Professor Dietrich Dörner, wie man psychische Vorgänge in intelligenten Maschinen nachbilden könnte, damit künftige Maschinen nicht nur über künstliche Intelligenz, sondern auch über künstliche Emotionen verfügen.

Glücklicherweise wächst auch das innere, spirituelle Lichtnetz, das für den Lichtkörper erforderlich ist. Letztlich laufen beide Varianten auf eine totale Lichtvernetzung hinaus, wie wir eingangs bereits beschrieben hatten. Es gibt aber einen entscheidenden Unterschied: Dem technologischen Lichtkörper fehlt es an Kohärenz und an Geschichte. Sein Lichtgewebe ist horizontaler Art. Es integriert praktisch keine Zeit. Es fehlt ihm daher die Tiefendimension.

Das biologische Lichtgewebe, das die Ausgangsbasis für den spirituellen Lichtkörper ist, ist über Jahrmilliarden gewachsen. Wir haben zahlreiche Struktur- und Organisationsebenen in unserem Körper: von Atomen, Molekülen, einfachen Zellen und Darmbakterien bis zum hochkomplexen Gehirn. All diese Ebenen sind im Laufe der Zeit entstanden und haben sich durch Zusammenschluss und Integration zu immer komplexeren Systemen entwickelt. Diese Geschichte des Lebendigen ist als ununterbrochene Schichtung des Bewusstseins in uns vorhanden und energetisch durch die Chakren repräsentiert. Genau das macht unsere Einheit und Ganzheit aus. Das heißt, die biologische Lebensform integriert mehr als nur Information im Sinne von Verknüpfungen und gespeicherten Daten. Sie verkörpert eine evolutionäre Geschichte und weist eine durch die Zeit entstandene vertikale Schichtung auf. Sie integriert also eine weitere Dimension: die Zeit.

Wir können diese vertikale Schichtung oder Zeitdimension mit einem Stapel Bücher vergleichen. Natürlich kann man diese Bücher auch nebeneinander legen, sie mit einem Superscanner alle gleichzeitig parallel einlesen und die Daten auf einen intelligenten, lernfähigen Roboter übertragen. Die vertikale Zeitdimension und damit die Schichtung des Bewusstseins (in unserem Beispiel der Bücherstapel beziehungsweise das zeitliche Nacheinanderlesen der Bücher) werden diesem Roboter aber fehlen und können vermutlich durch keinen Trick der Welt ersetzt werden. Was wir damit meinen, ist, dass eine Informationsmenge, die langsam gewachsen und über die Zeit entstanden ist, etwas anderes verkörpert als dieselbe Informationsmenge, die einfach kopiert wird. Das ist ein wesentlicher Unterschied zwischen dem wirklich Lebendigen und der künstlichen Version; wesentlich deshalb, weil diese Schichtung oder Zeitdimension das lebendige, beseelte Wesen ausmacht, das durch die Zeit mit den Prozessen seiner Umgebung und mit dem Ursprung verbunden ist. Man begegnet der Schichtung auf der Erde überall, wo viel Zeit im Spiel ist: bei Gesteinsschichten, bei Gletscherablagerungen, in Tropfsteinhöhlen, in Bohrkernen von Eis- oder Tiefseeablagerungen, beim Kristallwachstum, in den Jahrringen von Bäumen, beim Zahnschmelz usw.

Das höhere Licht des Geistes

Die Tatsache, dass sich die Herausbildung von zweierlei Lichtkörpern abzeichnet, eines technologischen und eines spirituellen, wirft die Frage auf, ob es nicht verschiedene Arten von Licht gibt, und wenn ja, ob wir uns dann nicht insbesondere auf das spirituelle Licht konzentrieren sollten.

Der griechische Philosoph Platon vertrat in seiner Ideenlehre die Auffassung, dass es zwei Welten gibt: eine höhere Welt der reinen Ideen und eine äußere Welt der Formen, in der die Ideen zum Ausdruck kommen und Gestalt annehmen. Diesem Konzept treu bleibend, war er der Auffassung, dass das äußere Licht, das wir sehen, nicht das eigentliche Licht ist. Nach Platon sind nicht die Sterne oder unsere Sonne die Quelle des Lichts, sondern die Idee des Lichts ist die wahre Quelle. Damit wir das äußere Licht überhaupt sehen und erkennen können, braucht es das höhere Licht der Vernunft oder des Bewusstseins, das gemäß Platon jenseits der Gedanken und der Formen liegt. Für ihn war dieses Licht etwas Göttliches und er nannte es auch »das Gute«.

Der Philosoph Wilhelm Vossenkuhl wies in einem Gespräch mit dem Astrophysiker Harald Lesch zum Thema Licht darauf hin, dass Platon dieses höhere Licht noch außerhalb der Welt angesiedelt hatte. Im Mittelalter sprach man dann vom Licht der Vernunft, einem Ursprung des Lichts im Metaphysischen, das allmählich in unseren Kopf gelangte. Mit anderen Worten: Das göttliche Licht kommt in uns selbst allmählich zum Bewusstsein. Damit scheint auch die eingangs gestellte Frage stimmig beantwortet zu sein. Wenn wir uns allein auf das spirituelle Licht außerhalb der Welt konzentrieren, bleiben wir in der Projektion und Spaltung hängen. Was uns weiterbringt, ist der von der Evolution bereits eingeschlagene Prozess der Integration und Lichteinsammlung, der beides verbindet: innen und außen, Himmel und Erde, Geist und Materie. Bei dieser Lichteinsammlung sollten wir uns auf die natürlichen Lichtquellen großer Entfernung konzentrieren, eben auf Sternenlicht. Damit integriert unser Bewusstsein nicht nur viel Raumzeit, sondern verbindet sich auch mit der nächsthöheren Ordnung, nämlich der kosmischen.

Licht ermöglicht Leben

Ohne Licht wäre die Welt tot. Leben braucht Licht für seine Existenz. Die Frequenz muss nicht unbedingt im sichtbaren Bereich liegen, aber ohne Lichtenergie wäre biologisches Leben nie zustande gekommen, und ohne Licht hätte es sich auch nicht weiterentwickeln können. Licht ist für das Leben absolut fundamental. Das gilt auch für jene Lebensformen, die in Höhlen oder in der Dunkelheit der Tiefsee zu Hause sind. Nach heutigem Wissen ist das Leben sogar dort entstanden. Die ersten primitiven Lebensformen, die sogenannten Archaebakterien oder Urbakterien, nutzten die Wärmeenergie von Schwarzen Schlotern. Das sind kaminartige Erhöhungen des Meeresgrundes, aus denen heißes Magma ausströmt. Die dort vorhandene Wärme ist nichts anderes als langwelliges Licht, das unsere Augen nicht sehen können. Offenbar waren die Schwarzen Schloter die ersten verfügbaren Lichtquellen für das Leben. Es gab sie schon zu einer Zeit, als das Sonnenlicht noch nicht durch die frühe, undurchsichtige Erdatmosphäre hindurchdringen konnte.

Licht erhebt und organisiert Materie

Kein Leben ohne Licht! Das gilt nicht nur für alle biologischen Lebensformen, sondern auch für die Mikrowelt der Materie. Aufgrund der Naturgesetze nehmen Atome jeweils den energieniedrigsten Zustand ein. Das heißt, die Elektronen besetzen die untersten Schalen des Atoms, das sich dann im Grundzustand befindet. Kommt keine Energie von außen, passiert auch nichts. Das Atom erfährt keine Veränderung. Man könnte sagen, es schläft. Damit sich auf dieser grundlegendsten Ebene der Materie etwas ändern und »Leben« ins Spiel kommen kann, braucht es Licht. Licht ist die Energie, die dem Elektron den Quantensprung auf eine höhere Schale im Atom ermöglicht. Man kann auch sagen, dass sich das Elektron ein Lichtquant, also ein Photon schnappt, um auf eine höhere Ebene zu gelangen, auf der es mehr Möglichkeiten hat. Dadurch kann sich das Atom mit einem anderen Atom zu einer neuen organisatorischen Einheit, einem Molekül verbinden. Der Quantensprung des Elektrons ist quasi der »Aufstieg« im Mikrobereich.

Licht erhebt und organisiert die Materie. Gäbe es kein freies Licht, wäre das gefrorene Licht, die Materie, für lange Zeit verloren. Sie müsste Jahrmillionen warten, bis sie sich aufgrund der Schwerkraft mit anderer Materie zu einer derart großen Ansammlung zusammenballen könnte, dass der innere Druck für eine Kernfusion ausreicht und so ein neuer Stern geboren wird.

Licht, Information und Erkenntnis

Zwischen Licht, Wahrnehmung und Erkenntnis gibt es ebenfalls einen offensichtlichen Zusammenhang. Ohne Licht bleiben die Dinge im Dunkeln und wir können sie nicht erkennen. Unsere Erkenntnisfähigkeit der äußeren Welt wäre ohne Licht deutlich geringer, und wahrscheinlich würde sich das auch auf unser inneres Erkennen, unsere Einsichten auswirken. Wir haben zwar auch noch andere Sinne, doch die visuelle Wahrnehmung überwiegt beim Menschen massiv. Etwa 80 Prozent der Information nehmen wir über die Augen auf. Nur rund 20 Prozent erreichen uns über die restlichen Kanäle. Offenbar hat sich das Nervensystem im Laufe der Evolution in diese Richtung entwickelt.

Die direkte Informationsaufnahme über die Augen ist nicht nur ein evolutionärer Überlebensvorteil gewesen, sondern hat auch den Bewusstseinsprozess begünstigt. Dies zeigt die Untersuchung der Informationsgewinnung beziehungsweise der evolutionäre Trieb zur Informationsmaximierung.

Um den Informationsgehalt eines Signals oder einer Nachricht zu erfassen, verwendet man die Einheit Shannon (Sh). Sie ist nach dem Begründer der Informationstheorie Claude E. Shannon (1916–2001) benannt. Auf die äußeren Sinne angewendet, sieht man sofort, dass uns über die Augen weitaus am meisten Informationen erreichen: Die Aufnahmekapazität ist beim Gesichtssinn mit 10 Millionen Shannon pro Sekunde am größten. Es folgt der Tastsinn mit 1 Million, der Gehörsinn und der Geruchssinn mit jeweils 100 000 und zuletzt der Geschmackssinn mit 1000 Shannon pro Sekunde. Die hohe Kapazität der Augen, die neurologisch betrachtet ein Teil des Gehirns sind, zeigt nochmals deutlich, dass es in der Evolution vor allem um Informations- und Lichteinsammlung geht. Ohne Augen und Licht könnten wir nicht in die Ganzheit zurückfinden. Wir wüssten nicht einmal, dass es den Kosmos gibt. Wir wüssten nicht, woher wir kommen und wohin wir gehen. Ja, wir wüssten nicht einmal, wer wir sind. Das Licht und die Augen sind für die Entwicklung unseres Speziesbewusstseins unabdingbar.

Es gibt Forscher, die der Frage nachgehen, wie die Evolution auf der Erde verlaufen würde, wenn sie nochmals von vorn beginnen müsste, oder wie sich das Leben auf anderen Planeten mit ähnlichen Bedingungen entwickelt haben könnte. Sie kamen bislang zu dem Schluss, dass das Auge als Sinnesorgan auf jeden Fall wieder auftauchen würde. Schätzungen gehen davon aus, dass sich das Auge im Laufe der Evolution 40 bis 60 Mal unabhängig voneinander entwickelt hat! Richard Dawkins schreibt in seinem Buch *Geschichten vom Ursprung des Lebens* auf Seite 821 ff., dass Professor Michael Land, ein führender Fachmann für die vergleichende Zoologie der Augen, neun unabhängige optische Mechanismen kennt, von denen sich jeder mehrmals entwickelt hat. Dawkins bemerkt, dass das Leben auf unserem Planeten »mit geradezu unanständigem Eifer« auf die Evolution von Augen erpicht ist. Er glaubt, dass wir sogar darauf wetten können, dass auch auf anderen Planeten, auf denen es Leben gibt, ebenfalls Augen entstehen werden oder entstanden sind. Ferner weist er darauf hin, dass es nur eine begrenzte Anzahl von Möglichkeiten gibt, ein Auge hervorzubringen. Es sei davon auszugehen, dass das Leben sie wohl alle genutzt hat.

Die Evolution strebt also eifrig nach Lichteinsammlung, was letztlich zu mehr Bewusstsein und zum Lichtkörper führt. Dawkins, der als Wissenschaftler »von unten«, vom Materiellen her kommt, darf diesen Schluss natürlich nicht ziehen. Wir jedoch schon. Und wir gehen noch einen Schritt weiter, indem wir vorschlagen, durch bewusstes und aktives »Einsammeln« von Sternenlicht den evolutionären Prozess auf der Erde gezielt in Richtung des spirituellen Lichtkörpers zu lenken, um unsere Bestimmung zu erfüllen.

Licht und Sinneswahrnehmung

Licht beziehungsweise elektromagnetische Signale spielen bei allen unseren Sinneswahrnehmungen die zentrale vermittelnde Rolle. Das ist zunächst nicht einleuchtend, da nur die Augen Licht aufzunehmen scheinen. Die eigentliche Wahrnehmung passiert aber bei allen Sinnen erst im Gehirn und entsteht durch ein komplexes Zusammenspiel feuernder Neuronen. Die Wahrnehmung von Sinnesreizen im Gehirn geschieht dadurch, dass zahlreiche Gehirnzellen »aufleuchten«, das »Gehirngewitter«.

Wir sehen die Umgebung nicht direkt, sondern sie wird im Sehzentrum des Gehirns rekonstruiert. Die elektromagnetischen Wellen einer Lichtquelle treffen auf Materie, werden reflektiert und erreichen das Auge. In den Sehzellen befinden sich Moleküle, die wie abgestimmte Antennen wirken. Es kommt zu einer resonanten Kraftübertragung, die entsprechende Nervenimpulse auslöst. Auf der Netzhaut wird zunächst ein auf dem Kopf stehendes und seitenverkehrtes Bild erzeugt. Die Lichtreize werden von den Rezeptorzellen der Netzhaut (den Stäbchen und den Zapfen) registriert und über einen Teil des Zwischenhirns und die Sehbahn zum visuellen Cortex geleitet. Pro Sekunde werden so etwa zehn Millionen Informationseinheiten übertragen und vom Gehirn zu einem Bild zusammengesetzt. In Wirklichkeit ist der Prozess noch viel komplexer, da chemische Substanzen zerlegt und wieder zusammengesetzt werden müssen und das Gehirn für die Rekonstruktion auch frühere Bilder aus der Erinnerung heranzieht. Wir sehen also definitiv nicht das Original, sondern eine völlig neu konstruierte und mit früheren Erfahrungen abgeglichene Version. Es ist ähnlich wie beim Fernsehen: Was wir auf dem Bildschirm sehen, befindet sich ja auch nicht real im Gehäuse, sondern ist ein Bild, das das Gerät aus elektromagnetischen Wellen rekonstruiert.

Auch beim Gehör-, Geruchs-, Geschmacks- und Tastsinn sind es nach einer Reihe molekularer Rezeptoren und komplexer chemischer Prozessketten stets elektromagnetische Signale, die zu jenen Gehirngewittern führen, die wir als Empfindungen bezeichnen. Zusammenfassend können wir also festhalten, dass unsere Sinneswahrnehmungen in erster Linie eine Leistung des Gehirns sind und dass bei diesen Prozessen letztlich Licht der Mittler ist. Wenn aber alles, was wir über die äußere Welt in Erfahrung bringen können, letztlich durch Licht oder elektromagnetische Wellen übermittelt wird, dann ist es keine Spekulation zu behaupten, dass wir im Grunde genommen Lichtwesen sind. Diese Feststellung ist wichtig, wenn wir aus dem materiellen Traum in den Lichtkörper hinein erwachen wollen. Solange wir nicht wissen, wer wir sind und wie wir funktionieren, können wir nicht wirklich aufwachen.

Wahrnehmung und Wirklichkeit

Wir haben gesehen, dass »die Welt da draußen« eher ein Konstrukt unseres Nervensystems als eine unabänderliche Realität ist. Die Art und Weise, wie sich Nervensysteme evolutionär entwickelt haben und wie sie funktionieren, bestimmt maßgeblich, wie die Welt wahrgenommen wird. Solange wir uns dessen nicht bewusst sind und weiterhin glauben, es gebe da draußen eine einzige konkret definierbare Welt, die unabhängig von unserem Körperbauplan (unserer DNA) und unseren inneren Konstrukten existiert, kann die »gefrorene« Wirklichkeit nicht auftauen. Sie kann es deshalb nicht, weil wir sie durch unsere fixierte Weltsicht »gefroren« halten.

Zwischen Wahrnehmung und Wirklichkeit besteht eine direkte Kopplung, derer wir uns zu wenig bewusst sind. Die meisten Menschen sind der festen Überzeugung, dass die Welt um uns herum völlig unabhängig von uns existiert und tatsächlich so ist, wie wir sie sehen. Das ist aber ein Trugschluss. Wirklichkeit lässt sich nicht allein über Sinneswahrnehmung definieren. Tut man es trotzdem, kommt man zu unstimmigen Ansichten über die Wirklichkeit. Man muss nicht einmal die Quantenphysik bemühen, um das zu belegen. Dass die Welt da draußen gar nicht so eindeutig definiert ist, wie wir meinen, lehrt uns bereits die Wahrnehmungspsychologie. Sie kann eindrücklich zeigen, wie sehr die Art, wie man denkt, die Wahrnehmung beeinflusst. Es ist also nicht nur so, dass wir Dinge oder Ereignisse nur anders interpretieren als andere, sondern wir nehmen sie bereits unterschiedlich wahr. Ein solcher Befund hat aber enorme weltanschauliche Konsequenzen, denn er bedeutet, dass die Wirklichkeit viel plastischer ist, als wir bis anhin glaubten. Diese Erkenntnis ist eine wichtige Voraussetzung für die Realisierung des Lichtkörpers.

Da jede Spezies ihre artspezifische DNA und damit ihren eigenen Körperbauplan hat, der auch die Sinnesorgane festlegt, gibt es mit Sicherheit speziesspezifische Wirklichkeiten. Das heißt aber nichts anderes, als dass die Wirklichkeit für einige Licht enthält und für andere nicht. Für einige hat sie Farben und für andere nicht. Für einige hat sie weiten äußeren Raum, für andere nicht. Für einige existieren der Mond und die Sterne, für andere nicht. Einige hält die Schwerkraft am Boden, andere schweben im Wasser und wissen nicht einmal, dass es weiter oben Land und Luft gibt. Welche Sicht der Wirklichkeit stimmt nun? Die des Regenwurms, des Tiefseefisches oder der Fledermaus? Meine oder Ihre? Was ist Wirklichkeit? Wer hat recht? Wollen wir demokratisch abstimmen? Dann könnte es sein, dass die Regenwürmer gewinnen, die es in großer Zahl gibt. Sie machen neben den Pilzen und Bakterien den größten Teil der Biomasse aus und es gibt sie schon seit 200 Millionen Jahren. Zudem haben sie bereits ein relativ gut entwickeltes Nervensystem. Sie würden uns überstimmen und behaupten, dass die Welt keine Farben, keinen äußeren Raum, keinen Mond und keine Sterne hat.

Dieses Beispiel zeigt, dass der Bauplan einer Lebensform, der in der DNA festgelegt ist, maßgeblich bestimmt, wie eine Spezies die Welt wahrnimmt, und dass unsere bisherige Sicht von einer definierbaren, fixierten Welt nicht stimmig ist. Im folgenden Kapitel über unsere kosmische DNA werden wir auf diese Einsicht zurückgreifen.

DNA, Gehirn und Bewusstsein

Der Evolution wohnt die Tendenz inne, Licht zu sammeln. Dadurch haben sich immer komplexere Organismen und größere Nervensysteme entwickelt. Unter dem Gesichtspunkt der Informationsmaximierung scheint der Evolution mit dem Menschen ein besonders guter Wurf gelungen zu sein. Der Mensch hebt sich durch sein Großhirn (Neocortex) deutlich von den anderen Primaten ab, obschon er ihnen genetisch sehr ähnlich ist. Unsere nächsten Verwandten, die Schimpansen, haben zu 98,7 Prozent die gleiche Erbsubstanz wie wir! Ein Vergleich der Genexpression (inklusive nachfolgender Proteinsynthese) zwischen Schimpansen und Menschen hat ergeben, dass diese sich insbesondere beim Gehirn dramatisch unterscheidet. Der Mensch hat ein größeres Gehirn und ist bei Weitem der bessere Informationssammler. Durch Sprache, Schrift und modernste Technologie steigerten wir die Informationsmenge in unseren Speichern enorm und es ist kein Ende abzusehen.

Inzwischen weiß man durch die Entschlüsselungsarbeiten am menschlichen Genom, dass die DNA hauptsächlich dazu da ist, unser Gehirn zu bauen. Obschon das menschliche Gehirn nur 2 Prozent des Körpergewichts ausmacht, braucht es 20 Prozent des Sauerstoffs und 25 Prozent der Glukose. Die graue Masse in unserem Schädel ist ein absolutes Wunderwerk und liegt noch größtenteils ungenutzt da. Unser Gehirn ist so organisiert, dass es mehr mögliche Zustände einnehmen kann, als es Atome im Universum gibt! Im Moment denken wir noch zu wenig vernetzt, deshalb nutzen wir nur etwa 5 Prozent seiner Kapazität. Sobald die brachliegenden Wahrnehmungsebenen reaktiviert sind, werden wir die restlichen 95 Prozent zu nutzen beginnen.

Unsere derzeitigen Bewertungssysteme favorisieren immer noch das rationale Denken und die Fähigkeit, Wissen zu speichern und abzurufen. Eigentlich können das aber bereits simple Computer schon deutlich besser als wir. Was wir für die Zukunft brauchen, ist noch mehr Bewusstsein.

Licht verschränkt innen und außen

Licht ist das Bindeglied zu den höheren Dimensionen und Bewusstseinsebenen. Die Lichtdimension ist eine Konverter- oder Umstülpdimension. Sie verschränkt innen und außen. Man kann das am besten anhand eines Möbiusbandes veranschaulichen. August Ferdinand Möbius (1790–1868) war ein deutscher Mathematiker und Astronom. Er war unter anderem Professor, Observator und später Direktor der Leipziger Sternwarte.

Bei dem nach ihm benannten Band sind die zwei Seiten eines Papierstreifens über die dritte Dimension ineinander verschränkt. Ein solches Band hat daher nur noch eine Oberfläche. Auf ähnliche Weise verschränkt Licht die inneren Dimensionen mit der äußeren Welt. Sie können leicht selbst ein Möbiusband basteln. Schneiden Sie hierzu von einem Blatt Papier einen etwa zwei Zentimeter breiten Streifen ab und krümmen Sie Anfang und Ende des Streifens leicht überlappend zu einem Ring zusammen. Nun können Sie mit dem Zeigefinger auf der Außenseite des Rings entlangfahren und dasselbe innwendig tun. So können Sie sich überzeugen, dass der Ring tatsächlich zwei Seiten hat, eine äußere und eine innere – analog unserer äußeren Welt der Objekte und unserer inneren Welt der Seele und des Geistes.

Lösen Sie jetzt den Ring, überklappen Sie ein Ende um 180 Grad und führen Sie beide Enden wieder zusammen, sodass der linke Rand des einen Endes mit dem rechten des anderen zusammenkommt. Sie haben das Band soeben verschränkt. Sie halten nun ein Möbiusband in Ihren Fingern. Wenn Sie wollen, können Sie es an der Kontaktstelle mit einem Klebeband oder einer Heftklammer fixieren. Fahren Sie nun wieder mit dem Zeigefinger am Band entlang. Sie werden feststellen, dass es nur noch eine Seite hat. Es gibt kein Außen und kein Innen mehr. Die zwei Seiten haben sich vereint. Außen und innen sind zu einer Einheit verschränkt worden.

Was Sie mit dem Papierband gemacht haben, unternimmt Licht für uns alle auf einer höherdimensionalen Ebene. Es verschränkt außen und innen.

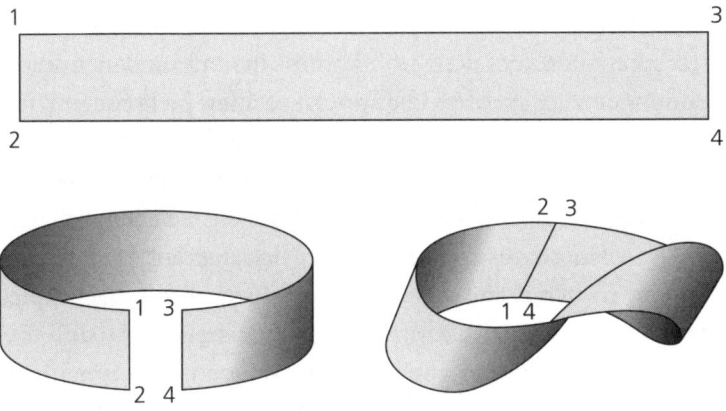

Licht und Bewusstsein sind wesensverwandt

Durch diese Verschränkung sind Licht und Bewusstsein wesensverwandt. Beides sind keine Objekte, sie existieren außerhalb von Raum und Zeit. Beide sind lebendig, unsterblich und existieren im Jetzt. Beide haben einen Wellen- und einen Teilchenaspekt, wobei der Teilchenaspekt unseres derzeitigen Bewusstseins unser physischer Körper ist. Beide sind ganzheitlich in dem Sinne, dass sie verschiedene Strukturen verbinden und zu einer Ganzheit zusammenfassen. So wie unser menschliches Bewusstsein alle Unterebenen der Organe, Gewebe und Zellen zu einer Ganzheit zusammenfasst, so fasst das Licht der Sterne den Kosmos zu einer Ganzheit zusammen. Das ist auf den ersten Blick vielleicht nicht einleuchtend. Es wird aber klar, wenn man sich bewusst macht, dass Fixsterne in der Regel so weit voneinander entfernt sind, dass sie als Punktlichtquellen oder Multifrequenzlaser wirken und gemeinsam ein riesiges kosmisches Superhologramm erzeugen. Hologramme sind ganzheitlich organisierte Lichtgebilde, die dadurch charakterisiert sind, dass das Ganze in jedem Teil vorhanden ist.

Die Wesensverwandtschaft von Licht und Bewusstsein ist auch sprachlich verankert und kommt in verschiedenen Redewendungen zum Ausdruck: etwas im rechten Lichte sehen, mir geht ein Licht auf, mir dämmert es, er ist ein heller Kopf, hinters Licht geführt werden, Licht in eine Angelegenheit bringen, etwas ans Licht bringen, einen Zusammenhang erhellen, Erleuchtung … All diese Ausdrücke beziehen sich stets auf das Bewusstsein und nicht auf äußeres Licht. Sie zeigen, dass es tatsächlich einen verborgenen Zusammenhang zwischen Licht und Bewusstsein gibt. Ebenso gibt es einen weiteren Zusammenhang zwischen kosmischem Licht und kosmischem Bewusstsein.

Kohärenz und Bewusstsein

Licht an sich ergibt natürlich noch kein Bewusstsein. Es ist die harmonische Verbundenheit, die Kohärenz und die vertikale Schichtung oder Seele, die es ausmacht. Diese Schichtung fehlt dem Laser, sonst wäre auch er bewusst.

Als ein anderes Wort für die geschichtete Kohärenz hatten wir »Liebe« genannt; die Liebe zum Leben, die Liebe zu allem, die Liebe zum Ur-Licht, zu Gott. Bewusstsein hat also mit Kohärenz und Geschichte oder Schichtung zu tun; mit der harmonischen Organisation von Lichtwellen, die eine übergeordnete Ganzheit bilden. Diese übergeordnete Ganzheit wird jeweils als Bewusstsein bezeichnet und erlaubt Erlebnisfähigkeit.

Es ist wichtig, zu verstehen, dass die Beziehung der Lichtwellen untereinander etwas Inneres ist. Sie ist zwar im Außen beobachtbar, so wie man die Übereinstimmung eines Liebespaares äußerlich erkennen kann. Was sich aber im Innern abspielt, bleibt das Geheimnis des Paares. Kohärenz, Bewusstsein oder Liebe haben stets mit harmonischer Übereinstimmung zu tun. Wie immer man es nennt: Sie sind der Schlüssel zum Glück.

Kohärentes Sternenlicht führt in die Innenwelt

Nun geht es darum, zu verstehen, warum kohärentes Licht eine Brücke zur Innenwelt bildet und wie dies wiederum mit dem zusammenhängt, was wir als Bewusstsein bezeichnen. Wenn wir zwei Menschen sehen, so hat jeder als äußeren Aspekt einen eigenen Körper. Wenn diese Menschen in einer Beziehung zueinander stehen, kommt etwas Neues, etwas Inneres hinzu. Dieses Innere ist nach außen nicht sichtbar. Man kann es lediglich anhand der äußeren Übereinstimmung erkennen beziehungsweise vermuten. Die zwei Menschen können weit voneinander entfernt sein. Doch über ihre Beziehung sind sie trotzdem miteinander verbunden. Durch die Beziehung kommt eine verborgene, innere Dimension hinzu.

Das Gleiche gilt auch für kohärente Lichtwellen. Ihre Beziehung besteht in ihrer Übereinstimmung. Nicht die einzelne Lichtwelle allein, sondern die harmonische Übereinstimmung von Lichtwellen erschafft den Zugang zu den höheren, respektive inneren Dimensionen der Seele. Kohärenz ist der Schlüssel zur Innenwelt, zu mehr Verbundenheit, mehr Übereinstimmung und mehr Bewusstsein sowie der Weg zur nächstgrößeren Einheit. Weil Sternenlicht kohärent ist, ist es der natürliche und entscheidende Faktor für den nächsten Schritt der Evolution.

Die Aufgabe der Lichtmeridiane

Die kosmischen Verbindungslinien, die Lichtmeridiane beziehungsweise die axiatonalen Linien haben die Aufgabe, verschiedene Untereinheiten zusammenzufassen und mit dem größeren Ganzen zu verbinden. Sie bilden ein offenendiges System, das kleinere Einheiten mit größeren Systemen und die zahlreichen Kohärenzschichten zu einem funktionierenden Gesamtorganismus verbindet. Sie fungieren als Bindeglied zwischen Mikrokosmos und Makrokosmos, ähnlich wie die Akupunkturmeridiane die verschiedenen Organe und Systeme unseres Körpers energetisch zu einer Einheit verbinden.

Die Akupunktur ist eine der ältesten Energietherapien mit weltweiter Verbreitung. Sogar Ötzi – der Mann aus dem Eis –, dessen Leiche man 1991 in Südtirol fand, war mit Akupunktur behandelt worden. Das Alter der Gletschermumie beträgt 5300 Jahre. Ötzi hatte an verschiedenen Akupunkturpunkten Tätowierungen, die mit Sicherheit therapeutischen Zwecken dienten. Die Ergebnisse der wissenschaftlichen Untersuchungen hierzu wurden am 9. Oktober 1998 in der renommierten Wissenschaftszeitschrift *Science* veröffentlicht.

Es stellt sich die Frage, woher die Kenntnisse über die feinstofflichen Energiekanäle stammen. Könnte hier einst ein höheres Wissen existiert haben, das in Vergessenheit geraten ist; ein Wissen, das in Zukunft für den Lichtkörper gebraucht wird? Im *Buch des Wissens* von James Hurtak stößt man auf interessante Aussagen. Es heißt dort, dass der menschliche Körper ein kleines Raumzeit-Feld innerhalb eines größeren Feldes ist und dass man durch diese Anschauung erkennen kann, »dass die Akupunktur eine der ersten empirischen Demonstrationen des biologischen Aufstiegs im Universum ist«.[4] An selber Stelle begegnet man auch dem Konzept der bereits erwähnten kosmischen Meridiane, von denen der Mensch aufgrund des Falls aus dem Paradies getrennt wurde.

Wir wissen, dass Licht die Materie geboren hat (Urknall, Teilchenbildung und Sternentstehung). Licht belebt zudem die Materie bereits auf der untersten Ebene der Atome (Quantensprung). Es ermöglicht dadurch Verbindungen (Molekülbildung)

---

[4] James Hurtak: *Das Buch des Wissens. Die Schlüssel des Enoch.* Brienz. Academy for Future Science Verlag, Schlüssel 3-1-7/4, Seite 523

und die Vernetzung zu komplexen Einheiten (autokatalytische Systeme). Licht treibt diesen Prozess immer weiter voran bis hin zur intelligenten DNA, die seither als Molekül des Lebens eine Schlüsselrolle in der Evolution spielt. Licht hat die Fähigkeit, die von ihm aufgebauten und organisierten Strukturen zu bewohnen oder zu beseelen, sie zeitlebens zu erhalten und sie sogar auszubauen und weiterzuentwickeln; dies mit dem Ziel, noch mehr Licht beziehungsweise Information zu sammeln, um noch mehr Bewusstheit zu erlangen. Zwei Dinge springen einem dabei ins Auge:

- die Fähigkeit des Zusammenhalts und
- die Fähigkeit, immer größere Einheiten zu bilden.

Das Licht will Teilchen, die ja ebenfalls Licht sind (gefrorenes Licht), wieder miteinander verbinden. Das heißt, das Licht will den Teil von sich selbst, der sich nach dem Urknall auskondensiert hat, wieder in die Einheit führen. Licht »weiß« offenbar, wie es das erreicht. Es nimmt hierzu – aus unserer Sicht – jeden möglichen Weg. Dies gilt als eine gesicherte Erkenntnis der Quantenelektrodynamik. Aus der Sicht des Lichts sieht das allerdings anders aus, denn Licht reist in Wahrheit nicht umher. Es ist immer im Hier und Jetzt. Das Licht legt diese Wege also nicht wirklich zurück, dies erscheint uns nur so, weil wir aus der Einheit in die äußere Raumzeit gefallen sind, welche wiederum eine »Schöpfung« des Lichts ist. Licht *ist* all diese Wege. Licht hat die Einheit nie verlassen. Es war die Einheit, ist die Einheit und wird sie immer bleiben. Deshalb erscheint dem Verstand das Verhalten des Lichts so paradox. Licht ist ewig; es ist zeitlos!

Unsere kosmische DNA

Im Jahr 2004 kamen wir durch seltsame Umstände zu der Erkenntnis, dass die Sternenlichtarbeit für die Menschheit und den Lichtkörper von größerer Bedeutung sein könnte, als wir es bislang erkannt hatten. Wir realisierten plötzlich, dass die von der Ganzheit abgetrennte DNA bisher quasi blind auf der Suche nach ihrem ursprünglichen, kosmischen Zuhause war und dass es eigentlich darum ging, mit Sternenlicht die brachliegenden Codes der DNA zu aktivieren. Wie es zu dieser Erkenntnis kam, gleicht dem Zusammenbau eines Puzzles, dessen zentrales Teilstück die kosmische DNA ist. Die anderen Teile wurden über die Jahre hinweg durch verschiedene Forscher entdeckt und in Position gebracht. Doch erst als im Juni 2004 exakt zur Zeit des Venustransits das Teilstück der kosmischen DNA auftauchte, konnten wir das Gesamtbild erkennen.

Wie sich das abgespielt hat, ist eine äußerst merkwürdige Geschichte. Die Fäden, welche die höhere Intelligenz gesponnen hatte, reichen zurück bis zu den Anfängen der Sternenlichtidee im Jahr 1996. Sie zeigen eine Vernetzung auf, die uns in ehrfürchtiges Staunen versetzt. Das Faszinierendste daran ist einmal mehr der Eindruck der Zeitumkehrung beziehungsweise das Gefühl, dass dieses Lichtgewebe aus der Zukunft in die Vergangenheit gewoben wurde. Inzwischen wissen wir, dass dieser zeitverkehrte Eindruck entsteht, weil wir uns bisher nur in eine Richtung entlang dieser Lichtfäden bewegen können. In Wirklichkeit ist das ganze kosmische Lichtgewebe schon immer dagewesen. Das Gesamtbild des Puzzles war schon immer da.

Was ist die DNA?

Die Desoxyribonukleinsäure (DNS, beziehungsweise heute auch im Deutschen gebräuchliche englische Abkürzung DNA) ist ein winzig klein aufgewickeltes Fadenmolekül, das sich in Form der 46 Chromosomen im Zellkern jeder Körperzelle befindet. Würde man die 46 Abschnitte zu einem einzigen gestreckten Faden zusammenfügen, wäre dieser etwa zwei Meter lang, aber rund 25 000 Mal dünner als ein Haar. Dieses »intelligente« Molekül ist Träger der Erbinformation, die in ihm als einfacher chemischer Code vorliegt. Dieser bestimmt im Wesentlichen den Aufbau und die Funktion des Körpers.

Entdeckt wurde die DNA schon 1869 von Friedrich Miescher, der in Zellkernen die Nukleinsäure vorfand, jedoch die Funktion dieser Substanz noch nicht sicher bestimmen konnte und auch deren Struktur noch nicht kannte. Es ist bemerkenswert, dass Mieschers Entdeckung der DNA, die – wie man erst viel später herausfand – ein »Lichtträger« (Photonenresonator) ist, etwa in dieselbe Zeit fällt wie die Entdeckung der elektromagnetischen Gleichungen durch James Clerk Maxwell.

Aufbau der DNA

Die detaillierte Struktur der DNA wurde 1953 von James Watson und Francis Crick aufgeklärt, die 1962 zusammen mit Maurice Wilkins den Nobelpreis für Medizin für diese Entdeckung erhielten. Eine weitere beteiligte Forscherin, Rosalind Franklin, war zum Zeitpunkt der Preisverleihung bereits verstorben. Ihre Röntgenbeugungsdiagramme hatten wesentlich zur Entschlüsselung der DNA-Struktur beigetragen.

Die DNA hat eine wendeltreppenartige Strickleiterstruktur, die als Doppelhelix bezeichnet wird. Es ist für unsere Betrachtungen nicht nötig, die Details genau zu kennen, deshalb bleiben wir bei einfachen Beschreibungen. Das fadenartige Molekül ist mehrfach spiralig aufgewickelt und zusammengeknäuelt (hyperspiralisiert). Die Sprossen der DNA-Strickleiter bilden den genetischen Code, während die Holmen oder Stränge nur zum Halten des Codes dienen. Sie sind sozusagen das Papier, auf dem der Code des Lebens geschrieben steht. Es handelt sich im Prinzip um einen einfachen »Computercode« in Form von chemischen Basenpaaren. Die Information liegt in der Abfolge der Sprossen, die beim einen Strang mit einer der vier Basen beginnt und am Gegenstrang entsprechend komplementär verläuft. Man hat herausgefunden, dass der genetische Code nach ähnlichen Grundmustern aufgebaut ist wie die Sprache(n) der Menschen. Das wirft sehr interessante Fragen auf.

Die DNA lebt!

Bei der Zellteilung trennen sich die beiden Stränge der DNA wie ein Reisverschluss und jeder Strang ergänzt sich wieder. Auf diese Weise wird die Erbinformation an jede neue Zelle weitergegeben. Die Reduplikationszeit beträgt etwa 20 Minuten. Diese sehr statische Beschreibung vermag allerdings nicht zu zeigen, was für dynamische Prozesse eigentlich ablaufen. Bei einer Windungszahl von 300 000 Wendeldrehungen müssen pro Sekunde 250 Windungen aufgedreht werden, damit der Vorgang in 20 Minuten abgeschlossen ist. Das ist ein unvorstellbar dynamischer Prozess. Insgesamt laufen in einer einzelnen Zelle pro Sekunde rund 100 000 chemische Reaktionen ab. Die Anweisungen dazu liegen ebenfalls im genetischen Code und einem intelligent organisierten Lichtgewebe. Die DNA lebt!

DNA, Leben und Ordnungssog

Die Wissenschaft ist sich darin einig, dass der evolutionäre Prozess des Lebens seit dem Auftauchen der DNA über dieses »Wundermolekül« läuft. Sie geht davon aus, dass sich erste Formen von DNA bereits nach wenigen hundert Millionen Jahren »zufällig« auf der Erde gebildet haben. Wie das geschah, ist noch unklar, denn statistisch gesehen ist es ein extrem unwahrscheinliches Ereignis. Es hat dann rund 3,5 Milliarden Jahre gedauert, bis daraus höhere Lebensformen entstanden sind. Das ist eine ungeheuer lange Zeit, in der sich das Angesicht der Erde mehrmals völlig gewandelt hat. Das Grundprinzip des genetischen Codes ist die ganze Zeit über gleich geblieben. Die DNA ist die große Konstante in der Evolution. Während Meere zu Wüsten wurden und ganze Gebirge verschwanden, hat die DNA all diese Zeiten überlebt und sich weiterentwickelt. Sie sorgte und sorgt dafür, dass die Information des Lebens an die Nachkommen übertragen wird und sich erneuern und weiter vorankommen kann. Die Frage ist nur: Wie schafft die DNA das? Was ist ihr Trick? Wie kann sie dem materiellen Gesetz des Zerfalls trotzen?

Alles Materielle will stets den niedrigsten Energiezustand einnehmen und unterliegt dem unerbittlichen Entropiegesetz, einem fundamentalen Gesetz der Physik. Einstein bezeichnete es sogar als das erste Gesetz aller Wissenschaften. Es besagt, dass in einem geschlossenen System die Entropie (Unordnung) immer zunimmt. Anders gesagt: Der Ordnungszustand des Systems nimmt automatisch ab. Laut dem Entropiegesetz unterliegt im Universum alles dem fortwährenden Zerfall. Höhere Zustände gehen von selbst in niedere über, aber nicht umgekehrt. Soll es aufwärts gehen, muss etwas hinzukommen. Man kann auch sagen: Runter geht es gratis, aufwärts kostet es. Das Universum oder der heiße Kaffee, sie kühlen von selbst ab. Kalter

Kaffee wird hingegen nie automatisch heiß. Man muss ihn mit neuer Energie wieder aufwärmen. Ein Haus zerfällt mit der Zeit von selbst; um eines zu bauen, braucht es hingegen einen Plan und Arbeitskraft.

Lebewesen sind Lichtsäuger

Im Unterschied zur »toten« Materie können Lebewesen interessanterweise dem Entropiegesetz trotzen. Sie sind offene Systeme und nehmen Materie und Energie aus der Umgebung auf, beispielsweise durch Nahrung. Das Wertvolle daraus nutzen sie und scheiden den Rest wieder aus. Lebewesen können sich aufbauen, wachsen und sich selbst erhalten, bis sie eines Tages sterben. Erst dann tritt der Zerfall ein. Doch die Frage bleibt: Wie machen sie das? Wie kommt das Phänomen Leben zustande?

Die Physiker Ludwig Boltzmann (1844–1906) und Erwin Schrödinger (1887–1961) vermuteten, lange bevor man wusste, dass die DNA ein Lichtträger ist, dass sich Leben mithilfe von Licht weiterentwickelt. Was wir durch die Nahrung zu uns nehmen, ist im Wesentlichen Lichtinformation. Schrödinger bezeichnete dieses Phänomen als »Ordnungssog« und prägte den Begriff der »Negentropie«, eine Kurzform für »negative Entropie«. Er vermutete schon 1945, dass die DNA Information und Ordnung in Form von Licht aus der Umgebung »aufsaugt«, um das Kunststück des Lebens zu vollbringen. Er machte sogar rudimentäre Angaben, wie die DNA ungefähr aufgebaut sein müsste, damit das funktionieren kann.

Die DNA ist ein Lichtempfänger

Der Biophysiker Fritz A. Popp hat durch seine Forschungsarbeit herausgefunden, dass die DNA ein ausgezeichneter Photonenresonator ist. Die DNA ist ein Lichtempfänger und Lichtsender! Sie nimmt Licht aus der Umgebung und der Nahrung auf und organisiert es zu einem kohärenten Wellenfeld, das man als zusammenhängendes Licht von hoher Ordnung oder als Einheitslicht auffassen kann. Popp bezeichnete die Lichtquanten dieses Wellenfeldes als Biophotonen. Jede lebendige Substanz strahlt dieses extrem schwache Licht aus. Die Wellenlängen liegen zwischen 200 und 800 Nanometer, also hauptsächlich im sichtbaren und ultravioletten Bereich.

Popp publizierte seine Entdeckung über Wellensysteme, die mit der DNA verbunden sind, bereits 1975. Es handelt sich dabei um ein komplexes System von Schwingungen, das zahlreiche Lichtphänomene aufweist und durch Kohärenz charakterisiert ist. Der Macht der Kohärenz sind wir ja bereits im zweiten und vierten Kapitel begegnet. Das komplexe Lichtgewebe ist mit der Struktur der DNA verbunden und bildet mit ihm eine Einheit. Nach Popp ist durch die Kohärenz des DNA-Lichts auch ein universelles Kommunikationssystem der Körperzellen untereinander gegeben.

Popps Forschungen werden von manchen Wissenschaftlern ignoriert und er selbst wurde teilweise sogar diffamiert, weil er mit seiner Biophotonentheorie »von oben« kommt. Weil die Wissenschaft alles von unten, vom Materiellen her erklären will, machte er sich damit unbeliebt. Die Kritiker gehen davon aus, dass das hochkomplexe Zellgeschehen und das Zusammenspiel der Zellen untereinander rein zufällig richtig funktionieren. Ihr Argument: Die Evolution probierte einfach so lange, bis es zufällig klappte, und konnte dann Bewährtes weitervererben.

Biophotonen und die Ganzheit des Lebens

Popp konnte durch seine Messungen zeigen, dass dort, wo das Lebensnetz intakt ist, die Kohärenz beziehungsweise der Biophotonengehalt höher ist. Tomaten, die unter direkter Sonneneinstrahlung gedeihen, haben mehr Biophotonen als Gewächshaustomaten. Gewisse Anteile des Sonnenlichts können das Treibhaus nicht durchdringen, also bleibt ein Teil des Lichts auf der Strecke. Zudem sind Luftaustausch und Vielfalt im Treibhaus eingeschränkt. Ebenso haben die Eier von Freilandhühnern mehr Biophotonen als jene von Batteriehühnern.

Ist das nicht denkwürdig? Sobald eine Form von Isolation vorliegt und die natürliche Ganzheit über längere Zeit beschnitten wird, zeigt sich das in Form einer Abnahme des kohärenten Zelllichts, das zu 90 Prozent aus der DNA kommt. Schneidet man eine Pflanze ab, verliert sie mit der Zeit ihr Licht. Popp hat inzwischen an über 200 Lebensmitteln messtechnisch festgestellt, dass das kohärente »Zellleuchten« abnimmt, wenn Pflanzen verrotten oder verdaut werden. Tötet man lebende Zellen gezielt ab, entweicht das Biophotonenlicht sofort.

Popps Experimente zeigen auch, dass sich das Licht in unseren Zellen nicht chaotisch verhält, sondern einen verblüffenden Zusammenhalt aufweist. Die Lichtwellen beziehen sich aufeinander und bilden ein kohärentes Gewebe, das als Informationsfeld aufgefasst werden muss. Im Prinzip handelt es sich bei dieser Sicht um einen Paradigmenwechsel, der der Ganzheit, dem Licht und der Information den Vorrang gibt. Solch grundlegende Denksystemwechsel brauchen aber immer Zeit, da man nicht gern von den bisherigen Lehrmeinungen und Sichtweisen abweicht. Die biochemische Ebene des Zellgeschehens ist bereits dermaßen komplex und unüberschaubar (denken wir nur an die 100 000 chemischen Prozesse pro Sekunde), dass sich die neue Erkenntnis vermutlich über die einfachere und grundlegendere Physik durchsetzen muss. Der Quantenphysiker Anton Zeillinger, der durch seine Experimente zur Teleportation weltweit bekannt geworden ist, bemerkte hierzu, dass man Lichtteilchen wohl als reine Information betrachten kann; die Biochemie hat diese Erkenntnis allerdings noch nicht aufgenommen.

DNA, Licht und Evolution

Manfred Eigen, der 1967 zusammen mit zwei anderen Forschern den Nobelpreis für Studien zu extrem schnellen chemischen Reaktionen erhielt, bestätigte die »Lichtsäugertheorie« von Erwin Schrödinger. In seinen Forschungen stellte er fest, dass einem molekularen Replikator die eigenartige Tendenz innewohnt, Information zu maximieren. Das gilt demzufolge auch für die DNA. Da Licht gleich Information ist, kann man Evolution als ein fortwährendes Einsammeln von Licht oder Information auffassen, was zu immer mehr Bewusstsein führt (das hatten wir bereits im vierten Kapitel beleuchtet).

Entscheidend ist aber nicht die Menge des Lichts, sondern seine Qualität, seine Kohärenz. Derzeit funktioniert die DNA vor allem auf der Basis von Sonnenlicht. Was aber passiert nun, wenn wir der DNA mithilfe von Sternenlicht oder Sternenlichtkristallen über die feinstofflichen Systeme kohärente Lichtinformationen vom Kosmos zuführen? Da sich das Leben von einfachen zu immer höheren Ordnungen entwickelt, ist anzunehmen, dass die DNA diese höhere Lichtinformation begierig aufsaugen wird. Wie wir gesehen haben, ist sie seit Anbeginn schon immer auf der Suche nach Licht und integriert fortwährend neue, höhere Lichtordnungen.

Man kann den jetzigen Zustand der DNA mit einem Radio vergleichen, das derzeit nur einen einzigen Sender empfängt:

die Sonne. Durch diese Begrenzung sind wir von den höheren Wahrnehmungs- und Bewusstseinsebenen abgeschnitten und können den umfassenden Zusammenhang allen Lebens nicht direkt erkennen. Durch die Integration von Sternenlicht lässt sich das ändern.

Lebewesen als Wirtskörper der DNA

Manfred Eigens Entdeckung, dass ein molekularer Replikator Information maximiert, deckt sich mit der Theorie des »Egoistischen Gens« (1976) des britischen Biologen Richard Dawkins. Dieser legte überzeugend dar, dass Evolution in erster Linie ein Prozess ist, bei dem sich die Gene »egoistisch« vermehren wollen, um ihre Erbinformation zu maximieren. Sie wollen überleben und möglichst viele Kopien von sich herstellen. Dawkins geht sogar noch einen entscheidenden Schritt weiter. Er behauptet nämlich, die Lebewesen seien lediglich eine Art Wirtskörper für die DNA. Den Genen sei egal, wer sie »durch die Gegend schleppt«, Hauptsache sie überleben und können ihren eigenen Informationscode vermehren. Was sie dazu antreibt, ist allerdings unklar. Dawkins provokative Hypothese wurde von einigen als »die zweite Entwürdigung des Menschen« bezeichnet. Die erste erlitten wir deren Ansicht nach schon 1859 durch die Evolutionstheorie von Charles Darwin. Sie bescherte uns die Schmach, nicht etwa von Gott, sondern vom Affen abzustammen. Und nun werden wir von Richard Dawkins zu bloßen Wirtskörpern der Gene beziehungsweise der DNA degradiert. Tiefer kann man als vermeintliche Krone der Schöpfung wirklich nicht mehr sinken.

Dawkins ungewohnte Sichtweise hat aber einiges für sich und könnte unseres Erachtens sogar Religion und Wissenschaft wieder miteinander versöhnen. Jedenfalls kann man mit seiner

Theorie zahlreiche biologische Phänomene und Verhaltensweisen einleuchtend erklären. Und nicht nur das: Seine Überlegungen haben auch zum Verständnis neuer, sogenannter memetischer Mechanismen geführt, welche die kulturelle Evolution maßgeblich bestimmen. Jedenfalls ist Dawkins ein hervorragender Evolutionsforscher, dem wir viel verdanken. Und sollte er mit seiner Theorie recht haben, dann hat die DNA mit dem Menschen jetzt einen äußerst potenten Wirtskörper! Keine Erdenspezies steigert die Informationsmaximierung derart effizient wie wir Menschen. Doch wozu dient dieser Prozess? Wo will die egoistische DNA so eilig hin?

Venustransit 2004/2012

Unsere plötzliche Einsicht, dass die kosmische DNA der nächste Schritt in der Evolution der Menschheit ist, ereignete sich aufgrund einer seltsam verwobenen Geschichte exakt zur Zeit des Venustransits 2004.

Einige Wochen zuvor fragte Clarissa, eine Schülerin aus Deutschland, für eine Praktikumswoche in der Sternwarte an, zu der ich seit 1999 Zugang hatte. Obschon ich das Privatobservatorium anders als üblich nutzte, weil ich dort vor allem Sternenlichtkristalle energetisierte, willigte ich schließlich ein. Zufällig fand in genau dieser Woche ein Venustransit statt. Das ist ein relativ seltenes Himmelsereignis, bei dem der Planet Venus vor der Sonnenscheibe durchwandert. Caroline hatte darüber in der Zeitung gelesen und machte mich darauf aufmerksam. Ich wollte mich natürlich schlau machen, wenn wir schon genau zu dieser Zeit lernwilligen Besuch bekamen.

In der Sternwarte gab es ein Sonnenfilter, mit dem man den Vorbeizug der Venus vor der Sonne beobachten konnte. Das Ereignis war für den 8. Juni von 07:20 bis 13:23 Uhr angekündigt.

Im Internet fand ich heraus, dass Venustransite in einem Gesamtzyklus von 243 Jahren in folgenden Abständen auftreten: 8 Jahre + 121,5 Jahre, dann 8 Jahre + 105,5 Jahre. Es folgen also immer zwei Transite relativ kurz aufeinander, weshalb man auch von Venustransit-Paaren spricht. Der Partnertransit vom 8. Juni 2004 fällt auf den 6. Juni 2012; in ein Jahr also, mit dem viele Erwartungen verbunden sind. Allerdings ist der Transit dann von Europa aus nur kurz sichtbar. Der darauf folgende Durchgang im Dezember 2117 ist von uns aus gar nicht zu sehen. Erst am 8. Dezember 2125 ergibt sich für die Europäer die nächste Gelegenheit.

Der Umstand, dass der Partnertransit von 2004 auf das Maya-Jahr 2012 fällt, machte mich neugierig. Bei meinen Recherchen stieß ich auf einen interessanten Artikel von Carl Johann Calleman, einem Maya-Forscher, der eine eigene Philosophie und Deutung der verschiedenen Zeitzyklen vertritt. Obschon Calleman das Ende des Maya-Kalenderzyklus nicht auf 2012, sondern schon auf den 28. Oktober 2011 legte, hatte er auch das Transitpaar 2004/2012 im Visier und wies explizit auf die markanten Ereignisse oder Verbindungen hin, die zu Zeiten eines Venustransits jeweils auftauchten:

- 1518/1526: Erste Weltumsegelung von 1519 bis 1521 durch Ferdinand Magellan
- 1631/1639: Gründung der ersten nationalen Postsysteme
- 1761/1769: Erste internationale wissenschaftliche Zusammenarbeit (zwecks Messung des Venustransits)
- 1874/1882: Gründung der World Post Union; erstes Atlantiktelegrafenkabel (1874); Bells Telefonpatent (1876)
- Für 2004/2012 ist insbesondere die spirituelle Vernetzung durch zahlreiche Globalmeditationen zu nennen

Bei 2004/2012 kommt nun ein weiterer Punkt hinzu, den Calleman nicht kannte, der uns aber genau am Tag des Venustransits ins Bewusstsein trat. Es ist die kosmische DNA beziehungsweise die Entdeckung, dass die DNA Sternenlicht will, um in den Lichtkörper zurückzukehren. Auch hier geht es um Verbindung, und zwar diesmal um eine kosmische Lichtverbindung. Interessant ist, dass wir just zum Venustransit 2004 zu dieser Erkenntnis kamen und dieses Buch nun im Jahr 2012, dem Partnertransitjahr, auf den Markt kommt.

Zur Bedeutung des Venustransits

Der Planet Venus ist reich an archetypischer Symbolik. Als Morgenstern wird die Venus auch als Lichtbringer verehrt. Astrologen sprechen ihr besonders positive Eigenschaften zu: Die Venus steht für Liebe, Schönheit, Weiblichkeit, Ästhetik, Kunst, Harmonie, Kooperation, Frieden. Interpretiert man die Planeten als Repräsentanten bestimmter Bewusstseinsaspekte, so kann man sich vorstellen, wie diese Qualitäten während eines Transits von der Sonne mit voller Lichtkraft zur Erde projiziert werden. Aus astrologischer Sicht lässt sich ein Venustransit vielfältig deuten, da die Konjunktion von Sonne und Venus in der Regel im Gesamtkontext aller Planeten, Zeichen und Häuser interpretiert wird. Viele Astrologen sehen jedoch in den Venustransiten 2004 und 2012 wichtige Auslöser für eine globale Bewusstseinstransformation. Tatsächlich fühlen sich immer mehr Menschen aufgerufen, die spezielle Zeitqualität zu nutzen, um Frieden, Harmonie und ein globales Einheitsbewusstsein zu erschaffen. So haben auch während des Venustransits 2004 weltweit viele Meditationen und Gebete stattgefunden.

Venus und die gefiederte Schlange Quetzalcoatl

Bei der Venustransit-Recherche stieß ich erneut auf den Mythos von der Rückkehr der gefiederten Schlange Quetzalcoatl, welcher ein weiteres Puzzleteilchen zur Entdeckung der kosmischen DNA war. Ich hatte 1996 im Buch *The Mayan Factor* von José Argüelles über diesen Mythos gelesen. Die Verbindung zur Venus war mir aber nicht mehr präsent.

Quetzalcoatl ist die zentrale Gottheit fast aller mittelamerikanischen Kulturen: der Azteken, Mixteken, Tolteken und Maya. Meist wurde dieser Gott als Klapperschlange mit Federn des heiligen Vogels Quetzal dargestellt, manchmal aber auch als bärtiger und hellhäutiger Mann, der tatsächlich als Mensch auf der Erde gelebt hat. Bei den Tolteken wurde Quetzalcoatl als Haupt- und Schöpfergott verehrt. Der Morgenstern – die Venus – war sein Herz, daher die Verbindung zum Venustransit. Historisch belegt ist, dass es einen toltekischen Priesterkönig gab, der Ce Acatl Topiltzin Quetzalcoatl hieß. Er wurde 947 in Tula geboren und bestieg 980 dort den Thron. Er wollte die Menschenopfer abschaffen, aber sein Bruder und Gegner Tezcatlipoca verlangte weiterhin blutrünstigere Zeremonien und vertrieb ihn. Es heißt, dass Quetzalcoatl keinen Krieg wollte und deshalb in Richtung Atlantikküste zog, wo er sich zum Himmel wandte und sich in den Morgenstern, die Venus, verwandelte. Eine andere Variante dieser Geschichte besagt, dass er sich nach seiner Flucht aus Tula ein Schlangenfloß baute und nach Osten segelte, wo er dann die Halbinsel Yucatán erreichte und die dortige Maya-Kultur beeinflusste. Ein Teil seiner Anhänger ließ sich im Gebiet der Mixteken nieder. Ein anderer Teil zog in das Gebiet der Maya nach Yucatán, wo sie die Stadt Chichen Itza gründeten.

Die Bedeutung des Namens Quetzalcoatl

Der Name kommt aus dem Náhuatl und bedeutet »gefiederte Schlange von Quetzál«. Im Laufe der Zeit änderten sich die Gestalt Quetzalcoatls und seine Funktionen. Die Bedeutung des Namens ist aber auf jeden Fall zweifach: Zum einen steht er für die Geschichte, das Wirken eines Menschen, der als Lehrer und Kulturbringer Zentralamerika durchwanderte und mehrere Namen annahm: Quetzalcoatl bei den Azteken, Viracocha bei den Inka, Itzamná, Kukulcan und Gugumatz bei den Maya. Zum andern steht Quetzalcoatl für ein mythisches Verständnis von Verwirklichung, und zwar in dem Sinne, dass bei ihm – wie bei Jesus Christus – das Höchste und das Niedrigste in einem Körper vereint sind. Dieser Schluss leitet sich direkt vom Namen ab: *Quetzal* bedeutet »kostbares Grün« und steht auch für den Tropenvogel mit den längsten Federn, den Quetzal. *Co* ist der Oberbegriff für »Schlange«, und *atl* heißt »Wasser«. Übersetzt heißt das Ganze: Die Federn der Kreatur, die das höchste Element bewohnt, sind mit dem Körper der Wasserschlange verbunden, einer Kreatur des niedrigsten Elements.

Die wunderschönen grünen Schwanzfedern des Quetzals, die bis zu einem Meter lang sein können, wurden besonders gern für die Federhauben von Priestern verwendet. Neben dem eindrücklichen Aussehen mit einer solchen Federhaube hatte der Träger durch die langen Federn regelrechte Empfangsantennen zum Kosmos, die bis über die mentale Aura hinausreichten.

Die Prophezeiung von der Rückkehr
der gefiederten Schlange

Der Mythos von der Rückkehr der gefiederten Schlange besagt, dass Quetzalcoatl am Tag seiner Geburt wiederkehren und sein Land zurückfordern werde. Nach aztekischer Kalenderzählung wäre das alle 52 Jahre möglich. Heute gehen viele davon aus, dass Quetzalcoatl im Jahr 2012 zurückkehrt und dann ein neues Zeitalter beginnt. Carl Johann Calleman verbindet den Mythos sogar mit der Ankunft des Christusbewusstseins.

Da es aber keine faktischen Hinweise für eine solche Rückkehr gibt, wird sich diese Erwartung kaum erfüllen. Es gäbe in der Zukunft auch noch weitere Daten, die sich zur Erfüllung der Prophezeiung anbieten. So weit wird es unseres Erachtens aber nicht kommen, denn bis dahin werden alle gemerkt haben, dass sich die mythische Bewusstseinsstruktur, aus der diese Prophezeiungen entstanden sind, längst erweitert hat. Wie Jean Gebser schon vor Jahren angekündigt hatte, werden wir eines Tages aufgefordert sein, über die mentale Struktur hinauszugehen, um uns in die integrale Bewusstseinsstruktur hinein zu erweitern. Dabei werden wir feststellen, dass die Prophezeiungen so lange nicht stattfinden, wie wir sie nach außen projizieren und uns dadurch von ihnen trennen. Aus der integralen Bewusstseinsstruktur heraus werden wir erkennen, dass wir selbst der Mythos sind.

Bei der Rückkehr der gefiederten Schlange geht es also darum, zu erkennen, dass wir diesen Mythos von innen heraus selbst erfüllen. Wir Sternenlichtarbeiter und andere »Sternbringer« tun es ja bereits, und es sind alle herzlich eingeladen, mitzumachen. Der oft zitierte Satz »Wir sind diejenigen, auf die wir gewartet haben«, bringt es besonders schön auf den Punkt. Die Rückkehr der gefiederten Schlange weist nämlich auf nichts anderes als die kosmische DNA hin. Es geht um jene Schlange, die mit Adam und Eva aus dem Paradies vertrieben wurde und jetzt den Heimweg antritt. Es geht um jene Schlange, die damals ihre Beine oder Flügel eingebüßt hatte und seither in der Materie »Staub fressen« musste. Die Rückkehr der gefiederten Schlange betrifft die DNA, die jetzt durch das Sternenlicht ihre Flügel wieder zurückerhält und sich in die größere kosmische Lichtvernetzung hinein erweitert.

Wie es zur Entdeckung der kosmischen DNA kam

Ohne Clarissas Praktikum wäre der Venustransit vermutlich spurlos an mir vorübergegangen. Schließlich war ich an Sternenlicht interessiert, nicht an Transiten von Planeten. So aber kam es anders. Am Vorabend des Venustransits war die Nacht sternenklar und ich zeigte Clarissa einige Konstellationen und Sterne. Um etwa 2 Uhr morgens war sie ziemlich müde und musste sich schlafen legen. Ich vereinbarte mit ihr, dass ich sie um 7 Uhr im Büro abhole, damit sie den Venustransit um 7:20 Uhr von Anfang an beobachten konnte. Den Rest der kurzen Sommernacht nutzte ich noch, um ein paar Kristalle mit dem Licht des Sterns Antares zu energetisieren.

Als ich kurz vor 7 Uhr im Büro war, klingelte das Telefon. Zu meiner Überraschung war es weder Caroline noch Clarissa, sondern ein fremder Mann, der in die Sternwarte kommen wollte, um den Venustransit zu sehen. Auf meine Frage, wie er denn auf mich kam, antwortete er, die Telefonauskunft hätte ihm diese Nummer als nächstgelegene Sternwarte angegeben. Ich sagte ihm, dass er Glück habe, weil zufällig eine Praktikantin hier sei und er gern hinzukommen könne. Der Mann wohnte auf der anderen Seeseite und wollte mit der Fähre und dem

Ortsbus kommen. Ich erklärte ihm, dass die Haltestelle ganz in der Nähe der Sternwarte sei und er nur schräg über die Straße durchs Gartentor gehen müsse.

Dann fuhr ich mit Clarissa zur Sternwarte, um den Venustransit zu beobachten. Es war gut zu erkennen, wie die kleine Venus allmählich vor die riesige Sonne trat und sich ganz langsam von links nach rechts bewegte. Nach einiger Zeit hörte ich jemanden draußen rufen. Ich stieg die Turmtreppe hinunter und sah einen Mann im Garten, der sich mit einem Blindenstock vorantastete. Es war der Mann, der mich angerufen hatte. Verdutzt fragte ich ihn: »Sie benutzen ja einen weißen Stock. Sind Sie etwa blind oder sehbehindert?« Er antwortete: »Nein, nicht ganz, ich sehe noch etwa 5 Prozent.« Ich war etwas besorgt, dass er bei so wenig Sehkraft das kleine Venusscheibchen gar nicht erkennen könne und den Weg vergeblich gemacht hatte. Er aber meinte, das sei nicht so wichtig. Er wolle einfach irgendwie dabei sein und das seltene Ereignis miterleben.

Clarissa, die bereits genug gesehen hatte und noch müde vom Vorabend war, entschied sich, zu Fuß zurückzugehen und noch etwas Schlaf nachzuholen. Wie ich befürchtet hatte, konnte der beinahe blinde Mann das dunkle Venusscheibchen nicht erkennen. Die gefilterte rote Sonne nahm er aber als hellen Fleck wahr und war damit sehr zufrieden. Er wollte sogar immer wieder durchs Teleskop schauen. Als das Spektakel gegen 13:20 Uhr zu Ende war und mein blinder Besucher noch keine Anstalten machte, zu gehen, begann ich, die Teleskope zu reinigen. Sie waren schon wieder ziemlich staubig geworden, was am Tage besser auffiel als in der Nacht. Etwa um 14:30 meldete sich bei mir die Müdigkeit, da ich seit dem Vortag kaum geschlafen hatte. Ich begleitete den Sehbehinderten zur Busstation, verabschiedete mich von ihm und wollte nochmals kurz ins Büro. Als ich dort ankam, hing zu meinem Erschrecken ein Zettel an der Tür. Im nahe gelegenen Restaurant saßen drei Damen, mit denen ich für 14:00 Uhr einen Termin vereinbart hatte. Vor lauter Aufregung um den Venustransit hatte ich das komplett vergessen. Jetzt erinnerte ich mich wieder. Die Damen wollten sich Sternenlichtkristalle aussuchen. Mit einem schlechten Gewissen ging ich zu ihnen, um mich zu entschuldigen und sie einzuladen. Als sie ihre Kristalle gekauft hatten, machte ich mich auf den Heimweg und legte mich mit dem Wissen schlafen, dass ich über die ganze Sache noch gründlich nachdenken musste.

Am späteren Abend war ich wieder fit und rekapitulierte den seltsamen Tag. Ich war sicher, dass mir die Situation etwas sagen wollte. Es kam praktisch nie vor, dass ich einen Termin vergaß, und es war auch höchst selten, dass sich gleich mehrere Personen am selben Tag Kristalle aussuchen wollten. Dann war da noch dieser blinde Mann und Clarissa, deren Praktikumswoche ausgerechnet auf den Venustransit fiel. Es waren einfach zu viele »Zufälle« beteiligt. Die allgemeine Botschaft war mir klar. Sie lautete: »Edwin, du hast etwas übersehen. Mach die Augen auf!«

Offensichtlich handelte es sich um etwas Wichtiges. Sonst hätte sich der Kosmos nicht die Mühe gemacht, mir zum ausgeblendeten Verkaufstermin noch einen blinden Mann vorbeizuschicken, der den Venustransit miterleben wollte. Auch das Timing schien mir mysteriös. Fünf Minuten später hätte mich der Anruf des Mannes nicht mehr erreicht. Ich vermutete, dass meine »Blindheit« etwas mit dem Venustransit und der Prophezeiung von der Rückkehr der gefiederten Schlange zu tun hatte, denn hier liefen die Fäden von allen Seiten zusammen: Der Autor Jeremy Narby und die Maya-Autoren Carl Johann Calleman und José Argüelles erwähnten die gefiederte Schlange, die auch mit der Venus assoziiert wurde. Narby setzte zudem die Schlange mit der DNA gleich. Also kramte ich sein Buch hervor und schaute mir die Sache nochmals an.

Schlange = DNA = Lebenskraft

Ein paar Monate vor dem Venustransit hatte mir mein langjähriger Freund José Perich ein wichtiges Buch mit einer kleinen Notiz zugeschickt: »Kennst du das schon? Es ist ganz interessant. Du kannst es behalten.« Autor des Buches war der Anthropologe Jeremy Narby. Auf dem Titelbild waren eine Schlange und eine DNA abgebildet und der Buchtitel hieß: *Die Kosmische Schlange.* Ich hatte kurz in das Buch hineingeschaut und es dann zur Seite gelegt. Aus einem unbewussten Impuls heraus hatte ich es aber eine Woche vor dem Venustransit wieder hervorgenommen und darin zu lesen begonnen. Ohne dieses Buch wäre ich wahrscheinlich nicht darauf gekommen, dass die DNA auf der Suche nach Sternenlicht ist.

Die Hauptthese von Narby lautet: Die Schlange ist ein Symbol für die DNA, und dem Lebensmolekül wohnt eine kosmische Intelligenz inne. Narby weist darauf hin, dass die Schlange ein universelles Symbol ist, das in allen Kulturen vorkommt, sogar dort, wo es keine Schlangen gibt. In vielen Mythen heißt es, die Schlange sei die Schöpferin des Lebens. Narby fragte sich, wie es kommt, dass Leben schaffende und Wissen vermittelnde Schlangen in den Visionen und Mythen weltweit zu finden sind.

Seine entscheidende Idee, die Schlange als DNA zu interpretieren, passt zu den östlichen Yoga- und Energielehren, welche die Lebenskraft, Kundalini genannt, als zusammengewickelte Schlange darstellen, die am Ende des Steißbeins schlummert. Dort, wo sich die Urstammzellen noch befinden, wartet sie zusammengerollt auf ihren Aufstieg. Das Aufsteigen der Kundalini-Energie wurde vom indischen Yogi Gopi Krishna (1903–1984) ausführlich beschrieben. Er ist der Ansicht, dass dieser Prozess, der feinstoffliche und spirituelle Wahrnehmungsebenen erweckt, irgendwann in der Zukunft kollektiv stattfinden wird. Wie wir wissen, ist die DNA ebenfalls aufgewickelt und tatsächlich das Trägermolekül des Lebens. Kundalini, Schlange und DNA sind also verschiedene Bezeichnungen oder Bilder für die Lebenskraft.

Narby war zudem der Ansicht, dass die DNA kosmischen Ursprungs ist. Er war durch seine Arbeit zu einer interessanten Überzeugung gekommen: Die DNA und ihre Zellmaschinerie sind eine komplexe Technologie kosmischen Ursprungs.

DNA und Kristalle

Es gab noch eine weitere verblüffende Parallele zwischen Narbys Buch und der Sternenlichtarbeit. Sie betraf den Zusammenhang zwischen der DNA und einem Kristall. Bereits Erwin Schrödinger und andere Forscher hatten die DNA als aperiodischen Kristall bezeichnet, die im Unterschied zu einem Quarzkristall mehr Komplexität und weniger Regelmäßigkeit besitzt. Narby erwähnte zwei Urvölker, die einen direkten Bezug zwischen dem Leben, der Schlange und Quarzkristallen herstellen. Die australischen Aborigines glauben, die Schöpfung des Lebens sei das Werk der Regenbogenschlange, einer kosmischen Figur, verbunden mit allumfassender Fruchtbarkeit. Das Symbol ihrer Macht sollen Quarzkristalle sein. Das ließ mich natürlich besonders aufhorchen. Dann erwähnte Narby noch den Stamm der Desana aus dem kolumbianischen Amazonasgebiet. Sie assoziieren die Leben schaffende kosmische Anakonda ebenfalls mit einem Quarzkristall.

Als ich am Tag nach dem Venustransit Narbys Buchtitel nochmals las und darunter die Schlange neben der DNA sah, machte es endlich klick. Heureka! Die DNA will Sternenlicht! Die Rückkehr der gefiederten Schlange ist die Rückkehr der kosmischen DNA. Plötzlich fiel es mir wie Schuppen von den Augen und ich wunderte mich, warum ich nicht schon viel früher darauf gekommen war. Da energetisierte ich bereits seit Jahren Sternenlichtkristalle an der Sternwarte und begriff erst jetzt richtig, dass die Sternenlichtarbeit genetisch relevant sein könnte!

Ich holte das Buch *The Mayan Factor* von Argüelles nochmals hervor, in welchem die DNA zentral in die Maya-Lichtkörperschablone eingebettet ist und staunte nicht schlecht, als ich merkte, dass eigentlich Argüelles schon 1987 auf die kosmische DNA hätte kommen müssen. Ich las das ganze Buch nochmals im Eiltempo durch und stolperte von einer kleinen Erleuchtung in die nächste. Der Hammer war die vorletzte Seite vor dem Glossar. Sie zeigte einen doppelendigen Kristall, der aussieht wie ein Sternenlichtkristall mit der typischen Form eines Herkimer-Diamanten. Darunter stand: Crystal Prophecy of Pacal Votan (Die Kristallprophezeiung von Pacal Votan).

Wie das in solchen Momenten manchmal ist, wenn sich spontan eine wichtige Einsicht einstellt und »die Luke offen ist«, schlug ich intuitiv ein weiteres Buch auf, in das ich bereits früher einen Nachschlagezettel eingelegt hatte. Es war von Heinrich E. Benedikt: *Die Kabbala als jüdisch-christlicher Einweihungsweg.* Die markierte Stelle betraf die tiefere Bedeutung der biblischen Schlange, von der sich einem erst erschließt, wenn man die Zahlenwerte der hebräischen Schrift kennt: Im Hebräischen heißt die Schlange, von der Eva im Paradies verführt wurde, »Nachasch«. Ihr Zahlenwert ist 3 5 8. Der gleiche Wert ergibt sich für den Messias (hebräisch Mashiach). Benedikt schreibt: »Darin spiegelt sich das große Mysterium vom Fall und der Erlösung des Menschen, denn Schlange und Erlöser, Versuchung und Auferstehung sind ein Prinzip. (…) Verkörpert Abraham das Menschsein, so erkennen wir Schlange und Erlöser als kosmisches Prinzip.«[5]

---

[5] Heinrich E. Benedikt: *Die Kabbala als jüdisch-christlicher Einweihungsweg.* München, Ansata Verlag, Seite 383.

Jetzt verstand ich voll und ganz, was mir der blinde Mann und der übersehene Termin sagen wollten. Ich selbst war der Blinde und hatte den wichtigsten Zusammenhang der Sternenlichtarbeit übersehen. Die Blindheit symbolisierte aber nicht nur mich, sondern auch die DNA unserer gesamten Spezies, die auf 3 bis 5 Prozent limitiert ist und sich bislang in unbewusster Dunkelheit durch die Evolution vorwärtstastete. Ich war elektrisiert und konnte es kaum fassen. Was für eine Einsicht und was für ein verschlungener Weg!

DNA-Erweiterung: 12-Strang-DNA

Seit Jahren geisterte das Konzept der limitierten DNA in der esoterischen Aufstiegsliteratur herum. Es heißt, dass sich die zweisträngige DNA im Rahmen der Bewusstseinsentwicklung stufenweise auf zwölf Stränge erweitert. Es gab Ansätze, die über Meditationen, Symbole oder Zahlen eine Erweiterung der DNA in Aussicht stellten. Doch letztlich waren all diese esoterischen Konzepte ziemlich diffus und nicht einleuchtend. Sie ignorierten die Tatsache, dass die DNA mit ihren jetzigen zwei Strängen bereits eine Unmenge von Information enthielt und diese Stränge lediglich eine Haltefunktion haben, jedoch keine Information verkörpern. Aus irgendwelchen Gründen sind nur 3 Prozent des vorhandenen Codes für den biologischen Körper relevant. Die restlichen 97 Prozent schienen keine Funktion zu haben und wurden von der Forschung noch bis vor einigen Jahren als evolutionär erworbener »Müll« bezeichnet (englisch: *Junk-DNA*). Diese Vermutung wurde allerdings revidiert, als man merkte, dass die DNA ihre Reparaturfähigkeit einbüßt, wenn man die nicht relevanten Abschnitte entfernt. Ferner stellte der Biophotonenforscher Fritz A. Popp fest, dass die Kohärenz des DNA-Lichts ohne diese Codes einbricht. Inzwischen bezeichnet man diese ungenutzten 97 Prozent des Codes als »neutrale DNA«. Doch wozu dient sie?

Eine ganz neue wissenschaftliche Antwort kommt von der Universität Heidelberg. Dort konnten die Wissenschaftler Laurence Ettwiller und Michael Eichenlaub vom Centre for Organismal Studies diesen Teil des Erbguts als Quelle für evolutionäre Neuentwicklungen identifizieren. Die Forschungsergebnisse wurden am 1. November 2011 in *PLoS Biology* veröffentlicht.

Wir sind seit dem Venustransit 2004 der Ansicht, dass die 97 Prozent mit den feinstofflichen und spirituellen Körpern beziehungsweise der zukünftigen Entwicklung der Menschheit zu tun haben und durch Sternenlicht aktiviert werden können. Bei der DNA-Erweiterung geht es also nicht darum, zwölf physische DNA-Stränge zu realisieren. Es geht um zwölf Lichtstränge beziehungsweise um die Rückverbindung mit den zwölf kosmischen Meridianen. Da es sich um kohärentes Sternenlicht handelt, »verkörpern« diese zwölf Lichtstränge sehr wohl auch Information: nämlich die Information eines größeren kosmischen Lichtmenschen, der über ein kosmisches Bewusstsein verfügt.

Rückverbindung mit den kosmischen Meridianen

Durch diese überraschende Erkenntnis begannen wir ab 2004 alle zwölf Hauptmeridiane in die Sternenlichtarbeit mit einzubeziehen. Wir waren bereits früher in den Büchern von J. J. Hurtak und Tashira Tachi-Ren auf das Konzept der kosmischen Meridiane und des fünfdimensionalen Kreislaufsystems gestoßen, sahen aber keinen klaren Zusammenhang mit der DNA. Jetzt war die Zeit gekommen, diesen wichtigen Punkt in der Sternenlichtarbeit umzusetzen.

Hurtak betont, dass es sich bei seinem Buch um eine göttliche Offenbarung handelt. Durch den Inhalt seiner Schrift, unsere

Arbeit mit Sternenlichtkristallen und den Venustransit 2004 kamen wir wie gesagt zur Einsicht, dass es sich bei der sogenannten DNA-Erweiterung um zwölf kosmische Lichtstränge beziehungsweise um den Wiederanschluss an die zwölf kosmischen Meridiane handelt. Diese zwölf Lichtstränge haben durchaus auch eine physikalische Komponente, die über das Sternenlicht in unsere Realität hineinreicht.

Hurtak schreibt, unser System sei im Zuge der luziferischen Rebellion von den axiatonalen Linien und den höheren Sternenpunkten abgeschnitten worden. Diese Verbindungslinien seien aber notwendig, um eine vollkommene Form des Adam Kadmon zu bewahren. Ferner heißt es, dass der Mensch in dieser Zeit zu einem neuen biologischen Schöpfungsprogramm fortschreite. Hierzu müssten seine Akupunkturlinien zu axiatonalen Linien verlängert werden. Um zu weiterem Seelenfortschritt zu gelangen, müsse der Mensch seine axiatonalen Linien mit seinem Überselbst verbinden, da dieses ebenfalls einen Aufstieg unternehme, so wie der Adam-Kadmon-Körper in ein völlig neues Programm aufsteige.

Gemäß diesem Konzept ist die Verlängerung der Akupunkturlinien für den weiteren Seelenfortschritt zwingend, weil es eine grundlegende Veränderung gibt, an der wir als eine Art Untersystem teilhaben. Man sollte aber nicht dem Irrtum verfallen, dass die axiatonale Verbindung einseitig bewerkstelligt werden kann, denn es heißt, dass zur Wiederherstellung die Funktionen des Amtes Christi erforderlich seien. Wir leiten daraus ab, dass Sternenlicht allein nicht viel weiter hilft, solange der Glaube und die Hingabe an das Göttliche fehlen. Sternenlicht kann zwar die Chakren harmonisieren und der DNA neue Lichtinformation zuführen, doch für die vollständige Reaktivierung der getrennten Verbindungen braucht es auch den Glauben und die Hingabe.

Wir sollten es einfach tun

Wir wissen nicht mit Sicherheit, ob es das fünfdimensionale Netzwerk gibt, das Hurtak und Tachi-Ren erwähnen. Wie wir im nächsten Kapitel jedoch sehen werden, ist die materielle Wirklichkeit auf der tieferen Ebene des Lichts tatsächlich holoenergetisch organisiert und funktioniert genau wie ein dynamisches Hologramm. Diese kohärente Vernetzung wurde auf der Ebene der Elektronen und des Lichts von der Quantenphysik längst nachgewiesen. Dass die Welt anders organisiert ist, als wir das derzeit wahrnehmen können, rechtfertigt die Hoffnung, dass wir die jetzige Begrenzung überwinden können.

Der amerikanische Psychologe und Bewusstseinsforscher Timothy Leary (1920–1996) deutete den DNA-Code schon früh als eine Botschaft, die den bisherigen Evolutionsverlauf sowie das Zukunftsprogramm enthält. Leary erstellte eine Bewusstseinsentwicklungstheorie mit acht neuronalen Schaltkreisen, die verschiedenen Bewusstseinsstufen entsprechen. Nach seiner Einschätzung hat sich auf der Erde etwa die Hälfte dieses Programms entfaltet. Die zweite Hälfte wartet darauf, aktiviert zu werden.

Im Unterschied zu Leary, der die Aktivierung des weiteren DNA-Potenzials über Weltraumflüge sah – also expansiv vom Punkt nach außen gehend – setzen wir auf den integrativen Weg über Sternenlicht. Als wir zum Venustransit 2004 endlich begriffen, was es mit der Sternenlichtarbeit noch alles auf sich hat, wussten wir sehr wohl, dass es für die Richtigkeit unserer Einsicht keine Garantie gab. Wir kamen aber zum Schluss, dass wir den Impuls auf jeden Fall umsetzen mussten; selbst dann, wenn die Chance nur im Promillebereich läge. Schließlich hatte das Universum alle Register gezogen, um uns auf die kosmische DNA aufmerksam zu machen. Unsere Intuition und die seltsame Art, wie wir zu diesen Zusammenhängen hingeführt wurden, sagen uns, dass sie wichtig sind. Bei dieser Arbeit verstehen wir uns im Sinne von Richard Dawkins Vorschlag als Wirtskörper der DNA, die sich – wie sie es seit Anbeginn schon immer gemacht hat – selbst erweitert und weiterentwickelt, und als solche Wirtskörper glauben wir erkannt zu haben, dass die kosmische DNA beziehungsweise der Lichtkörper in der menschlichen Genetik angelegt ist und nur darauf wartet, sich durch die Integration von Sternenlicht zu entfalten.

Durch Transformation der Materie in die fünfte Dimension

Um zu verstehen, warum Sternenlicht die feste materielle Welt – wie wir es nennen – auftauen kann, muss man wissen, dass die äußere Welt in Wirklichkeit wie ein Hologramm organisiert ist. Ein Hologramm ist eine dreidimensionale Abbildung eines Gegenstandes, basierend auf den Welleneigenschaften kohärenten Lichts. Die räumlichen Punkte auf der Oberfläche des abzubildenden Objekts werden dabei in zeitliche Beziehungen der Lichtwellen untereinander gewandelt und als Wellenüberlagerungsmuster (Interferenzmuster) auf der holographischen Platte beziehungsweise dem holographischen Film gespeichert. Bestrahlt man danach die Platte oder den Film mit kohärentem Licht, erscheint der abgebildete Gegenstand als dreidimensionales Lichtgebilde. Man sieht eine Art Lichtillusion, die keine materielle Festigkeit hat. Unsere ganze Welt ist eigentlich eine solche Lichtillusion. Sie ist gar nicht so fest, wie sie uns erscheint. Dieser Eindruck entsteht nur aufgrund der limitierten DNA. Unsere Welt, das Leben, aber auch Bewusstsein oder ein Hologramm basieren stets auf kohärentem Licht. Die DNA ist auf der Suche nach kohärentem Licht und will zurück in die kohärente Ganzheit des kosmischen Bewusstseins. Gelingt es, diese Erkenntnis mithilfe von Sternenlicht praktisch umzusetzen, erweitern sich Wahrnehmung und Wirklichkeit und die feste Materie transformiert sich in die fünfte Dimension.

Das mathematische Prinzip der Holografie wurde 1947 vom ungarischen Ingenieur Dennis Gábor (1900–1979) entdeckt, wofür er 1971 den Nobelpreis für Physik erhielt. Praktisch umsetzen konnte man die Idee erst in den 1960er-Jahren durch die Erfindung des Lasers, denn für ein Hologramm braucht es kohärentes Licht. Inzwischen haben sogenannte Prägehologramme auf Kreditkarten und Softwareprodukten eine starke Verbreitung gefunden. Obschon dies keine echten Hologramme sind, sind über solche Prägehologramme bereits viele Menschen unbewusst mit dem Prinzip der Holografie in Berührung gekommen. Zukunftstechnologien wie holografische Projektionen, holografisches Fernsehen und holografische Informationsspeicherung sind bereits in Entwicklung und werden in einigen Jahren marktreif sein.

Der Vorschlag eines holografischen beziehungsweise holoenergetischen Weltbildes ist nicht neu. Er wurde bereits vor Jahren von Quantenphysikern und Bewusstseinspionieren gemacht und geriet dann etwas in Vergessenheit. Durch die jüngsten physikalischen Erkenntnisse ist er wieder topaktuell. Das holografische Modell zeigt, wie hinter der Oberfläche der sichtbaren Realität eine tiefer liegende, energetische und informatorische Wirklichkeit liegt, die das Netz des Lebens webt. Anders als im bisherigen materiellen Weltbild, das sich am Modell einer Maschine orientiert, wird das holografische Modell dem Leben gerecht.

Die neue Sicht der Wirklichkeit

Mit dem Sternenlichtansatz machen wir den Vorschlag, uns selbst zu verändern beziehungsweise unsere DNA zu erweitern, um auf die energetische Seite von Einsteins Gleichung $E = mc^2$ zu gelangen. Zahlreiche Widersprüche lösen sich dann auf. Solange unsere Wahrnehmung und unser Denken dreidimensional begrenzt sind, nützen die Entdeckungen der Physik und der Vorschlag einer neuen Wirklichkeitssicht nicht viel. Das ist etwa gleich aussichtslos, wie wenn man von jemandem, der nur Schwarz und Weiß erkennen kann, verlangt, er soll endlich farbenfroher leben. Es geht also weniger um die holografische Erkenntnis allein, sondern darum, das in der DNA angelegte Potenzial zu aktivieren, um die veraltete Sicht abzulegen und die genetischen Begrenzungen zu überwinden.

Im ersten Moment hört sich die Transformation in die fünfte Dimension wie eine unmögliche Utopie an. Wie soll sich denn die schwere, dichte Materie transformieren? Wie sollen sich diese mächtigen Berge, die seit Jahrmillionen steif und fest daliegen, verwandeln? Nun, darum geht es gar nicht. Es ist nicht so, dass sich alles transformieren muss. Die Welt transformiert sich ja auch nicht, wenn sich die Raupe transformiert. Der Schmetterling hat aber mit Sicherheit eine völlig andere Wahrnehmung der Welt als die Raupe, und er hat auch ganz andere Möglichkeiten. Er erlebt die Wirklichkeit völlig anders. Die Transformation in die fünfte Dimension wird also nicht durch die Veränderung der äußeren Welt erreicht, sondern durch die Erweiterung der DNA und der eigenen Wahrnehmung.

Zahlreiche quantenphysikalische Experimente beweisen, dass die Wirklichkeit multidimensional ist. Aufgrund gewisser Filter merken wir das aber nicht. Wir sind in einer ähnlichen Situation wie jemand, der mit roten Brillengläsern geboren wurde und bisher nicht gemerkt hat, dass es noch andere Farben in der Welt gibt. Die holografische Metapher hilft uns zu erkennen, dass wir tatsächlich eine solch angeborene »Brille« tragen. Und kohärentes Sternenlicht kann uns helfen, sie loszuwerden.

In den vorhergehenden Kapiteln haben wir die zentrale Rolle des Lichts bereits erläutert und festgehalten, dass alles, was wir über die Welt in Erfahrung bringen können, durch Licht vermittelt wird und im Gehirn ebenfalls durch Licht zu einem Bild der Welt konstruiert wird. Aus physikalischer Sicht ist Licht eine elektromagnetische Schwingung mit Quantencharakter. Das heißt auch, die Energie der Lichtschwingung kann nicht beliebig mit der dreidimensionalen Materie (den Atomen) wechselwirken, sondern nur über kleinste Energiepaketchen, die man als »Lichtquanten« oder »Photonen« bezeichnet. Diese Energiepaketchen entsprechen dem Teilchenaspekt des Lichts beziehungsweise der materiellen Realität. Die Wirklichkeit hat aber auch eine Wellenseite, die allerdings erst zum Tragen kommt, wenn Kohärenz überwiegt. Wie wir die Welt wahrnehmen, hängt mit uns selbst und unserer Kohärenz zusammen.

Durch die Quantenphysik weiß man seit Jahrzehnten, dass alles Schwingung ist. Auch das, was unseren Sinnen als fest und kompakt erscheint, ist schwingende Energie. Fehlt es aber an Kohärenz, so erfahren wir die Welt als fest. Durch unsere Wahrnehmungslimitierung und die fehlende Kohärenz sind wir dreidimensionale Beobachter in einem multidimensionalen Lichtgewebe und nehmen nur den Teilchenaspekt der Wirklichkeit wahr. Deshalb scheint die Welt für uns aus festen und voneinander getrennten Objekten zu bestehen. Das multidimensionale verbindende Lichtgewebe dahinter können wir derzeit noch nicht direkt erkennen. Quantenphysiker sind sich bewusst, dass sie selbst es sind, die durch ihre Beobachtung ein multidimensionales Wellengebilde zu einem faktischen Teilchen »verdichten«. Sie wissen, dass es ihre Messapparatur beziehungsweise die Art ihrer Beobachtung ist, die zum sogenannten Kollaps der Wellenfunktion führt. Durch ihre dreidimensionale Art der Beobachtung sind sie direkt daran beteiligt, aus einem multidimensionalen Lichtgewebe ein handfestes Teilchen zu machen. Die Forscher bezeichnen das als »Verfestigung«. Es ist also so, dass wir die feste Materie selbst erzeugen, indem wir eine multidimensionale energetische Wirklichkeit in unsere begrenzte Dreidimensionalität hineinzerren, diese Reduktion des Ganzen führt erst zur Verfestigung.

Wesen und Herstellung eines Hologramms

Um die tiefere spirituelle Bedeutung zu ergründen, die wir in das holografische Modell hineinlegen, ist es hilfreich, wenn wir uns mit dem Herstellungsprinzip eines Hologramms vertraut machen. Das hilft uns, von Grund auf zu verstehen, warum alles aus göttlichem Licht ist.

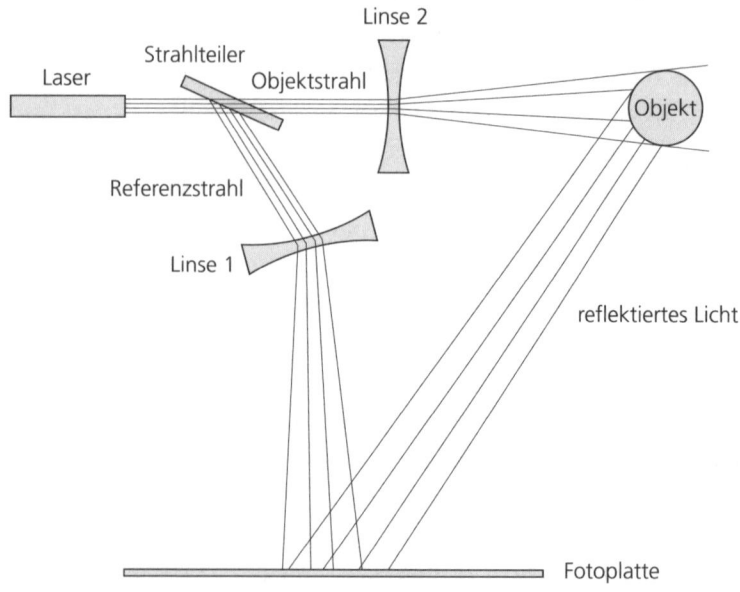

Wie die Abbildung zeigt, wird das kohärente Licht eines Lasers mit einem Strahlteiler aufgeteilt: Der eine Teil wird Referenzstrahl genannt, der andere Objektstrahl. Die Linsen (1 und 2) sind lediglich dazu da, den dünnen Strahl aufzufächern. Der Referenzstrahl wird umgelenkt und aufgefächert und fällt dann direkt auf die holografische Fotoplatte. Er hat somit noch die volle Kohärenz der Ursprungsquelle. Die Lichtwellen des Objektstrahls hingegen fallen nach der Auffächerung auf ein Objekt und werden von diesem reflektiert. Einige Lichtwellen treffen etwas früher auf die Oberfläche des Objekts, andere später. Diese kleinen Wegdifferenzen führen zu zeitlichen Verschiebungen bei den reflektierten Lichtwellen, man spricht von Phasenverschiebung. Der Trick der Holografie besteht also darin, die räumlichen Beziehungen der Oberfläche des Objekts in zeitliche Beziehungen der Lichtwellen umzuwandeln. Auf der holografischen Fotoplatte treffen die Wellen des Referenzstrahls mit den reflektierten, phasenverschobenen Wellen des Objektstrahls zusammen. Sie überlagern sich und bilden ein sogenanntes Interferenzmuster, das von der Platte gespeichert wird. Ein ähnliches Überlagerungsmuster bilden Wasserwellen, wenn man Steine in einen Teich wirft.

Man beachte, dass das kohärente Ur-Licht (hier das Laserlicht) anfangs noch völlig undifferenziert und einheitlich ist, weil es zwischen den einzelnen Lichtwellen keinerlei Unterschiede gibt. Sie sind alle eins. Sie sind das Einheitslicht. Das Hologramm entsteht erst durch die Überlagerung mit reflektierten Lichtwellen. Erst wenn das Licht des Objektstrahls gebrochen beziehungsweise von einem Gegenstand reflektiert wird, kommt es zur Differenzierung, zu einem Interferenzmuster und zur Ausgestaltung von Formen. Dieses Prinzip lässt sich direkt auf die äußere Wirklichkeit übertragen.

Die göttliche Ur-Lichtquelle erschafft die ganze Welt

Bei der technischen Herstellung eines Hologramms ist diese Lichtquelle ein Laser. Bei unserer Darlegung dieses Prinzips für die Wirklichkeit ist nun nicht der Laser, sondern die göttliche Ur-Lichtquelle der Ausgangspunkt. Dadurch wird sofort ersichtlich, dass alles in der Welt ein Ausdruck Gottes ist. Präziser gesagt: Jedes Ding, jede äußere Erscheinung ist das Ergebnis von göttlichem Licht, das sich mit reflektiertem göttlichem Licht überlagert. So gesehen besteht die gesamte Welt aus göttlichem Licht, das sich reflektiert beziehungsweise sich bricht und mit dem unveränderten ursprünglichen Licht überlagert. Die Einsicht, dass das kohärente, unreflektierte göttliche Licht das universelle Hintergrundphänomen ist, das alles mit allem verbindet, ist eine intellektuelle Erleuchtung. Sie führt zum tiefen Verständnis, wie die äußere Welt jenseits der Sinnestäuschung tatsächlich funktioniert und aufgebaut ist.

Der Begriff »Gott« ist vielerorts religiös vorbelastet. Es geht hier aber nicht um Religion, sondern um Ganzheit, den gemeinsamen Ursprung von allem und die allgegenwärtige Verbundenheit und Präsenz des göttlichen Lichts, das die einzige Quelle und Substanz von allem ist. Wie man dieses Schöpfungsprinzip oder Ur-Licht nennt, ist Nebensache. Entscheidend ist die persönliche Beziehung, die man zu Gott oder eben zur Ur-Lichtquelle pflegt, denn nur durch diesen direkten Bezug verhalten wir uns kohärent. Eine rein philosophische oder intellektuelle Beziehung flacht mit der Zeit wieder ab. Was trägt, ist eine innige, gefühlte Beziehung der Liebe und Verbundenheit, wie man sie auch zu Menschen oder Tieren haben kann. Es mag anfangs ungewohnt sein, eine Beziehung zu etwas aufzubauen, das nicht sichtbar und nicht greifbar ist. Aber genau darauf kommt es in den nächsten Jahren an. Die Beziehung zum göttlichen Licht ist entscheidend! Man verliert dadurch die Angst vor dem Leben und vor dem Tod und fühlt sich trotz rasch zunehmendem Wandel getragen, geführt und behütet. Durch die Liebe zu Gott wächst die Liebe zum Leben und die Fähigkeit, sich in allem Lebendigen wiederzuerkennen. Das eigene Leben bekommt mehr Kohärenz, mehr Einheit, mehr Harmonie, mehr Übereinstimmung, also genau jene Qualitäten, welche die fünfte Dimension charakterisieren.

Es geht also darum, die Kohärenz in zweifacher Hinsicht zu erhöhen: innerlich über die persönliche Beziehung zu Gott, zu unserer gemeinsamen Ur-Lichtquelle, die jenseits von Raum und Zeit ist, und äußerlich über das kohärente Licht der Sterne, das uns mit der nächsten Entwicklungsebene verbindet und die Wahrnehmung erweitert, beziehungsweise das volle Potenzial unserer DNA aktiviert.

Der Schlüssel zur Transformation der Materie in die fünfte Dimension liegt damit in der Kohärenz und nicht in der Schwingungs- oder Frequenzerhöhung, wie man es immer wieder in der spirituellen Aufstiegsliteratur liest.

Vom Foto zum Hologramm

Die Antwort auf die Frage, wie wir von der festen materiellen Seite der Wirklichkeit auf die energetische Seite kommen, finden wir im holografischen Prinzip. Wir haben diese Frage bereits im zweiten Kapitel im Zusammenhang mit Einsteins berühmter Gleichung $E = mc^2$ aufgeworfen und dabei festgestellt, dass wir die Masse (m) mit Lichtgeschwindigkeit mal Lichtgeschwindigkeit (c^2) multiplizieren müssten. Dann würde die in der Masse gebundene Energie frei. Erinnern Sie sich? Wir haben die Lichtgeschwindigkeit (c) direkt mit dem Licht gleichgesetzt, da sie das eigentümliche Charakteristikum von Licht ist. Und jetzt kommt der entscheidende Punkt: Die Multiplikation von Licht mit sich selbst ist nichts anderes als die Überlagerung von kohärentem Licht, wie wir sie beim Hologramm vorliegen haben! Der Hinweis auf das Flächige, das uns im Quadrat von c (c^2) begegnet, liegt hier konkret in Form der holografischen Fotoplatte vor, welche die Wellenüberlagerung beziehungsweise das Interferenzmuster speichert. Die Kohärenz des Lichts ermöglicht den Wechsel von der gebundenen Energie der materiellen Welt (Teilchenrealität) in die freie Energie der multidimensionalen Lichtwelt (kohärente Wellenrealität). Dieser

Wechsel lässt sich am Unterschied zwischen einem Foto und einem Hologramm noch klarer verdeutlichen.

Die traditionelle mechanische Optik, die bei der Fotografie zur Anwendung kommt, nutzt die Intensität der Photonen (Lichtteilchen) und basiert auf dem Teilchenaspekt des Lichts. Das Licht wird von einem Gegenstand – zum Beispiel einer Rose – reflektiert und fällt auf den lichtempfindlichen Film oder den Fotochip einer Digitalkamera. Analog einem Maler, der aus einzelnen Farbtupfern ein ganzes Bild erschafft, hinterlassen die Photonen auf dem Film oder dem Chip kleine »Trefferpunkte« auf der Oberfläche. Wenn wir eine Rose fotografieren und dann das Foto in der Mitte durchschneiden, so haben wir auf der oberen Hälfte die Blüte der Rose und auf der unteren den Stiel. Das scheint uns selbstverständlich und ist typisch für den Teilchenaspekt des Lichts. Diese Seite der Wirklichkeit steht für Vielheit, Verschiedenheit, Trennung und führt daher oft zu Dissonanzen, die in Form von Konflikten, Streit oder gar Kriegen zum Ausdruck kommen.

Die kohärente Wellenwirklichkeit hingegen ist ein fließendes holodynamisches Lichtgewebe. Sie entspricht der energetischen Seite der Wirklichkeit und der neuen Realität des Lichtkörpers. Diese Seite steht für Einheit, Ganzheit, Verbundenheit und Harmonie. Was das für das Bild der Rose bedeutet, werden wir noch sehen. Das Prinzip der Holografie basiert auf dem Wellenaspekt des Lichts und nutzt die Phasenbeziehung der Lichtwellen untereinander. Eine solche Beziehung bedingt aber eine kohärente Lichtquelle, beispielsweise einen Laser. Normales Licht eignet sich nicht, weil es Wellen von unterschiedlicher Frequenz und Phasenlage hat, die sich wild überlagern und ein chaotisches Frequenzrauschen erzeugen. Dem normalen Licht fehlt es bekanntlich an Ordnung, Zusammenhang und Einheit. Es gibt also nur einen Weg aus dem Chaos: Wir müssen uns um Kohärenz bemühen und selbst kohärenter werden, wenn wir in die

Ganzheit kommen wollen. Eine Möglichkeit, die wir in diesem Buch vorschlagen, besteht darin, direkt kohärente Lichtinformation über die Sterne zu integrieren.

Eine Wirklichkeit aus Licht

Das Faszinierende an einem Hologramm ist nun Folgendes: Bestrahlt man später die holografische Platte mit dem Laser, so erscheint das ursprüngliche Objekt wieder als dreidimensionale Lichtillusion im Raum. Man hat also eine Dimension mehr als bei der Fotografie, da ein Hologramm das Objekt räumlich abbildet.

Bei der Konstruktion eines Hologramms entstehen seltsamerweise zwei Bilder. Eines erscheint an der Stelle, wo ursprünglich das Objekt stand. Als geisterhafte Spiegelung entsteht noch ein weiteres Bild, das jedoch normalerweise unterdrückt wird und deshalb unsichtbar bleibt. Dieses Geisterbild wird als pseudoskopisch bezeichnet. Es ist umgestülpt. Das Innere ist nach außen gekehrt. Alle Dellen oder Vertiefungen werden zu Ausbuchtungen und umgekehrt. Bei einem Gesicht liegt dann der Hinterkopf vorn, die Nase ragt nach innen, die Augen sitzen tief im Hintergrund. Kurioserweise heißt dieses Geisterbild »reell« (wirklich) und das normale, orthoskopische Bild »virtuell« (scheinbar). Das kommt daher, dass nur das Geisterbild einen wirklichen Schatten auf die holografische Fotoplatte zu werfen vermag.

Gut gemachte, echte Hologramme ermöglichen verblüffend echte räumliche Lichtillusionen. Ich erinnere mich an eine Messe vor vielen Jahren, auf der eine Firma ein damals neues Tastaturtelefon holografisch präsentiert hatte. Die Lichtillusion sah so echt aus, dass die Besucher mehrfach versucht haben, den Hörer abzuheben. Das Telefon war nicht materiell, sondern ein

Gegenstand aus reinem Licht. Seither hat mich die Faszination für Hologramme nicht mehr losgelassen. Zum Glück nicht, denn nur dadurch habe ich erfahren, dass unsere Welt in Wirklichkeit wie ein dynamisches Superhologramm funktioniert.

Die gegenseitige Verbundenheit von Teil und Ganzem

Eine weitere wundersame Eigenschaft von Hologrammen ist ihre inhärente Ganzheit. Die holografische Wirklichkeit ist über das kohärente Licht derart organisiert, dass jeder Teil mit allen anderen Teilen in Beziehung steht und gewissermaßen sogar alles andere in sich enthält. Mit anderen Worten: Das Ganze ist in jedem Teil enthalten und jeder Teil hat Einfluss auf das Ganze. Die Kurzform dieses Prinzips lautet: Alles in einem – eines in allem.

Das lässt sich ganz einfach beweisen: Zerbricht man eine belichtete holografische Fotoplatte, so kann man durch Bestrahlung mit dem Laser aus jedem Teilstück wieder die ganze Lichtillusion erzeugen; einzige Einbuße ist die Schärfe. Je kleiner das Teilstück, desto unschärfer wird das abgebildete Objekt. Erinnern wir uns an das oben Gesagte: Während die Halbierung einer Fotografie zur Teilung des abgebildeten Objekts führt – Beispiel Rose, die Blüte oben, der Stiel unten –, enthält beim Hologramm jedes Teilstück der Platte die ganze Rose. Dies ist möglich, weil die Informationen über das Objekt im Hologramm nicht lokal gespeichert sind, sondern sich energetisch als Wellen über die ganze Platte verteilen. Dadurch ist an jeder Stelle die Information über das Ganze und alle seine Teile enthalten.

Als anschauliche Analogie kann man sich einen Teich vorstellen. Wirft man eine Handvoll Kieselsteine hinein, so bilden sich Wellenringe aus, die sich überlagern und über den ganzen Teich ausbreiten. Auf der Wasseroberfläche entsteht ein typisches Interferenzmuster. Wenn wir den Teich in diesem Moment schockgefrieren würden, hätten wir in jedem Teilstück der Eisplatte die Welleninformation über den Auftreffpunkt jedes einzelnen Kieselsteins.

Hier wird der Unterschied zur 2D-Fotografie besonders deutlich. Sie registriert lediglich den lokalen Einschlag der Steine, den Teilchenaspekt des Lichts. Die nicht kohärenten, unkoordinierten Wellen mitteln sich gegenseitig aus und hinterlassen lediglich ein chaotisches Wellengewirr, das in der Technik als Frequenzrauschen bezeichnet wird. Das kohärente Licht im Hologramm hingegen registriert und reflektiert die Wellen, die sich über die ganze Platte (den ganzen Teich) ausbreiten. Dadurch bleibt die Information über das Objekt bewahrt.

Behält man dies vor Augen, wird klar, warum das kohärente Licht in der DNA (die Biophotonen) die unzähligen Prozesse koordinieren kann. Alle Teile sind mit der Ganzheit energetisch verbunden und »wissen« über alles Bescheid. Deshalb ist Kohärenz so wichtig. Sie ist die Voraussetzung für Ganzheit und der Schlüssel für Heilung.

Viele Heiler fordern ihre Patienten zur Verzeihungsarbeit auf, weil das für eine anhaltende Besserung absolut entscheidend ist. Wenn man voller Zwietracht oder Konflikte ist, hält die kohärente Energieübertragung des Heilers nicht lange an. Der Patient muss seinen Teil zur Kohärenz beitragen, damit die Heilung nachhaltig ist. Gelingt es in den nächsten Jahren, das grundlegende Verständnis um den Zusammenhang zwischen Gesundheit, Heilung/Ganzheit und Kohärenz zu fördern, können die Gesundheitskosten und Krankenkassenprämien stabilisiert und vielleicht sogar gesenkt werden. Mit anderen Worten: Die holoenergetische Weltsicht hat auch praktische Vorteile und zahlt sich aus.

Wissenschaftler und Erleuchtete sind sich einig: Die Welt ist ein riesiges Hologramm. Erleuchtete Meister und die religiösen

Texte des Ostens sprechen davon, dass die sichtbare materielle Welt eine Illusion ist. Sie nennen diese Täuschung »Maya«. Die moderne Physik bestätigt diese Sicht. Die Wirklichkeit ist nicht so, wie wir sie durch unsere äußeren Sinne wahrnehmen. Sie ist vielmehr ein total vernetztes Lichtgewebe. Will man das Verhalten eines »materiellen« Systems ganz verstehen, muss man alle seine Teile als sich gegenseitig widerspiegelnde Entitäten in Betracht ziehen. In der Physik spricht man vom Konfigurationsraum. Dieser »Beziehungs- oder Zustandsraum« ist 3n-dimensional, wobei »n« für die Anzahl der beteiligten Teilchen steht. Ein System aus drei Elektronen muss dann beispielsweise neundimensional behandelt werden, eines mit zehn Elektronen bereits 30-dimensional, weil jedes Elektron sich mit seinen drei räumlichen Dimensionen in jedem anderen Elektron spiegelt.

Der Quantenphysiker David Bohm (1917–1992) war ein Schüler von Albert Einstein und wohl jener Student, der das ganzheitliche Gedankengut seines Professors am vollständigsten erfasste. Er engagierte sich stark für die Verbreitung der holografischen Weltsicht und pflegte den Dialog mit dem indischen Weisen Jiddu Krishnamurti, weil er sah, dass dieser eine ähnliche Sicht der Wirklichkeit hatte. Bohm erkannte sowohl die Probleme, die aus der alten Trennungssicht resultieren, wie auch die Dringlichkeit, dieses Weltbild zu überwinden. Er wusste, dass die Welt ein Ganzes ist. Wir aber teilen sie und bekommen dadurch eine Menge Probleme.

Die Welt als Superholosphäre

Während ein Hologramm eine Momentaufnahme und somit etwas Statisches ist, haben wir es in der realen Welt mit einem fließenden, kreativen Prozess zu tun. Die Bezeichnungen »Holofilm«, »Holobewegung« oder »holoenergetisch« sind hier stimmiger. Ein Holofilm lässt sich ebenfalls technisch erzeugen, indem man bei der Hologrammherstellung den Einfallswinkel des Referenzstrahls verändert und bei jeder neuen Winkelstellung ein anderes Objekt abspeichert. Bei Multiplexhologrammen wurde dieses Prinzip bereits realisiert. Für komplette Holofilme gibt es noch einige technische Probleme zu meistern. Man arbeitet aber emsig daran, weil diese Form der Informationsspeicherung unschlagbar effizient ist und sich damit eines Tages auch echte dreidimensionale Filme realisieren lassen; also nicht etwa Filme, die man mit 3D-Brillen anschaut, sondern echte holografische Projektionen. Wer gern Science-Fiction-Filme schaut, ist mit diesen Möglichkeiten bereits vertraut. In den Star-Trek-Serien verfügt das Raumschiff über ein Holodeck, das beliebige virtuelle Realitäten simulieren kann, beispielsweise damit die Besatzung mit einem virtuellen Gegner Kampfsport trainieren kann. Auf der Erde sind wir noch nicht ganz so weit. Wenn man aber bedenkt, dass uns die Bordelektronik der frühen Science-Fiction-Filme aus den 1960er-Jahren heute hoffnungslos veraltet erscheint, kann man sich ein Holodeck im Jahr 2040 gut vorstellen.

Die ganze Welt scheint also eine Art Superholosphäre zu sein, eine Projektion aus höheren Dimensionen. Diese Superholosphäre beinhaltet die gesamte Evolution. Aus einer solchen Perspektive entspricht das Phänomen Zeit der Änderung des Einfallswinkels des kohärenten göttlichen Ur-Lichts. Für die Erschaffung der Superholosphäre braucht der göttliche Geist natürlich nicht zuerst eine Fotoplatte und feste Objekte, da er all die erforderlichen Phasenverschiebungen aus den höheren Dimensionen seiner »Vorstellungskraft« selbst erzeugen kann.

Derzeit merken wir nur wenig von dieser unglaublichen Lichtvernetzung. Dies hängt damit zusammen, dass unsere Wahrnehmung aufgrund unserer Sinne auf die äußere Wirklichkeit – den Teilchenaspekt des Lichts – fokussiert ist. Dadurch erscheint es uns so, als würden die Dinge in der Welt getrennt voneinander existieren – eine Illusion, die mittlerweile viel Leid verursacht und möglichst bald überwunden werden sollte. Diesem Gefängnis können wir wahrscheinlich nur durch Meditation oder eine erweiterte DNA entkommen, die es uns ermöglichen, die feinstofflichen und spirituellen Ebenen wahrzunehmen. Ansonsten bleiben wir lokal verfestigte Punkte wie Kieselsteine im Teich, die sich ihres göttlichen Ursprungs und ihrer gegenseitigen Verbundenheit nicht gewahr sind.

Bei all dem dürfen wir nicht vergessen, dass das Superhologramm des Lebens mehr ist, als hier dargestellt werden kann. Wir sollten uns deshalb davor hüten, Gott oder den universellen Geist auf einen Laser zu reduzieren. Das ist nicht der Sinn der Sache. Modelle sind Metaphern für die Wirklichkeit und nicht die Wirklichkeit selbst. Das Gleiche gilt für Objekte, die das göttliche Licht reflektieren. Selbst einfache Atome sind nicht auf dreidimensionale Gebilde reduzierbar, da eben alles auf komplexe Weise in höheren Dimensionen zusammenhängt. Diese höheren Dimensionen sind nicht im Außen zu finden; es sind innere Qualitäten, die über die materiell-energetischen Sphären hinausreichen bis in den Bereich des Bewusstseins und des höheren Geistes. Dies spiegelt sich auch in der Entwicklung der Physik wider, wo bei fast allen modernen Theorien abstrakte höherdimensionale Geometrisierungen und der Begriff der Information im Vordergrund stehen. So ist denn auch bei der sogenannten Superstring- oder M-Theorie das holografische Modell in eine elfdimensionale mathematische Beschreibung eingebettet. Materie und Energie sind sozusagen »nur« die ausgestülpten Aspekte einer größeren geistigen Wirklichkeit.

Beweise für das holoenergetische Lichtgewebe des Lebens

Neben den quantenphysikalischen Fakten gibt es noch mehr Beweise für die holoenergetische Vernetzung des Lebens. Bekanntlich enthält jede einzelne Zelle eines Lebewesens die genetische Information über den ganzen Organismus. In jedem Apfelkern ist die Information über den ganzen Apfelbaum enthalten. Bei ganzheitlichen Meridian- oder Reflexzonentherapien kann man zum Beispiel von den Füßen oder den Ohren aus all die verschiedenen Organe des Körpers erreichen. Auch bei der Therapie des Familienstellens wird das größere holografische Feld mithilfe von Repräsentanten angezapft. All dies sind Anzeichen dafür, dass es vorwärts in Richtung Kohärenz und Lichtkörper geht.

Auf der Zellebene haben wir die ganzheitliche Kommunikation auf der Basis kohärenter Biophotonen. Obschon ihr Fluss trillionenfach geringer ist als der des gewöhnlichen Tageslichts und in seiner Intensität nur etwa dem Schein einer Kerze aus zehn Kilometern Distanz entspricht, so organisiert dieses schwache Lichtgewebe doch unseren Körper. Erinnern wir uns: Biophotonen sind nicht lokalisierbar und wirken über den gesamten Organismus. Sie können das Gewebe durchdringen. Ihr kohärentes Zusammenwirken erlaubt es ihnen, umfangreiche Steuerfunktionen auf atomarer und molekularer Ebene auszuüben. Einige Wissenschaftler sehen in ihnen die treibende Kraft für Evolution, Wachstum und Differenzierung. Es scheint, dass die Ganzheit des Lebens inklusive Umgebung einen Einfluss auf diese Lichtkommunikation hat, sodass man von einem holoenergetischen Lichtgewebe des Lebens sprechen kann.

Kohärenz ist der Schlüssel in die fünfte Dimension

Wieder bemerken wir: Kohärenz ist ein Schlüsselbegriff zum Verständnis des Lebens, das letztlich auf den Schwingungen einer gemeinsamen Quelle beruht. Man muss diese Quelle als Ur-Licht, Gott oder universales Bewusstsein auffassen, das sich über seinen gestaltenden Aspekt differenziert, um eine materielle Welt zu erschaffen, die sich in wundervoller Mannigfaltigkeit ausdrückt, sich individualisiert und sich im Laufe der Evolution über zunehmend komplexere Lebensformen reflektiert. Dabei findet eine Identifikation mit der Lebensstruktur (dem jeweiligen Körper) statt, was dem Lebewesen ein Selbstgefühl vermittelt. Mit dem Menschen erreicht dieser Prozess die Stufe der bewussten Selbstreflexion. Das individualisierte Bewusstsein erkennt sich selbst im universalen Bewusstsein wieder. Um dieses Ziel zu erreichen, war ein überaus hoher Grad an Komplexität erforderlich, der die selbstbewusste Individualisierung ermöglichte. Dies führte zur scheinbaren Trennung vom Ganzen. Insbesondere der menschliche Verstand, der als Reflexionsplattform zur bewussten Selbsterkenntnis nötig ist, fragmentierte das Leben in abertausend Stücke. Die natürliche Ganzheit wurde dadurch stark beeinträchtigt.

Heilung bedeutet, diese ursprüngliche Ganzheit wiederherzustellen. Es bedeutet, die oberflächliche Wirklichkeit zu durchschauen und sie wie das kohärente Licht zu durchdringen. Wenn wir uns mit dem Kosmos und dem kohärenten Licht der Sterne verbinden und unsere Wahrnehmung und unser Bewusstsein selbst kohärenter werden, so werden wir immer mehr und immer tiefer begreifen, dass wir selbst Licht sind, und zwar bewusstes, kohärentes Licht. Wir beginnen dann, uns selbst und die anderen zunehmend zu durchschauen. Alles wird transparenter. Wir werden mehr und mehr in das dynamische Hologramm »hineinfließen« können und fühlen, dass alle Objekte oder Wesen das Ergebnis einer Überlagerung von göttlichem Licht mit reflektiertem göttlichem Licht sind. Durch diese lebendige Erfahrung der neuen Realität des Lichtkörpers vertieft sich unsere Selbsterkenntnis zur Gotterkenntnis und wir erleben, dass Schöpfer und Geschöpf nicht getrennt sind.

Im holoenergetischen Lichtgewebe ist das Ganze in jedem Teil enthalten und jeder Teil moduliert das Ganze mit. Wenn wir das erkennen, sind wir nicht mehr getrennt vom Ganzen, sondern eins mit ihm. An diesem Punkt beginnt ein neues geistiges Abenteuer, das durch bewusstes kreatives Mitschöpfertum charakterisiert ist. Der Prozess, das »eigene« Selbst oder das Ganze voranzubringen, sind dann ein und dasselbe.

Das ist der Wechsel von der dritten in die fünfte Dimension. Es ist der Wechsel vom getrennten Teilchenaspekt zum ganzheitlichen Wellenaspekt des Lichts, analog dem Wechsel von der Fotografie zum Hologramm oder dem Wechsel von der festen gebundenen Materie zur frei fließenden Realität des Lichtkörpers. Es ist keine Hexerei. Wir müssen nur zu unserer wahren Natur finden und entfalten, was in uns angelegt ist und bereits auf uns wartet.

Anfangs mag es hilfreich sein, wenn wir uns das Prinzip des Hologramms vor Augen halten und uns stets vergegenwärtigen, dass alles aus dem göttlichen Ur-Licht kommt und in Erscheinung tritt, weil es dieses Ur-Licht reflektiert und sich mit ihm überlagert. Es ist alles göttlich und von Gottes Geist durchdrungen, ob es unbewusst, halb bewusst, selbstbewusst oder überbewusst beziehungsweise nicht mehr in der eigenen Identität gefangen ist. Wir sind alle unterschiedlich differenzierte Lichter in einem riesigen dynamischen Hologramm.

Als Menschen haben wir das Privileg, dieses lebendige Mysterium zu erkennen und bewusst daran teilzunehmen. Am besten geht das, wenn sich jeder auf das göttliche Ur-Licht in sich selbst einstimmt und darauf achtet, dass er es seinen Möglichkeiten entsprechend auf harmonische, kohärente Weise reflektiert. Während das holografische Modell auf der Verständnisebene etwas beitragen kann, hilft das Licht der Sterne auf der Ebene der Wahrnehmung und des Fühlens. Was letztlich zählt, ist die Umsetzung, das Handeln! Leitsätze wie »Liebe Gott über alles und deinen Nächsten wie dich selbst« oder »Was ihr dem Geringsten unter euch tut, tut ihr mir« machen nun plötzlich Sinn. Es sind hervorragende »Kohärenzformeln« für den Alltag!

Parallelen in den Religionen

Es gibt zahlreiche Entsprechungen oder Parallelen zur holografischen Metapher. Man findet sie in den religiösen Schriften, früheren Weisheitslehren und Philosophien sowie in der Monadenlehre des großen deutschen Philosophen und Mathematikers Gottfried Wilhelm Leibniz (1647–1716).

Jesus hat von der holoenergetischen Vernetzung des Lebens gewusst, obschon dieser Begriff damals noch nicht bekannt war. Im geheimen Evangelium der Essener erklärt er seinen Jüngern: »Das gesamte Reich des Himmelsvaters kann in dem kleinsten Tautropfen einer wilden Blume entdeckt werden oder in dem Duft von frisch geschnittenem Gras unter der Sommersonne.«[6]

Die indischen Philosophen verstehen die Welt als eine Illusion, die das Resultat von zwei Stoffen ist. Die eine allgegenwärtige und alles durchdringende Substanz wird »Akasha« genannt. Sie ist die alles tragende Kraft, ewig und unveränderlich. Die andere Substanz ist die bildende Kraft, die sich stets wandelt

---

[6] Dr. Edmond Bordeaux Székely: *Das geheime Evangelium der Essener. Schriften der Essener – Buch 4.* Verlag Bruno Martin. Südergellersen, 1982. 7. Auflage. Seite 43

und unzählige Vielfalt bewirkt. Sie ist ebenfalls allgegenwärtig und alles durchdringend und wird »Prana« genannt. Alle Erscheinungen und Kräfte sind das Resultat des Zusammenwirkens von Akasha und Prana. Nach jedem Weltenzyklus löst sich alles wieder in Prana auf. Vor und nach der Zeit ist nur Akasha.

Durch die Kenntnis des holografischen Prinzips erkennen wir nun sofort: Akasha entspricht dem Referenzstrahl, Prana dem Objektstrahl. Zusammen bringen sie die Welt der Erscheinungen hervor.

Im Avatamsaka-Sutra heißt es: »Im Himmel Indras, so sagt man, hängt ein Netzwerk von Perlen so angeordnet, dass du beim Anblick einer Perle alle anderen in dieser widergespiegelt siehst. Genauso ist jeder Gegenstand in der Welt nicht bloß er selbst, sondern ein Teil jedes anderen, er ist in Wirklichkeit alles andere.«[7]

Der nächste Schritt der Evolution

Die Evolution auf der Erde verläuft von einfachen zu immer komplexeren Lebensformen und Systemen: Sippe, Stamm, Dorf, Bezirk, Nation, Staatenvereinigung, Globalisierung. Der nächste Schritt ist der bereits skizzierte: der kosmische. Dieser Schritt – sofern er nicht nur vom Punkt nach außen stattfindet, sondern auch die peripheren kohärenten Lichtkräfte der Fixsterne nutzt – wird einen überraschenden Bewusstseinssprung mit sich bringen, der einem Phasenübergang oder Dimensionswechsel gleichkommt. Dieser Sprung wird in erster Linie spiritueller Art sein und die Wahrnehmung und das Bewusstsein des Einzelnen und der Gesellschaft enorm erweitern. Es wird sein,

---

[7] Zit. n.: *Avatamsaka-Sutra*. In: Wikipedia (http://de.wikipedia.org/wiki/Avatamsaka-Sutra)

wie wenn wir aus einem Traum erwachen und feststellen, dass die Traumrealität nur vorübergehend und ein kleiner Ausschnitt von etwas viel Größerem war.

Der Wissenschaftsphilosoph und Systemtheoretiker Ervin László (*1932) sieht in der Kohärenz ebenfalls einen Schlüssel zum Erreichen der nächsten Evolutionsstufe. Er weist darauf hin, dass alles im Universum und in der Natur sehr fein und ausgeklügelt harmonisch aufeinander abgestimmt und kohärent vernetzt ist. Die Menschheit hingegen bezeichnet er als eine Quelle der Inkohärenz, die dringend erwachen und kohärenter werden muss. László fragt nach einem bewussten Supernetzwerk und sucht nach dessen Beschaffenheit: »Wir wissen nicht genau, welche Auswirkungen ein bewusstes Super-Netzwerk auf uns und unsere Welt hätte. Wir wissen aber, dass es uns zur nächsten Stufe unserer Evolution führen würde.« Der inspirierte Wissenschaftler weiß, dass wir die nächste Evolutionsstufe nur gemeinsam im Sinne einer Ko-Evolution erreichen können: »Genau genommen, gibt es ja nur eine Ko-Evolution, die jeder Organismus zusammen mit anderen Organismen und der gemeinsamen Mitwelt durchläuft. Letztlich entwickelt sich das System nur in und mit seinen Teilen und durch sie«.[8]

Wir sind uns sicher, dass dieses kohärente Super-Netzwerk im holoenergetischen Lichtgewebe der Sterne bereits vorliegt und lediglich darauf wartet, dass wir uns mit ihm verbinden. Wesentlich dabei wird sein, dass die kohärente Lichtinformation die DNA erreicht. Die Methode, die wir hier vorschlagen, ist eine Möglichkeit und ein bescheidener Anfang im kleinen Rahmen. Um die Menschheit dem kohärenten Zustand anzunähern, braucht es weitere Wege. Wir glauben jedoch nicht, dass es für ein kollektives Erwachen eine Mehrheit braucht. Kohärenz wirkt nichtlokal und verteilt. Das hat zwar den Nachteil, dass

---

[8] Ervin Laszlo: *Unsere Mission auf diesem Planeten.* In: Oya (7/2011).

uns die kollektive Realität immer wieder einholt und der Fortschritt anfangs zäh und langsam ist. Es hat aber andererseits
den Vorteil, dass es ab einem gewissen Punkt, wenn der Prozess
weit genug fortgeschritten ist, zu einer schnellen Wahrneh-
mungserweiterung und einem plötzlichen, kollektiven Erwachen kommt.

Das Bild einer kontinuierlich verlaufenden Evolution hat sich
in den letzten Jahrzehnten durch neue wissenschaftliche Erkenntnisse stark verändert. Man hat entdeckt, dass Evolution
bisweilen auch regelrechte Sprünge vollzieht, bei denen sich das
Leben durch einen selbstorganisatorischen Prozess auf eine
neue Seinsebene transformiert. Diese Erkenntnisse wurden
hauptsächlich durch Untersuchungen von physikalischen und
chemischen Systemen gewonnen. Man kennt sie aber auch bei
Lebensformen, wenn sich zum Beispiel eine Gruppe einzelliger
Amöben zur kohärenten Struktur eines Schleimpilzes versam-
melt, die sich dann plötzlich wie ein neues Lebewesen als eine
Ganzheit verhält. Es gibt keinen Grund anzunehmen, dass uns
dies nicht auch gelingen sollte, wenn wir unsere Kohärenz erhöhen. Wir brauchen uns lediglich auf die innere Ur-Lichtquelle
zu besinnen und äußerlich die kosmische Ebene als unsere
nächst größere Ganzheit anzuwählen.

Von der Raupe zum Schmetterling

Es gibt keinen Grund, sich vor der großen Transformation zu
fürchten, denn es gibt viel Vorbereitung und auch Hilfe aus un-
sichtbaren Bereichen. Eine Vielzahl intelligenter Wesen unterstützt uns bei diesem Übergang auf die nächste Evolutionsebene. Was wir brauchen, ist lediglich das Vertrauen, dass uns die
neue Form bereits erwartet, sowie der Mut zur Entscheidung,
sich darauf einzustimmen.

In der Natur findet sich ein wunderbares Beispiel für eine umfassende Transformation, die uns als Metapher dienen kann: die Metamorphose der Raupe zum Schmetterling. Während die Raupe auf zweidimensionalen Flächen kriecht und nur über einen beschränkten Aktivitätsbereich verfügt, erhebt sich der Schmetterling dreidimensional in die Lüfte und kann in kürzester Zeit weite Distanzen zurücklegen. Mit dieser Verwandlung vollzieht das Lebewesen eine Art Dimensionswechsel. Die Gestalt des Schmetterlings ist schön, seine Bewegungen sind anmutig und es kommt ihm die noble Aufgabe zu, Pflanzen zu bestäuben, die den Bienen oder anderen Insekten nicht zugänglich sind. Im Gegensatz zur gefräßigen Raupe bezieht der Schmetterling seine Energie zum Leben aus Nektar und Licht und wird als Nützling bezeichnet. Überträgt man dieses Beispiel auf den Menschen, so erkennt man, dass das »schädliche« Verhalten der Menschheit entwicklungsbedingt ist und mit ihrem »Larvenstadium« zusammenhängt.

Beim Schmetterling wird die Form des neuen Wesens über die Auflösung der alten Strukturen erreicht. Die Substanz oder Materie der Raupe wird regelrecht transformiert. Der englische Biologe und Schriftsteller Elliot Lovegood Grant Watson (1885–1970) hat die Metamorphosen der Schwalbenschwanzschmetterlinge studiert und beschrieben, wie sich die Raupe in der Verpuppungshülle vollkommen zersetzt und auflöst. Während im Innern ein Chaos herrscht, wird die zukünftige Form geisterhaft auf der Außenseite der Puppe markiert, mit Flügeln, Beinen, Fühlern und so weiter. Watson beschreibt, dass es unsichtbare Kräfte außerhalb des Insekts sind, die ihm die neue Gestalt geben – sie entspricht seinem inneren Wesen.

Bei einer solch umfassenden Transformation wirken periphere Kräfte, die der Lebensform von außen die neue Gestalt aufprägen. Vielleicht ist es eher ein Anbieten als ein Aufprägen, denn die Raupe wird ja nicht gezwungen, die Möglichkeit des

Schmetterlings zu verwirklichen. Die Beschreibung erinnert uns auch an die Sterne, die uns ihr kohärentes Licht anbieten, damit wir uns in den Lichtkörper transformieren können.

Man hat inzwischen weitere Details über die Schmetterlingsmetamorphose herausgefunden. In der Raupe kommt es zu Zellmutationen, wobei einige der Zellen das Bildnis der neuen Lebensform in sich tragen. Diese Zellen werden anfangs als Fremdkörper bekämpft. Hierzu sondert die Raupe einen giftigen Schleim ab. Um der Vernichtung zu entgehen, verbinden sich diese Bildniszellen, worauf die Raupe noch mehr Schleim absondert und sich dadurch schließlich selbst auflöst. Ab einem gewissen Punkt können die sich selbst organisierenden Bildniszellen die aufgelösten Reste der Raupe samt dem zuvor giftigen Schleim zum Aufbau des Schmetterlings verwenden.

Ob und inwiefern die Schmetterlingsmetamorphose auf den Transformationsprozess unserer Zivilisation übertragbar ist, bleibt offen. Sie liefert auf jeden Fall ein ermutigendes und tröstliches Bild für all jene, die sich vor dem zunehmenden Wandel und Zerfall der alten Ordnung ängstigen oder den angeblich guten alten Zeiten nachtrauern.

Das Laser-Prinzip – die Kraft der Erleuchteten und Heiligen

Manche Leute halten es für unaufgeklärt, an Gott, eine Ur-Lichtquelle oder irgendein metaphysisches Schöpfungsprinzip zu glauben. Doch genau dieser Glaube ist für die Zukunft wichtig, wie wir immer wieder betonen möchten. Ist es nicht bemerkenswert, dass diejenigen, die das höchste Bewusstsein beziehungsweise die größte Kohärenz verkörpert haben, den Menschen auch Gott näherbringen wollten? Sie haben keine Religionen gegründet oder Kirchen gebaut und auch keine

Kriege geführt. Die Gottverwirklichten und wahrhaft Erleuchteten haben gelehrt, geheilt und geholfen. Sie haben sich kohärent verhalten, gewaltlos Missstände beseitigt und die Kohärenz auf unserem Planeten erhöht. Sie haben weder Güter angehäuft, noch nach äußerem Ruhm getrachtet. Ihre geistige Hinterlassenschaft hat alle Zeiten überdauert, während in der äußeren Welt selbst massive Burgen zerfielen und Landesgrenzen neu gezogen wurden. Kohärenz ist jene Kraft, die Zeit und Raum überbrückt. Sie entfaltet sich intelligent und gezielt, weil sie mit allem verbunden und über alles »informiert« ist. Die göttlichen Inkarnationen finden nicht zufällig statt. Sie sind genau geplant, um die Kohärenz möglichst effektiv zu erhöhen.

Das Göttliche erwacht im Menschen

Nach dem Holografischen Prinzip ist alles miteinander verbunden und in allem enthalten. Doch wie kann die Beziehung zu Gott im teilweise hektischen Alltag gepflegt werden? Wie kann uns Gott gegenwärtig bleiben? Wie haben das die Heiligen geschafft? Auch hier liegt der Schlüssel in der Kohärenz. Diese finden wir in der Natur, im Licht der Sterne und im Prinzip des Hologramms.

Wenn wir uns dieses Prinzip vergegenwärtigen, uns also stets daran erinnern, dass jede Erscheinung und jedes Lebewesen eine Überlagerung aus göttlichem Licht und reflektiertem göttlichen Licht ist, dann begegnet uns in allem Gott und wir sind mit allem verwandt. Wir sind dann alle Brüder und Schwestern und können so die Entfremdung von unserem wahren göttlichen Selbst und dem vermeintlich anderen überwinden. Wir begegnen dann auch der echten, tiefen Liebe, die nicht an Äußerlichkeiten hängt, und werden zu wahren Menschen.

Der Schlüssel zur Transformation der Materie beziehungsweise zum Aufstieg oder Wechsel in die fünfte Dimension heißt Kohärenz. Auf der äußeren evolutionären Ebene wartet sie im Licht der Sterne auf uns, und auf der inneren geistigen Ebene in unserer Verbundenheit mit der uns allen gemeinsamen Quelle des göttlichen Ur-Lichts. Sobald die Menschheit dies versteht und zu spüren beginnt, ist die Zeit reif, das »Himmelreich des Vaters« zu errichten und die Wiederkunft des Christus zu feiern. Doch diesmal muss er nicht mehr von außen kommen, weil er im Innern jedes Einzelnen erwacht. Wer die tiefere spirituelle Dimension des holografischen Prinzips begriffen hat, der weiß, warum Jesus sagte: »Ich und der Vater sind eins.« Er versteht dann auch, warum er sagte: »Das Himmelreich ist in euch!« Ja, wir sind tatsächlich alle Kinder Gottes! Das hat nichts mit Religion im kirchlichen Sinne zu tun, sondern mit jener tiefer liegenden Wirklichkeit, die uns alle trägt, deren unsterblicher Teil wir sind und in die wir jetzt zunehmend hinein erwachen. Jean Gebser schreibt im dritten Band seines Werkes *Ursprung und Gegenwart*: »Die echte Bindung von Mensch zu Mitmensch geht jedoch immer, mental gesprochen, über Gott. In ihm liegt der gültige Bezugspunkt. Alle andere Bindung zwischen Menschen, die um diesen fundamentalen Sachverhalt nichts weiß und ihn unberücksichtigt lässt, ist vergänglicher Rausch, vergängliches Gefühl, vergängliche Projektion des vergänglichen Ichs.«[9]

[9] Jean Gebser: *Gesamtausgabe 03. Ursprung und Gegenwart*. Quern-Neukirchen. Novalis Verlag, 1999. Seite 572

Mit Sternenlicht zum kosmischen Bewusstsein

Das bekannteste Werk über kosmisches Bewusstsein ist schon älter und stammt vom kanadischen Psychiater Richard Maurice Bucke: *Cosmic Consciousness: A Study in the Evolution of the Human Mind.* Bucke, der von 1837 bis 1902 lebte, verfasste es auf der Basis seiner langjährigen Studien und publizierte es ein Jahr vor seinem Tod. Besonderes Lob erhielt es von William James (1842–1910), dem Begründer der amerikanischen Psychologie, der von 1876 bis 1907 Professor für Psychologie und Philosophie an der Harvard University war. Buckes Werk wurde zahlreiche Male neu aufgelegt und bildet zusammen mit William James Klassiker *Varieties of Religious Experience* sowie einigen jüngeren Publikationen einen Basispfeiler der Transpersonalen Psychologie.

Bucke hatte im Jahre 1872 selbst ein mystisches Gipfelerlebnis, das er als ein flüchtiges Eintauchen in das kosmische Bewusstsein empfand. Er beschrieb es als ein Eingehüllt-Sein in eine Art farbige Lichtwolke, wobei er sich bewusst war, dass dieses Licht aus seinem Inneren kam. Bucke beschreibt es als eine unmittelbare Erleuchtung mit enormer Klarheit. Das Gefühl der Unsterblichkeit beziehungsweise der Verlust der Angst vor dem Tode waren präsent. Weitere Kennzeichen waren die Anhebung der Moral oder Ethik sowie eine intellektuelle Erleuchtung. Den Begriff »kosmisches Bewusstsein« leitete Bucke vom äußerst lebhaften Gefühl ab, dass das gesamte Universum eine lebendige Gegenwart ist und nicht eine tote Materie, die sich zufällig entwickelte. Er fühlte und wusste, dass das Universum nicht entstand oder wird, sondern dass es ist – ein klarer Hinweis, dass er durch sein Gipfelerlebnis in eine Bewusstseinsebene jenseits von Raum und Zeit eingetaucht war.

Buckes Einstellung war enorm positiv. Er sah in der Liebe die Grundkraft des Universums. Dieses sah er so organisiert, dass alles optimal zusammenarbeitete, wodurch letztlich die Glückseligkeit jedes Einzelnen garantiert sei. Allerdings muss sich das Bewusstsein erst auf diese Stufe hin entwickeln, und dies geschieht nach Bucke erst ganz langsam, bis es sich dann schließlich in der gesamten Menschheit durchsetzt. Man erkennt hier Parallelen zu den Aussagen des bereits erwähnten indischen Yogi und Mystikers Gopi Krishna, der ebenfalls überzeugt war, dass das Aufsteigen der Kundalini-Energie eines Tages kollektiv stattfinden und eine globale Erleuchtung auslösen wird.

Bucke war der Meinung, dass die Fähigkeit zum kosmischen Bewusstsein im Menschen angelegt ist und die nächste Stufe der menschlichen Entwicklung darstellt. Diese Weiterentwicklung hielt er für evolutionär und spirituell. In seinem Buch listete er eine Reihe von Personen auf, die seiner Ansicht nach kosmisches Bewusstsein verkörpert hatten: Gautama Buddha, Jesus Christus, Apostel Paul (5–67), Plotinus (204–270), Mohammed (570–632), Dante (1265–1321), Bartolomé Las Casas (1484–1566), John Yepes (1542–1591), Francis Bacon (1561–1626), Jakob Böhme (1575–1624), William Blake (1757–1827), Honoré de Balzac (1799–1850), Walt Whitman (1819–1892), Edward Carpenter (1844–1929).

Vom Selbstbewusstsein bis hin zum höchsten kosmischen Bewusstsein existieren vermittelnde Bewusstseinsebenen auf allen Zwischenstufen. Bucke verglich das mit dem Gang der Sonne, bei dem es während der Dämmerungsphase verschiedene Zwischenstufen von Helligkeit gibt. In seinem Buch zählte er eine Reihe weiterer Individuen auf, die kosmisches Bewusstsein zeitweilig oder teilweise verkörperten, wenn auch manchmal in unvollkommener oder zweifelhafter Form, sodass sich das höhere

Bewusstsein wieder aus dem Individuum zurückzog. Neben Menschen, die er selbst gekannt und deren Geschichte er in seinem Buch aufgeschrieben hatte, nannte er auch ein paar bekannte Persönlichkeiten. Wir listen sie hier chronologisch auf, um zu zeigen, wie sich kosmisches Bewusstsein oder Ansätze davon über die Zeit auf der Erde entfalteten: Moses (~1520–1400 v. Chr.), Gideon/Jerubbaal (1249–1209 v. Chr.), Jesaia (740–701 v. Chr.), Lao-tse (6. Jh. v. Chr.), Sokrates (469–399 v. Chr.), Roger Bacon (1214–1292/94), Blaise Pascal (1623–1662), Baruch de Spinoza (1632–1667), Colonel James Gardiner (1688–1745), Emanuel Swedenborg (1688–1772), William Wordsworth (1770–1850), Charles G. Finney (1792–1875), Alexander Puschkin (1799–1837), Ralph Waldo Emerson (1803–1882), Alfred Tennyson (1809–1892), Henry David Thoreau (1817–1862), Ramakrishna Paramahansa (1836–1886), John William Lloyd (1857–1940), Horace Traubel (1858–1919).

Diese Auflistung ist nicht vollständig und ließe sich heute beinahe beliebig erweitern, denn die Entfaltung des kosmischen Bewusstseins ist inzwischen viel weiter fortgeschritten.

Kosmisches Bewusstsein

Wenn wir die Frage, was kosmisches Bewusstsein ist, unseren Seminarteilnehmern stellen, kommen die Antworten meist nur zögerlich. Die meisten haben zwar eine Ahnung, was kosmisches Bewusstsein sein könnte, können es aber nicht definieren oder näher beschreiben. Stellen wir die Aufgabe anders und fragen, welche Menschen kosmisches Bewusstsein hier auf der Erde verkörpert haben könnten, dann fließt es plötzlich und es werden Namen genannt wie Buddha, Jesus, Mohamed, Mozart, Einstein, Goethe, Albert Schweitzer, Sri Aurobindo, Mahatma Gandhi, Mutter Teresa, Yogananda, Krishnamurti, Neal Donald Walsh, Ramakrishna, Amma, Mutter Meera, Eckhart Tolle und so weiter. Es fällt auf, dass vor allem spirituelle Menschen oder Genies genannt werden und die Vertreter beider Gruppen im weiteren Sinne der Menschheit gedient haben. Das typischste Charakteristikum des kosmischen Bewusstseins ist die Ganzheit, die Spiritualität.

Kosmisches Bewusstsein ist in der Lage, sich aus der ich-verhafteten Perspektive der Persönlichkeit zu lösen und eine Gesamtschau einzunehmen. Dennoch ist ihm jedes Individuum wichtig. Dadurch, dass es nicht in der Ich-Verhaftung steckt und viele Perspektiven und Standpunkte einnehmen kann, begreift es die relative Bedeutung und Gültigkeit von allem.

Durch die Zusammenhänge, die wir im letzten Kapitel erarbeitet haben, können wir kosmisches Bewusstsein auch als ein Bewusstsein der Kohärenz beziehungsweise als ein holoenergetisches Bewusstsein charakterisieren. Es ist ein Bewusstsein der Einheit und Ganzheit, das das göttliche Licht in allem und jedem erkennt und seine Kohärenz durch die Liebe zur Ur-Lichtquelle aufrechterhält, verstärkt und erweitert.

Himmelslichter und Bewusstsein

Im Sinne einer astrologisch-psychologischen Deutung lassen sich die verschiedenen Bewusstseinsstufen entsprechenden Himmelslichtern zuordnen. Dabei stellt man fest, dass es klare Unterschiede und Zusammenhänge zwischen aktiven Lichtquellen wie der Sonne und den Fixsternen und passiven Lichtquellen wie dem Mond oder den Planeten gibt. Auch die Kohärenz des Lichts spielt eine wesentliche Rolle. Es erstaunt nicht, dass die Fixsterne als aktive Punktlichtquellen das Überbewusstsein beziehungsweise das kosmische Bewusstsein repräsentieren. Folgende Zuordnung ergibt sich:

- Mond: Unterbewusstsein/Traumbewusstsein
- Sonne: Tagesbewusstsein/Selbstbewusstsein
- Planeten: Archetypen und kollektives Unbewusstes
- Sterne/Fixsterne: Kosmisches Bewusstsein/Überbewusstsein

Die Bedeutung der Himmelslichter im Tarot

Mond, Sonne, Stern und Welt finden wir auch bei den Trumpfkarten des Tarot, der als ein Sammelwissen menschlicher Erfahrung aufgefasst werden kann. Die 22 Arkana haben laut C. G. Jung auch archetypischen Charakter und repräsentieren je nach Interpretation Prinzipien, Initiationsstufen, Lebenssituationen, Seelen- oder Bewusstseinszustände.

- Der Mond steht für das Unbewusste und die Abgründe der Seele wie Ängste, Unsicherheiten, bange Gefühle und so weiter.
- Die Sonne steht für das bewusste Selbst, das Tagesbewusstsein sowie für Selbstvertrauen, Selbsterkenntnis, Selbstbewusstsein, Selbstsicherheit.
- Der Stern steht für Hoffnung, Zuversicht, eine positive Zukunft, Einblick in höhere Zusammenhänge und Weitblick. In der traditionellen Deutung des Tarot ist er eine der drei Schutzkarten, die gutes Gelingen verheißen.
- Die Welt oder das Universum ist die letzte Trumpfkarte und symbolisiert die Einheit, das wiedergefundene Paradies. Sie bedeutet, dass wir am Ziel angekommen sind. Das Universum steht für die kosmische Vereinigung, Erfüllung, Vollendung und Ganzheit.

Der nächste Schritt in der Entwicklung der Menschheit

Das Bewusstsein hat sich im Laufe der Evolution über lange Zeiträume hin rein biologisch entwickelt und dabei immer neue Ebenen der Komplexität erschlossen. Erst beim Menschen hat es die Stufe der bewussten Selbstreflexion erreicht. Seither beschleunigt sich der Prozess enorm. Neue Metaebenen wie Sprache und Schrift entfalteten eine neue, kulturelle Evolution, die es im Mineralien-, Tier- und Pflanzenreich nicht gibt. Diese Beschleunigung des Wandels ist inzwischen offensichtlich und hat nichtlinearen Charakter. Stellt man den Wandel grafisch dar, erhält man eine Exponentialkurve, die anfangs fast horizontal flach verläuft, dann aber im Knie der Kurve relativ schnell ansteigt und bald praktisch 90 Grad zur Ursprungsrichtung vertikal nach oben schnellt. Dieser aggressive 90-Grad-Schwenk bedeutet nicht nur einen enormen Anstieg des Wandels, sondern in diesem Fall auch eine Bewegung in eine komplett neue Realität, in eine weitere Dimension.

Nichtlinearitäten sind oft Vorboten von sogenannten Phasenübergängen, die man als Transformation auf eine neue Ebene oder in einen anderen Zustand auffassen kann: In diesem Fall geht es um die Transformation vom materiell physischen Daseinszustand in den kohärenten Zustand des Lichtkörpers. Diese umfassende Transformation ist in der Evolution als Möglichkeit angelegt. Ob die Menschheit sie eines Tages verwirklicht, ist ebenso offen wie die Frage, ob eine Raupe das Wunder ihrer Verwandlung vollbringt oder in der Verpuppungshülle verendet.

Sicher ist, dass die Entwicklungen schnell vorangehen, sobald die bewusste Selbstreflexion erreicht ist. Das Ziel dieses Prozesses ist die Überschreitung der raumzeitlichen Limitierung. Gut erkennbar sind der Anstieg der Interaktionen und der Zusammenschluss zu immer größeren und komplexeren Ebenen.

Beim Menschen hießen diese Stufen: Sippen, Stämme, Kommunen, Regionen, Staaten, Staatenbünde, und nun sind es die weltweiten Finanz- und Weltwirtschaftssysteme. Derzeit stecken wir gerade in einer chaotischen Globalisierungsphase.

Der nächste Schritt – der kosmische – beinhaltet mehrere Möglichkeiten. Wie erwähnt, kann es sein, dass ein Teil der Menschheit den äußeren Kosmos erschließt, während ein anderer Teil den spirituellen Aufstieg wählt. Der spirituelle Weg gleicht einer Umstülpung. Er expandiert nicht physisch in den Kosmos, sondern integriert diesen über das Licht der Sterne ins Individuum. Die Integration von Sternenlicht bringt uns mit dem übergeordneten größeren Makrokosmos in Einklang und lässt uns an der unermesslichen Weisheit des Kosmos teilhaben.

Der bisher überwiegend gewählte expansive Weg ist eine Bewegung vom Zentrum (vom Ich) nach außen. Wahrnehmung und Bewusstsein unterliegen dabei der dreidimensionalen Prägung. Der integrative Weg ist die umgekehrte Bewegung von der Peripherie – dem Kosmos – nach innen. Er ist die natürliche Fortsetzung des bisherigen Prozesses der Lichteinsammlung, wie er auf biologischer Ebene unbewusst schon immer stattgefunden hat. Der Unterschied ist, dass wir jetzt der DNA bewusst dabei helfen, Licht einzusammeln und ihr gezielt kohärentes Licht der nächsthöheren Ordnung über die feinstofflichen Systeme zuführen, damit wir in die Multidimensionalität hinein erwachen. Die breitere Umsetzung des Sternenlichtansatzes wird die Entfaltung kosmischen Bewusstseins fördern und dank dieser übergeordneten Perspektive ganz neue Einsichten und Lösungen für die globalen Probleme bringen. Wie Peter Russell schon in den 1980er-Jahren richtig feststellte, ist die gegenwärtige Krise der Menschheit vor allem eine Bewusstseinskrise. Deshalb gilt es, den Hebel hier anzusetzen.

Der Anblick des Sternenhimmel berührt und inspiriert uns

Wer kennt es nicht, dieses Gefühl der Sehnsucht, des Staunens, der Romantik und der Harmonie, wenn wir in einer klaren Nacht zu den Sternen emporblicken und sie auf uns wirken lassen? Warum berührt und inspiriert uns der Anblick eines schönen Sternenhimmels? Warum tauchen gerade dann so wesentliche Fragen auf wie: Wer bin ich? Woher kommen wir? Wohin gehen wir? Sind wir allein im Universum? Wozu sind wir hier? Oft empfindet man sogar eine Art Heimweh, eine Sehnsucht nach etwas, das man unbewusst kennt. Werden diese wesentlichen Fragen in uns wach, weil uns das Sternenlicht unbewusst an unseren kosmischen Ursprung erinnert und wir gleichzeitig unsere Zukunft erahnen? Der Grund ist, dass sich unsere Seele durch das kohärente Sternenlicht an den Lichtkörper erinnert und wir dadurch ein Gefühl der Sehnsucht nach Liebe und Einheit erleben. Der Lichtkörper ist uns nie wirklich abhandengekommen. Das beweist die naturgesetzliche Vernetzung des Lichts auf der Quantenebene. Er war und ist also immer noch da. Wir haben nur den Zugang dazu verloren, weil wir durch den Fall von der größeren Ganzheit abgenabelt wurden. Wir sind aus der kosmischen Verbundenheit herausgefallen und finden jetzt wieder in sie zurück.

Es ist, als ob die Seele um ihr Getrenntsein wüsste und gleichzeitig die Möglichkeit der Heimkehr erahnt. Ob es die chemischen Elemente in unserem Körper sind, die aus dem Kosmos stammen, oder ob es die Zukunftsform des Lichtkörpers ist, die sich uns in Form des Sternenlichts aus den peripheren Weiten des Alls anbietet; wir schauen in jedem Fall zu unserem zukünftigen, erweiterten Selbst hinaus. Meist ohne es zu wissen und ohne zu merken, dass wir eigentlich uns selbst bestaunen.

Sehen, schauen und staunen

Es gibt unterschiedliche Möglichkeiten, den Sternenhimmel anzusehen. Man kann ihn betrachten (vom Punkt nach außen sehend), oder man kann passiv schauen und ihn auf sich einwirken lassen (von der Peripherie nach innen). Diese zweite Möglichkeit des Sehens nutzt man im Alltag in der Regel nicht. Die meisten Aktivitäten erfordern den fokussierten, hinausschauenden Blick. Er ist zielgerichtet und lässt daher nur eine stark eingeschränkte Wahrnehmung zu. Dass es noch eine zweite Art des Sehens gibt, hatte ich (Edwin) erst mit 24 von meinem Tai-Chi-Lehrer erfahren. Er nannte diese Art »den sanften Blick«, und wir mussten lernen, zwischen den beiden Sichtmodi zu wechseln. Die Tai-Chi-Übungen indes wurden stets mit dem sanften Blick praktiziert. Man ist auf diese Weise empfänglicher und erlebt eine Art Rundumgewahrsein. Das Bewusstsein ist dann nicht nur auf das kompakte Ich begrenzt, sondern dehnt sich feldartig aus und ist ganz in der Gegenwart.

Bei praktisch allen Menschen, die einen schönen Sternenhimmel sehen, passiert etwas höchst Interessantes. Sie schauen, ohne sich dessen bewusst zu sein, auf beide Arten und kommen ins Staunen. Erwachsene staunen selten. Ihr Ich hat sich hier auf der Erde schon gut eingerichtet. Der Verstand hat die Dinge unter Kontrolle und weiß bereits, wie es hier läuft. Erwachsene staunen oft nur noch bei Zaubertricks, Unerwartetem oder Unerklärlichem. Das ist bei kleinen Kindern noch anders. Ihr Bewusstsein ist noch feldartig ausgedehnt. Es hat sich noch nicht so stark im Körper zentriert, und das Mentale, der Verstand, weiß noch nicht genau, was hier auf der Erde läuft. Deshalb staunen die kleinen Kinder so schön und haben so wunderbar offene Augen. Für sie ist alles neu und erstaunlich.

Wie aber kommt es nun, dass Erwachsene beim Anblick eines schönen Sternenhimmels staunen? Nachdem, was wir bisher hier im Buch erarbeitet haben, könnte es damit zusammenhängen, dass die Sterne uns rufen und uns mit ihrem kohärenten Licht in ein größeres Wahrnehmungsfeld hinausziehen. Dies tun sie allerdings nicht aktiv nötigend, sondern im Sinne eines Angebots kohärenter Wellen, die uns an die ursprüngliche Einheit und Ganzheit erinnern. Dieser periphere »Sog« bringt uns trotz des Erwachsenenverstandes ins Staunen und dem kosmischen Bewusstsein einen Schritt näher.

Das Geheimnis kosmischer Resonanz

Woher genau kommt das Gefühl der Verzauberung beim Anblick eines prächtigen Sternenhimmels? Ist es die Weite des Alls oder das Licht im Dunkeln? Sind es die zwei Gramm Deuterium, die wir vom Urknall in unserem Körper haben, oder die Atome eines Sterns, der einst am Himmel stand? Oder ist es tatsächlich die erwähnte Erinnerung der Seele an den Lichtkörper? Was ist das Geheimnis der kosmischen Resonanz? Tatsache ist, dass jeder Mensch diese Verbindung zum Kosmos in seinem Körper hat und damit auch die Gabe, über die Resonanz seine Verbundenheit mit dem Ganzen zu spüren.

Das fünfdimensionale holoenergetische Lichtgewebe, das die Sterne mit ihrem kohärenten Licht erzeugen, erweckt in uns die Ahnung, dass diese kosmische Ganzheit unsere Zukunft ist. Ja, es ist die Ganzheit, die uns ruft! Die Kohärenz des Sternenlichts überbrückt Raum und Zeit. Gleichzeitig erreicht uns das Sternenlicht auch als sichtbare physikalische Komponente. Das ist das große Wunder und Geheimnis. Der Kosmos ist hier und jetzt. Das Licht der Sterne ruft uns vorwärts ins kosmische Hologramm, ins kosmische Bewusstsein und in die Nichtlokalität. Das ist der nächste Schritt der Evolution. Er beginnt in diesem Moment, in Ihnen selbst, wenn Sie dem Ruf der Sterne folgen.

Jenseits der mittleren Größenordnung

Ich (Caroline) mache in meiner Praxis immer wieder die Erfahrung, dass die Verbindung mit den Sternen eine Qualität ins Leben bringt, die sich vielschichtig positiv auswirkt. Wir Menschen sind wunderbare Wesen mit zahlreichen noch ungenutzten Potenzialen. Wir stehen am Anfang einer Entdeckungsreise, auf der wir allmählich merken, dass wir eigentlich in verschiedenen Wahrnehmungswelten zu Hause sind. Die Hingabe an die größere, kohärente Lichtordnung des Kosmos kann diese brachliegenden Potenziale aktivieren. Die lebendige Erfahrung, dass wir nicht nur auf diesen fleischlichen Körper begrenzt sind, sondern in einem größeren kosmischen Lichtgewebe leben, löst Verstandeslimitierungen und Ängste auf und schafft Vertrauen in das Leben.

Das Leben auf unserem Planeten ist mit einem interessanten Paradox verbunden: Finden wir zu unserem innersten Kern, erfahren wir auch den Kosmos, die Ausdehnung, und wenn wir die ganze Ausdehnung erfahren, entdecken wir unseren innersten Kern.

Es ist die mittlere Größenordnung – die Meso-Zone – die uns in der irdischen Limitierung gefangen hält. Sie ist wie eine Grenzschicht, die uns in der Seifenblase der Sinnestäuschung eine begrenzte äußere Welt erfahren lässt. Ohne das dem Menschen innewohnende Licht und seinen Erfindungsgeist hätten wir auch heute noch keine Mikroskope, Teleskope, Teilchenbeschleuniger und so weiter. Wir würden in der mittelalterlichen Weltsicht weiterleben.

Man kann die kohärente holoenergetische Lichtvernetzung, die das Leben und das kosmische Bewusstsein kennzeichnet, fast überall finden: auf der Ebene der Elektronen, in der DNA, in den Zellen, in heißen Gasplasmen und im Licht der Sterne; nur nicht in der Meso-Zone. Stets brauchen wir Hilfsmittel, um das verborgene Lichtgewebe zu entdecken. Ohne diese künstlichen »Sinneserweiterungen« wären wir weiterhin in der mittleren Größenordnung und im Trennungsmuster gefangen.

Ist es nicht bemerkenswert, dass man 1954 jene Lichtausstrahlung von Zellen, die heute als Biophotonenemission bekannt ist, mit einem Gerät entdeckte, das ursprünglich italienische Astronomen zur Beobachtung entfernter Sterne gebaut hatten? Auch das holografische Prinzip verdankt seine Existenz dem Ausbruch aus der Meso-Zone. Dennis Gábor entdeckte es nur, weil er das Auflösungsvermögen der damaligen Elektronenmikroskope verbessern wollte.

Kosmische Weisheit

Kosmisches Bewusstsein beruht weniger auf Wissen, sondern vor allem auf Weisheit. Wissen und Weisheit sind wie Wissenschaft und Spiritualität komplementär. Wissen hängt mit der äußeren Welt zusammen. Es kann aus Geschichten, Büchern, Filmen oder Webseiten zu uns kommen und in kurzer Zeit erlernt werden. Es lässt sich kopieren, abspeichern und beliebig reproduzieren und verteilen, wie so vieles in der äußeren Welt. Der Wissensprozess geht sozusagen vom Punkt nach außen. Er strahlt vom Zentrum her auswärts. Wissen ist teilweise sehr kurzlebig, wie vieles andere in der äußeren Welt auch. Wissen ist mit Absicht verbunden und zielgerichtet.

Bei der Weisheit ist es genau umgekehrt. Sie hängt mit der inneren Welt zusammen und ist nicht reproduzierbar. Der Weisheitsprozess findet vom Umfeld, von der Peripherie her einwärts statt. Weisheit entsteht ohne Absicht und Planung des Ichs. Sie ergibt sich aus dem fortwährenden Lebensprozess und seinen zahlreichen Interaktionen von selbst, oder in manchen

Fällen eben auch nicht, wenn jemand bis ins hohe Alter keine Innenschau betreibt. Weisheit ist zeitlos gültig und von bleibendem Wert. Sie ist essenziell.

Wissen kann man sich in kurzer Zeit aneignen, Weisheit nicht. Man kann die Essenz von Weisheit in Geschichten verpacken. Doch deswegen ist derjenige, der die Geschichten erzählt, nicht automatisch weise. Er kennt zwar die Geschichte, aber verkörpert die darin enthaltene Weisheit eventuell nicht. Es fehlt möglicherweise die Integration.

Wissensexplosion und Bewusstseinsimplosion

Durch die Möglichkeiten der neuen Medien hat in den letzten Jahren eine Wissensexplosion von noch nie dagewesenem Ausmaß stattgefunden. Wir treffen hier auf ein ähnliches Problem wie bei der Technik, die sich ebenfalls schneller zu entwickeln scheint als unser Bewusstsein.

Die Anzahl der Menschen mit einer wissenschaftlich-technischen Ausbildung stieg immens. Mitte des 17. Jahrhunderts lag sie noch unter einer Million. Von 1850 bis 1950 stieg sie auf zehn Millionen und von 1950 bis 2000 auf hundert Millionen. Laut Ray Kurzweil *The InstaPundit Interview* verlassen in China derzeit jährlich sechs Mal mehr Ingenieure die Universitäten als beispielsweise in den USA. Die rasante Technologieexplosion geht exponentiell weiter.

Sollte diese enorme Wissensexplosion nicht durch eine entsprechende Bewusstseinsimplosion ausbalanciert werden; eine Implosion, bei der wir uns dem Kosmos hingeben, um seine äonenlange Weisheit zu integrieren? Über das kohärente Sternenlicht, das uns aus der peripheren Ferne erreicht, verbinden wir uns nicht nur mit der nächsten Evolutionsebene, der kosmischen. Wir reaktivieren dadurch auch den Ätherleib mit seinen höherdimensionalen feinstofflichen Strukturen und erwecken die brachliegenden Ebenen des Lichtkörpers.

Einigen Quellen zufolge existiert in uns ein fünfdimensionales feinstoffliches Energiesystem, das seit der Abtrennung von den kosmischen Meridianen stillliegt. Wir wissen nicht mit Sicherheit, ob dieses Konzept stimmt. Es ist aber klar, dass das Kosmische als nächster evolutionärer Schritt vor uns liegt und uns mit seinen peripheren Lichtkräften höherer Ordnung mehr Ganzheit und Harmonie anbietet. Ein Angebot, das gerade zur rechten Zeit kommt, bevor wir uns im technologischen Lichtnetz verlieren, dem es an natürlicher Kohärenz fehlt.

Wenn wir uns mit den Sternen verbinden, können wir dieses fünfdimensionale Netzwerk reaktivieren und der DNA zu ihrem vollen Potenzial verhelfen. Daran glauben wir aufgrund unserer bisherigen Erfahrungen fest. Es ist ein relativ langsamer und zäher Prozess, weil er uns energetischer werden lässt und uns untereinander mehr verbindet. Doch darum geht es ja letztlich. Unsere Spiritualität wird darunter nicht leiden. Sie wird lediglich natürlicher, echter und integrierter. Wir wollen dann nicht mehr abheben und etwas Besonderes sein oder uns den anderen »davonentwickeln«, denn durch die Sternenlichtarbeit wird der Prozess, das eigene Selbst und das Ganze zu entwickeln, ein und dasselbe. Wem das zu unspektakulär erscheint, möge sich daran erinnern, dass die echten Avatare stets schlicht und unspektakulär auf der Erde wandelten. Man hat ihnen ihre Spiritualität von außen nicht angesehen. Sie taten das, was zu tun war, ohne großes Brimborium.

Kosmisches Bewusstsein und Integration

In der esoterischen Literatur gibt es eine Vielzahl von Channelings über die kosmische Geschichte und den Einfluss dieser oder jener Sternzivilisation auf unseren Planeten. Manche Inhalte schildern galaktische Konflikte und erinnern an den Film *Krieg der Sterne*. In einigen Schriften heißt es, dass Außerirdische schon vor 200 000 Jahren auf die DNA des Menschen Einfluss genommen hätten und wir genetisch aufgepeppte Affen seien.

Es gibt insgesamt allerdings so viele widersprüchliche Informationen, dass man schnell einmal verwirrt ist. Die Guten und die Bösen tauchen in wechselnden Rollen auf, und man steht einmal mehr auf verlorenem Posten, wenn man die dahinterliegenden Projektionen nicht erkennt und durchschaut. Viele Channelings sind widerlegt worden beziehungsweise haben sich erledigt, weil dort, wo jeweils klare zeitliche Vorhersagen gemacht wurden, an den genannten Daten nichts dergleichen stattgefunden hat. Damit wollen wir nicht sagen, dass es sich nicht lohnt, solche Bücher zu lesen. Man sollte sich aber bewusst sein, dass eine Information noch lange nicht stimmen muss, nur weil es heißt, sie stamme von einer höheren Quelle.

Die Entwicklung hin zum kosmischen Bewusstsein und zum Lichtkörper ist ein integrativer Prozess, in dessen Verlauf wir aufgefordert sind, unsere Projektionen zu erkennen und zurückzunehmen. Die Tendenz, Engel und Dämonen nach außen zu projizieren, ist in der Regel umso größer, je stärker abgespalten das Individuum von der Ganzheit ist. Irgendwann werden wir akzeptieren müssen, dass Gut und Böse nicht da draußen, sondern in uns drinnen sind, und der Weg zur Ganzheit die Integration des Schattens voraussetzt. Nicht umsonst hat Jesus gesagt: »Liebet eure Feinde.«

Sternmythen

Es liegt in der Natur des Menschen, dass er seit dem Fall aus der Einheit die eigenen Bewusstseinsinhalte und damit auch Gut und Böse nach außen projiziert. Die größte verfügbare Leinwand ist dabei nun mal der Himmel, und so darf es nicht verwundern, dass er über die Jahrtausende zum Sammelplatz zahlreicher Mythen und Legenden wurde. Was haben die Menschen früher gemacht, als es noch keine fixen Behausungen, kein elektrisches Licht, kein Fernsehen oder andere Abendunterhaltungen gab? Sie saßen ums Feuer und haben sich Geschichten erzählt. Dabei boten sich die leuchtenden Punkte am damals noch stockdunklen Nachthimmel geradezu an, das Erzählte zu illustrieren.

Einige dieser Geschichten dienten offensichtlich auch dazu, wichtige Einsichten und Lebensweisheiten zu bewahren und sie an die nächste Generation weiterzugeben. So wurden im Laufe der Zeit immer mehr Legenden von Helden, Bösewichten, Kriegern, Jägern, wilden Tieren, Jungfrauen, Göttern und Dämonen im kosmischen Kino abgespielt, und es gibt kaum ein menschliches Drama, eine Angst, Hoffnung oder Fantasie, die am großen Himmelszelt nicht ihre Entsprechung gefunden hätte.

Jedes alte Volk hat seine Sternkonstellationen und Sternmythen, die sich manchmal auch länderübergreifend decken. Doch dort, wo über längere Zeit eine geografisch bedingte Isolation vorhanden war, sind ganz eigenständige Konstellationen und Legenden entstanden, die in keiner Weise mehr mit anderen Vorstellungen übereinstimmen. Wo die eine Kultur einen bösen Stern sieht, hat ihn eine andere mit guten Attributen belegt. Dies zeigt, dass die mythologischen Rollen, die den Konstellationen und Fixsternen zugeschrieben werden, hausgemacht sind und kaum etwas mit den Sternen selbst und ihrem Licht zu tun haben. Der Sternenlichtansatz kehrt den Prozess um: Statt die eigenen unbewussten Inhalte nach außen zu projizieren, ermutigt er zur Hingabe und Integration.

Sich dem Kosmos hingeben

Die Wissenschaft erforscht den Kosmos mit gigantischem Aufwand. Vor ein paar Jahren wurden die Daten des WMAP-Satelliten ausgewertet und ergaben ein Alter des Universums von 13,7 Milliarden Jahren. Bilder modernster Teleskope offenbaren uns Galaxien, die 13,2 Milliarden Lichtjahre entfernt sind. Wir blicken also schon fast bis an den Anfang zurück. Mit Teilchenbeschleunigern tasten sich die Forscher sogar bis eine billionstel Sekunde an den Urknall heran, indem sie punktuell jene hochenergetischen Zustände erzeugen, wie sie laut den Gleichungen damals vorgeherrscht haben müssen. Während bereits die nächste Generation von neuen gigantischen Riesenteleskopen und noch leistungsfähigeren Teilchenbeschleunigern entwickelt wird, spricht man schon jetzt von einer Explosion und Revolution des Wissens, denn Wissen wächst heute exponentiell an und ist über das Internet sofort weltweit verfügbar.

Was aber ist mit dem inneren Universum? Wie sieht es mit den inneren Quellen der Weisheit aus, die sich dem Verstand und der Logik entziehen? Sind nicht sie es, die wir in dieser Zeit dringender denn je benötigen? Lösen nicht sie dieses Gefühl der Sehnsucht und des Staunens aus, wenn wir den Sternenhimmel betrachten? Es muss ein langer Weg gewesen sein, von den lichten Höhen des Geistes und der Seele in die Dichte der materiellen Verkörperung hinabzusteigen. Was wir dabei erfahren haben, schlummert als Weisheit in unserem Innern. Würde dieses Gefühl ganz verschwinden – so wie der Sternenhimmel im Lichtsmog der Großstädte bereits verschwunden ist – dann wären wir den weiten Weg umsonst gegangen.

Was nützt es, wenn wir überzeugend erklären können, wie der Kosmos entstanden ist, wenn wir ihn nicht mehr fühlen können? Was bringt es, wenn wir intellektuell wissen, dass die Atome unseres Körpers durch eine Fusion in den Sternen entstanden sind, wenn wir diese unsere kosmische Geschichte nicht auch erinnern? Berufsastronomen schauen heute nicht mehr durch das Teleskop, sondern werten Pixel und Daten am Computer aus, die vom Verstand interpretiert werden. Dadurch bleibt der wesentliche Teil, die Kohärenz, die unser Wesen als Ganzheit berührt, auf der Strecke.

Es ist das Licht der Sterne, das uns die ganze Geschichte (nicht nur den irdischen Teil) erzählt, indem es auch unser inneres Wesen jenseits von Raum und Zeit berührt und mit dem Kosmos rückverbindet. Doch dazu braucht es noch etwas anderes als nur den Forscherdrang, der den Kosmos erkunden und erobern will. Dazu braucht es den weiblichen Aspekt der Hingabe. Die Hingabe des kleinen Selbst an die größere Einheit des Kosmos ist es, was die Trennung zwischen Subjekt und Objekt aufzulösen vermag.

Die Unio Mystica, das Einswerden mit der höchsten Ganzheit, mit dem All und mit Gott wird oft als Erleuchtungszustand bezeichnet. Eine Vielzahl von Wegen, Techniken und Disziplinen wurde entwickelt, um diesen Zustand zu erreichen. Doch vielleicht geht es auch einfacher. Es scheint nämlich, dass dieser Zustand gar nicht erreichbar ist, solange wir ihn wollen. Unser eigenes Wollen trennt uns davon. Es gibt einen Punkt, über den das kleine Selbst erst hinausgelangen kann, wenn es sich dem Größeren hingibt und sozusagen in diese Einheit hinein stirbt. Das ist es, was wir in der Sternenlichtarbeit mit »Hingabe an den Kosmos« meinen. Es ist die Hingabe des kleinen Selbst an die ursprüngliche kosmische Ordnung, an jene Einheit, die wir auf dem Weg in die dichteren Raumgebiete verlassen haben, um in der Polarität Erfahrungen zu sammeln.

Sternenlicht birgt ein Geheimnis in sich. Es enthält feinstoffliche und geistige Aspekte, die mit unserer Seele und unserer Überseele korrespondieren, mit jenem Teil von uns, der nicht in den karmischen Kreislauf hinabgestiegen ist. Es ist diese unbewusste Sehnsucht nach Wiedervereinigung mit unserer eigenen verlorenen Ganzheit, die uns berührt und ruft, wenn wir zu den Sternen emporblicken.

Evolutionssprung durch Sternenlicht

Hingabe an die nächsthöhere Ordnung ist ein grundlegendes Prinzip in der Evolution, bei dem Licht und Lichtvernetzung eine zentrale Rolle spielen. Dies kann man aus den Selbstorganisationsprinzipien ableiten, die in den 1970er-Jahren durch den Physikochemiker Ilya Prigogine (1917–2003) und sein Team entdeckt worden sind. Den Schluss des übergeordneten Lichtgewebes dürfen die Wissenschaftler allerdings nicht ziehen, weil sie durch ihre »Zunft« dazu verpflichtet sind, die Naturgesetze von der Materie her kommend, »von unten her« zu erklären. Es ist jedoch eine unbestrittene Tatsache, dass Evolution rein materiell gesehen dem Entropiegesetz unterliegt und stets nur »abwärts« geht, während alles, was lebt, dieser unerbittlichen Zerfallstendenz mithilfe von Licht zu trotzen vermag. In gewisser Weise offenbart sich dieses Prinzip bereits auf atomarer Ebene beim Quantensprung des Elektrons – und hier müssen wir das alte Bild, das viele von uns in der Schule noch gelernt haben, ersetzen. Denn das Elektron, das durch Licht angeregt wird, »springt« in Wahrheit gar nicht. Wie man heute weiß, verschwindet es vielmehr und taucht unmittelbar auf der höheren Energiebahn des Atoms wieder auf. Es bewegt sich also nicht dahin, sondern es gibt seine alte Identität auf, um just auf einer höheren Ebene wiederaufzuerstehen. Ein ähnliches Auferstehungsprinzip offenbart sich im Verhalten dissipativer Strukturen, wo Hunderttausende oder Millionen von Molekülen ihre alte Struktur aufgeben, damit sie auf einer neuen Ebene und in einer neuen Ordnung wiederauferstehen können. Es ist hochinteressant, dass gerade dieses »In das Größere oder Höhere Hineinsterben« Leben und Entwicklung überhaupt erst ermöglicht.

Das Prinzip des Wechsels auf ein höheres Energieniveau mit erweiterten Möglichkeiten ist durch Prigogines »Theorie der dissipativen Strukturen« allgemein für sich entwickelnde Systeme erkannt und wissenschaftlich beschrieben worden. Dieses Prinzip sowie die Fähigkeit zur Selbstorganisation ist auf zahlreichen Strukturebenen wirksam und scheint der grundlegende Antriebsmotor der Evolution zu sein. Der wissenschaftlichen Doktrin folgend lässt die mit dem Nobelpreis gewürdigte Theorie allerdings die Frage unbeantwortet, wie sich die im Labor untersuchten Systeme so schnell auf den höheren Energieniveaus neu organisieren können. Immerhin bestehen sie aus Hunderttausenden bis Millionen von Atomen oder Molekülen, die sich derart schnell auf der neuen Ebene organisieren, als wäre die neue Struktur bereits im Vorhinein festgelegt gewesen. Jedes Atom oder Molekül scheint zu »wissen«, welchen Platz es innerhalb der neuen Struktur einnehmen muss.

Es ist den Wissenschaftlern zwar erlaubt, festzustellen, dass von der Schnelligkeit her nur Licht als Mittler und Organisator in Frage kommt. Ein übergeordnetes Lichtgewebe zu postulieren, das sich den materiellen Elementen als neue Formschablone zur Verwirklichung anbietet, würde jedoch das wissenschaftliche »Sparsamkeitsprinzip« verletzen. Dieses ermahnt die Forscher, prinzipiell auf Erklärungen »von oben« zu verzichten.

Was aber, wenn die von oben kommende Erklärung stimmiger ist, weil sie uns mehr mit dem lebendigen Geist verbindet? Wenn sich der Wandel beschleunigt, weil sich die Entwicklungen einem Transformationspunkt nähern (bei den dissipativen Strukturen spricht man von Bifurkationspunkt), so sind die nächsten Entwicklungsebenen oder Möglichkeiten bereits da und winken uns zu. Und so kommt es, dass diejenigen, die dem Ruf der Sterne folgen, die Zukunftsform Lichtkörper bereits jetzt spüren und beginnen, ihren Platz darin einzunehmen.

Sternreisen und Spacetrips

Parallel zum integrativen Sternenlichtansatz gibt es einen äußeren Weg, sich dem Kosmos zu nähern, den wir hier kurz erwähnen wollen: den Weltraumtourismus. Mutige Touristen können für rund 150 000 Dollar erste Flüge buchen, bei denen sie unsere wunderschöne Erde für einige Minuten aus der Schwerelosigkeit eines Weltraumfluges heraus betrachten können.

In seinem Buch *Der Overview Effekt* beschreibt Frank White jenes Erleuchtungserlebnis, das viele Astronauten erfahren, wenn sie die Erde aus der kosmischen Perspektive betrachten: Aus der Unendlichkeit des Weltraums bietet der blaue Planet einen Anblick, der die Dimensionen unserer herkömmlichen Erfahrung sprengt. Übereinstimmend erklärten 24 Astronauten aus Ost und West, dass diese Situation einen erleuchtungsähnlich veränderten Bewusstseinszustand in ihnen ausgelöst hat. »Ideologische und politische Fixierungen verschwinden, Kriege verlieren den Sinn, Trennungslinien und Grenzen werden obsolet. An ihre Stelle tritt ein umfassendes Gemeinschaftsgefühl, die Sorge um die Haltbarkeit des fragilen Planeten und ein Zeitgefühl, das gegen unendlich geht. Ökologie gewinnt eine ganz neue Dimension. Die Erde wird als Ausgangspunkt des Menschen auf seinem weiteren Weg ins All erfahren.«[10]

Für die meisten dürfte diese äußere Variante der kosmischen Bewusstseinserweiterung – die immer noch vom Punkt nach außen geht und uns dreidimensional bleiben lässt – in den nächsten Jahren noch zu teuer sein. Eine Sternenlichtbehandlung indes, wie wir Sie Ihnen noch vorstellen werden, kann sich praktisch jeder leisten. Sie ist ungefährlich, ökologischer und wirkt neben der persönlichen Ebene auch noch direkt auf das kollektive Feld der Spezies-DNA ein. Wer sich lieber allein mit dem Kosmos verbindet, kann das auch mithilfe der verschiedenen Sternenlichtprodukte tun. Darüber hinaus gibt es natürlich die Möglichkeit, sich ohne Hilfsmittel mit dem Kosmos zu verbinden, indem man hinaus unter den Sternenhimmel geht und das Licht der Sterne bewusst und tief einatmet. Probieren Sie es aus!

[10] Frank White: *Der Overview-Effekt*. Bern, München, Wien. Scherz Verlag, 1989. Seite 61ff.

Die Sternenlichtarbeit

Die Sterne und der Kosmos rufen den Menschen. Dies findet, wie beschrieben, unter anderem seinen Ausdruck im gigantischen Einsatz neuer Teleskope und Satelliten sowie im beginnenden Weltraumtourismus. Das Wissen um den Kosmos explodiert geradezu, und noch während das große Puzzle über die ungelösten Fragen des Universums und seiner Entstehung zusammengesetzt wird, beginnt der Mensch zu begreifen, dass ihm das Licht der Sterne auch die Geschichte über seinen eigenen Ursprung erzählt. Viele unterschätzen die Bedeutung dieser Entwicklung, weil sie denken, das hätte lediglich mit Forschung zu tun. Weit gefehlt, denn mit der kosmischen Entwicklung kommt auf jeden Fall etwas Neues in die Welt. Im Unterschied zu allen früheren Entwicklungsphasen, die bisher horizontal verlaufen sind, bringt die kosmische Phase eine neue, vertikale Ausrichtung mit sich. Allerdings: Das Beobachten des Kosmos, wie es die Wissenschaft praktiziert, geht immer noch vom Punkt (vom Ich) nach außen und zeigt uns nur die eine Seite der Wirklichkeit. Durch wissenschaftliche Forschung erweitert sich unser Wissen, nicht aber unsere DNA und unsere Wahrnehmung. Deshalb fühlen wir uns auf diesem Weg weiterhin vom Kosmos getrennt. Damit sich das Gefühl gegenseitiger Verbundenheit einstellt, braucht es Integration.

Die STARCON-Methode – Sie werden die Details noch kennenlernen – stülpt das Ganze um und wirkt von der Peripherie nach innen. Als Hilfsmittel dienen per Teleskop energetisierte Sternenlichtkristalle. Das Teleskop wird in diesem Falle ebenfalls »umgestülpt« verwendet; es wird nicht hinausgeschaut und

analysiert, sondern hereingelassen und integriert. Die Sternenlichtkristalle dienen dazu, den Kosmos nach innen zu bringen
(zu erinnern) und die Illusion der Trennung zu überwinden.
Das kleine »Ich« gibt sich dem großen Kosmos hin. Das »Ich«
erfährt sich nicht mehr separiert von der Welt, sondern wird
sich zunehmend seiner kosmischen Teilhabe gewahr; ein Zustand, der in Sternenlichtbehandlungen erfahren werden kann.

Der STARCON-Ansatz verkörpert die weibliche, empfängli-
che Seite der Astronomie. Sein Anliegen ist, dass der Mensch
das kohärente kosmische Licht in sich aufnehmen und damit
»schwanger werden« kann. Auf diese Weise wird der kosmische
Lichtmensch aus uns allen heraus geboren. Zugleich gibt es einige andere Möglichkeiten, den Weg nach innen zu gehen; Sie
werden hier auch noch weitere praktische Ansätze finden. Doch
kommen wir zunächst noch einmal ganz speziell zu den Sternen.

Die Energie der Sterne

Wir vertreten in diesem Buch einen vielschichtigen Standpunkt
und sehen in der Sonne und den Fixsternen mehr als nur physikalische Objekte und Energielieferanten. Wir betrachten sie als
multidimensionale Lichtwesen, die verschiedene Evolutionsex-
perimente aufbauen und mit ihrem Licht begleiten.

Fixsterne sind weit entfernte Sonnen. Es sind gigantische
Lichtwesen, die wie unser Heimatstern die atomare Materie
durch Kernfusion verschmelzen und auf eine höhere Ebene hin
entwickeln, wobei sie einen Teil davon zurück in Licht verwandeln. Die kleinen Punkte am Nachthimmel haben in Wahrheit
gigantische Ausmaße und sind bisweilen viel größer als unsere
Sonne. Sie sind nicht verdichtet wie die Erde, sondern bestehen

aus heißen Gasen (Plasma), und zwar überwiegend aus den leichtesten Elementen: Wasserstoff und Helium.

Sterne sind etwas ganz Leichtes, Lichtes, Subtiles und Ausgedehntes. Die äußere Sternatmosphäre kann je nach Stern so subtil und fein sein, dass wir sofort ersticken würden, wäre unsere Erdatmosphäre derart verdünnt. Im Innern der Sterne sind Druck und Dichte der Gase allerdings so groß, dass es zur Kernfusion der Atome kommt, wobei nach Einsteins berühmter Formel ein Teil der Masse direkt in Strahlungsenergie, also Licht, transformiert wird.

Sterne durchlaufen verschiedene Entwicklungsstufen und halten zeit ihres Lebens trotz großer Transformationen das exakte Gleichgewicht zwischen nach innen ziehender Schwerkraft und nach außen drängender Strahlung. Diese exakte Mitte ist ein Durchgangstor zu höheren Dimensionen. Während wir auf der Erde aus dem Schwerkraftspektrum herausgefallen sind, haben die Sterne diesen Zugang noch. Sie sind näher am Ursprung und direkt mit dem Göttlichen verbunden. Sterne sind natürliche Lichtquellen, die selbst keine Schatten werfen! Sie sind gewissermaßen vollends erleuchtet.

Jeder Fixstern hat sein eigenes, einzigartiges Licht, mit dem er die ihm anvertraute Evolution prägt und begleitet. Anders als die Sonne, die bisher eine äußere Evolutionszone dreidimensionaler Prägung betreut hat, wirken viele Sterne auf multidimensionalen Bewusstseinsebenen. Es sei hier nochmals erwähnt, dass die Sterne so weit von uns entfernt sind, dass sie für uns als Punktlichtquellen wirken. Ihr Licht ist für uns vor allem deshalb sehr wertvoll, weil es kohärent zur Erde kommt und eine höhere Ordnung mit sich bringt.

Wir sind überzeugt, dass die Integration von Sternenlicht in den kommenden Jahren eine grundlegende Schwingungsharmonisierung auf der Erde einleiten wird. Sternenergien erweitern die Wahrnehmung. Sie stärken das Band zur Seele und das Vertrauen in das Leben. Wer sich auf die Sterne einstimmt und ihr Licht integriert, öffnet sein Bewusstsein für kosmische Dimensionen und bereitet sich selbst und den globalen Prozess für den Evolutionssprung in die Realität des Lichtkörpers vor.

Wichtige Fixsterne und ihre Lichtenergien

Sterne haben unterschiedliche Lichtschwingungen, die verschiedene Bewusstseinsprozesse und Fähigkeiten fördern. Von den zahlreichen Sternen am Nachthimmel haben wir für dieses Kapitel 13 Vertreter ausgewählt und näher beschrieben. Mehrere Kriterien haben zu dieser Auswahl geführt.

Die Sterne sollten mit bloßem Auge sichtbar sein: Es macht keinen Sinn, Sterne zu nehmen, die so schwach leuchten, dass man sie kaum sieht. Deshalb haben wir uns hauptsächlich auf helle Sterne konzentriert. Die meisten Menschen wohnen auf einer Höhe von nur wenigen hundert Metern über dem Meer. Das heißt, das Sternenlicht muss durch eine dicke Luftschicht hindurch. Sie streut das Sternenlicht, schwächt es ab und vermindert die Kohärenz. Viele Dörfer und Städte sind zudem nachts so stark beleuchtet, dass man viele Sterne gar nicht sieht.

Zumindest einige Sterne sollten bekannt sein: Wenn man eine neue Arbeit zu den Menschen bringen will, muss man zumindest teilweise auch rein weltliche Aspekte berücksichtigen. Das heißt, wir mussten Sterne wählen, deren Namen zumindest einigen bekannt sind. Viele Menschen wissen, dass es sich bei Sirius, den Plejaden, Arcturus, Aldebaran, Antares, Capella, Vega und Polaris (Polarstern) um Sterne handelt. Dubhe, Rasalhague oder Zubenelschamali kennt hingegen kaum jemand. Wir haben allerdings auch ein paar weniger bekannte Sterne hinzugenommen, weil sie Fähigkeiten fördern, die jetzt besonders gebraucht werden.

Die Sterne sollten unterschiedliche Lichtspektren haben: So wie jeder Mensch eine einzigartige Ansammlung von Erfahrungen, Erkenntnissen und Fähigkeiten verkörpert, so hat auch jeder Stern – wenn man in die Details geht – ein einzigartiges Lichtspektrum. Es gibt keine zwei genau gleichen Sterne am Himmel. Man kann sie anhand ihrer Temperatur oder ihrer Lichtausstrahlungen in Gruppen oder sogenannte Spektralklassen einteilen, was die Astronomen auch tun. Bei den 13 Sternen, die wir hier vorstellen, haben wir darauf geachtet, dass das Regenbogenspektrum abgedeckt ist.

Die Sterne sollten ausreichend erprobt sein: Bevor man eine Sternenenergie als Hilfe für eine Behandlung oder Meditation anbietet, sollte man sie selbst integriert und einige Zeit Erfahrungen damit gesammelt haben. Das trifft bei uns für die 13 hier vorgestellten Sterne zu. Wir selbst und einige andere, die wir unterrichtet haben, nutzen das Licht dieser Sterne für ihre Ganzwerdung und Bewusstseinsentfaltung schon seit mehreren Jahren. Inzwischen haben wir noch weitere Sterne für uns selbst erprobt und integriert.

Warum sind es 13 Sterne? Die Zahl ist nicht zwingend, denn es gibt viele faszinierende Sterne am Himmel. Es gibt aber einige interessante Bezüge zur 13, beziehungsweise zu zwölf plus eins. So gibt es im Körper auf jeder Seite zwölf Meridiane sowie das Gouverneurs- und das Lenkergefäß, die wie die Hauptchakren in der Mitte an der Vorder- und Rückseite des Körpers entlang verlaufen. Die zwölf Energiemeridiane werden beim Sternenlicht-Lichtkörper-Prozess über zwölf Sterne in den Kosmos hinaus verbunden. Der 13. Stern, die »Mittelstation« Arcturus nimmt eine Sonderstellung ein.

Positive Sterne/negative Sterne?

Es gibt kaum einen Stern, über den nicht verherrlichende oder verteufelnde Geschichten existieren. Man muss nur lange genug suchen. Was im einen Buch negativ bezeichnet wird, schneidet in einem anderen positiv ab. Wer hat nun recht? Vermutlich keiner, denn es handelt sich hier um Projektionen. Am besten geht man den integrativen Weg und sammelt seine eigenen Erfahrungen, statt dass man einfach glaubt, was andere geschrieben haben. Die meisten Informationen gehen auf alte mythische Quellen zurück oder basieren auf Channelings.

Ein Paradebeispiel ist der Stern Algol. Er hilft unter anderem, Entscheidungen zu treffen und die eigene Berufung zu finden, und ist deshalb in Zeiten des Umbruchs besonders hilfreich. Nun aber wurde Algol von der alten Fixsternastrologie als Dämonenstern bezeichnet. Was sollten wir also tun? Wir entschieden uns, mit Algol zu meditieren und gaben uns gegenseitig Behandlungen, um seine Wirkung an uns zu erkunden. Als wir sie als sehr nützlich empfunden hatten und überhaupt nichts Schlechtes daran finden konnten, begannen wir, Algol in unsere Arbeit zu integrieren.

Geht man den Dingen auf den Grund, entdeckt man oft, wie ein Stern zu seinem Ruf kam. So auch bei Algol. Er ist ein bedeckungsveränderlicher Stern, dessen Helligkeitsschwankung man von bloßem Auge gut erkennt. Er leuchtet 2,8 Tage praktisch gleich hell und verdunkelt sich dann innerhalb weniger Stunden. Den alten Sterndeutern waren diese Schwankungen unheimlich. Sie belegten den Stern mit negativen Eigenschaften und machten ihn zum »Auge der Medusa«.

1783 hatte der englische Astronom John Goodricke das seltsame Phänomen bereits richtig als Bedeckung durch einen anderen Himmelskörper interpretiert. Inzwischen haben Astronomen das Algol-System längst mit modernsten Methoden untersucht und herausgefunden, dass einer seiner zwei Begleitsterne – ein schwächer leuchtender rötlich-gelber Stern – den Hauptstern aus unserer Perspektive periodisch verdunkelt. Man stelle sich vor, unsere Sonne hätte einen leuchtschwächeren Begleitstern, der sie sehr schnell umrundet. Ein entfernter Beobachter, der zufällig in der richtigen Ebene liegt, könnte dann das gleiche Phänomen sehen wie wir bei Algol. Aus seiner begrenzten Sicht würde er womöglich unserer Sonne unheimliche, negative Eigenschaften unterstellen. Die Wissenschaft kann zum Glück viele Phänomene aufklären und helfen, solche Projektionen zu überwinden.

Integration statt Projektion

Der Sternenlicht-Lichtkörper-Prozess ist ein integrativer Weg zu mehr Ganzheit. Er nutzt kohärente, periphere Kräfte, um Trennung und Spaltung zu überwinden und Einheit zu ermöglichen. Damit ist er gerade das Gegenteil von Projektionen und dualistischen Denkgewohnheiten. Sternenlicht ist ein natürlicher, neutraler Mittler. Durch seine Kohärenz wirkt es ordnend, harmonisierend und bewusstseinsfördernd.

Die Sternenlichtarbeit ist eine Möglichkeit, das eigene Bewusstsein für kosmische Energien zu öffnen und eigene Erfahrungen zu sammeln. Wir glauben, dass dies den Menschen weiterbringt als externe Informationen, die vielleicht gar nicht stimmen oder auf einer projektiven Weltsicht beruhen. Was man selbst erfahren und gespürt hat, gehört zur eigenen Wirklichkeit. In diesem Sinne verstehen wir auch die nun folgenden Sternbeschreibungen von Caroline. Es sind Beispiele, die zeigen, was sie bei der Meditation mit den entsprechend energetisierten Sternenlichtkristallen erlebt und erfahren hat. Sie zeigen nicht etwa die physikalischen oder astronomischen Gegebenheiten, sondern das, was ihr in Bildern und anderen Eindrücken in Verbindung mit dem jeweiligen Stern bewusst wurde. Diese Texte sollen als Beispiel und Motivation für die eigene Selbsterkundung dienen. Sie sind nicht als allgemeingültige Doktrin gedacht, denn es geht ja gerade darum, dass jeder seine eigenen Erfahrungen mit den Sternen macht.

Arcturus – Das Tor zur Sternenwelt

Arcturus ist das Tor in die Sternenwelt. Die Schleuse des Aufwachens und der Reinigung. Ich fühle mich wie ein kleines Pünktchen, das vor einem riesigen Tor steht. Dahinter gibt es viel Licht und viele Wesen, die mich empfangen. Ich fühle mich willkommen.

Vieles ist unserer Erde sehr ähnlich. Auch gibt es dort Gebäude und Häuser, die jedoch nicht so fest sind wie unsere. Die Wesen hier sind groß und eigentlich sehr menschenähnlich. Auffallend sind ihre großen Augen. Ihre Konsistenz ist plasmaähnlich – weniger fest als die unsere. Auch ihre Konturen unterscheiden sich von der uns bekannten menschlichen Form. Sie erklären mir ihre Sichtweise auf eine Art, die es mir ermöglicht, sie zu begreifen und mich gleichzeitig sicher zu fühlen.

Willkommen! Sie zeigen mir, wie jeder Suchende von hier aus einen anderen Film eingespielt bekommt. Arcturus gleicht einem Spiegel, in dem jeder das sieht, was sein Inneres für ihn bereithält. Die Bewohner geleiten mich durch das große Tor und zeigen mir alles an meinem eigenen Wesen. Ich sehe, wo ich noch Schatten habe. Sie zu erkennen, ist nicht schwer. Mein inneres Wissen sagt mir einfach, dass sie da sind. Ich habe die Freiheit, an mir zu erkennen, wozu ich bereit bin. Alles, was ich an inneren Konflikten begreife, darf ich reinigen und lösen. Dabei spüre ich eine freudige Aufregung.

Diese Begegnung ermöglicht es, sich selbst zu erkennen und sich dadurch von unnötigem Ballast zu befreien. Arcturus will mich reinigen und mir zur Selbsterkenntnis verhelfen. Er bietet diese reinigende Kraft, die ich nutzen darf, so viel ich will. Diese Energie ist sanft und behutsam, genauso wie die Wesen von Arcturus.

Ich fühle mich auf der innersten, tiefsten Ebene meines Seins angenommen. Die Geschöpfe auf Arcturus wollen mir geben, was ich brauche, wenn ich das Bedürfnis danach habe. Sie können sich über Rezeptoren mit mir verbinden. Dieser Energiefluss entspricht genau der Stärke, die ich zulasse und brauche.

Wenn man einmal durch dieses Tor gegangen ist, wird man es nie mehr vergessen. Dieses Erlebnis berührt mein Innerstes, bereichert mein Leben und ebenso unsere Menschenwelt um einen großen Schritt. Arcturus hat eine sehr öffnende, reinigende Funktion. Die Arcturus-Wesen wollen unseren Horizont erweitern, wenn wir dies zulassen. Die Bereitschaft muss von jedem Einzelnen kommen. Auch das Tempo und die Menge an Information darf jeder selbst wählen. Wunderbare Sternengeschwister haben wir hier. Die Arcturus-Energie ist auch mit allen anderen Sternenergien kompatibel, denn es ist eine universelle Energie.

Zusammenfassung der Wirkung auf den Menschen:

- Wirkt wie eine Schleuse des Aufwachens und der Reinigung
- Regt an
- Entspannt
- Ist ein Toröffner
- Eine sehr behutsame Qualität

Sirius – Die inneren Augen öffnen

Sirius öffnet dem Suchenden die inneren Augen, macht ihn wach und die Sicht klar. Auf Sirius gibt es viel Bewegung, das kann bis in die innersten Schichten eines Menschen gehen. Daher frieren Menschen oft, wenn sie mit der Sternenqualität von Sirius arbeiten. Auf Sirius ist alles klar und poliert, sauber wie glänzendes Silber. Die Wesen von diesem Stern sind sehr schlank und groß. Sie haben große schwarze Augen. Wenn man in diese Augen schaut, kann man beinahe darin versinken.

Durch die Klarheit der Sicht, die Sirius vermittelt, verstärkt sich das eigene Energiefeld und man nimmt sich besser wahr. Durch seine manchmal fast schneidende Kälte und Klarheit zeigt Sirius dem Betrachter die Disharmonien in ihm auf. Ohne Rücksicht auf das Egobewusstsein weist Sirius einfach auf das, was ist. Dieses Erkennen der Wahrheit durch die Qualität von Sirius hat eine stark heilende Wirkung, vergleichbar mit einer Ohrfeige, die jemanden wachrüttelt, der sich in Gefühlen, Gedanken und Emotionen verloren hat. Sirius gibt zugleich auch viel Luft und Raum. Durch seine Klarheit hilft er uns, zu erkennen, in welche Richtung wir unsere Aufmerksamkeit richten sollten.

Die Wesen von Sirius sind eigentlich ganz liebenswürdig und haben sehr viel Hoffnung in uns Menschen, auch wenn sie beim ersten Kontakt unnahbar und kalt, ja beinahe metallisch wirken. Sie haben keine Etikette oder Fassade. Die Wesen von Sirius sind unerbittlich ehrlich und teilen uns mit, was sie erkennen. Sie wissen, dass dieses ganze Geplänkel mit Nettigkeiten und Liebenswürdigkeiten überhaupt keinen Sinn macht und dass der Mensch sich nur Steine in den Weg legt, wenn er nicht absolut ehrlich und rein sagt, was er empfindet und wo er steht. Nur über diese Ehrlichkeit und Integrität kann man seine eigene Aura stärken.

Es gibt unglaublich viele Wesen auf dem Stern Sirius, und sie haben es sich zur Aufgabe gemacht, den Menschen zu helfen. Sie wirken auch heute, wie die Bewohner aller anderen Sterne, auf uns Menschen. Doch die Wesen von Sirius sind viel direkter, klarer und intensiver. Sie sind die Verpflichtung eingegangen, den Menschen das Echte, das Wahre zu zeigen.

Der Stern Sirius und seine Bewohner senden stetig kohärentes, geordnetes Licht zur Erde. Deshalb empfiehlt es sich, mit Sirius zu arbeiten, wenn man an einem Punkt im Leben steht, an dem man wirklich hinschauen will. Dies sollte nicht aus Neugier oder Spaß geschehen, denn Sirius kann auf den Menschen und sein System sehr umwälzend wirken. Er zeigt klar auf, wo die Energie nicht mehr hingelenkt werden sollte, weil die darauf verwendete Kraft einfach nur verloren geht. Mit dieser Klarheit hat Sirius eine unglaubliche Kraft für uns Menschen. Sie ist eine wunderbare Energie in der heutigen Zeit, in der so viele verschiedene Informationen und Impulse auf uns einprasseln. Sie hilft, den eigenen persönlichen Weg klar zu erkennen und die eigene Kraft darauf zu fokussieren.

Sirius wirkt im Menschen sehr stark, bis in tiefe Schichten – in die Zellschichten – hinein. Er vibriert und bringt ans Licht, was gesehen werden will. Er bringt über seine Vibration die Gesundheit zurück in den Körper und unterstützt jegliche Form von Heilung, Klärung und Zielgerichtetheit. Sirius wirkt insbesondere sehr stark vom Halschakra aufwärts. Und wenn wir uns auf Sirius ausrichten, können wir sicher sein, dass wir viel Information erhalten werden.

Zusammenfassung der Wirkung auf den Menschen:

- Zeigt auf, was ist und bringt Klarheit
- Hilft zu fokussieren
- Kann in seiner Wirkung heftig sein

Alcyone (Hauptstern der Plejaden) –
Mit dem Herzen sehen

Die Wesen von den Plejaden sind wunderschön, unglaublich groß, grazil und lieblich. Man fühlt sich sofort zu Hause und wird voller Liebe empfangen. Es ist schwer zu beschreiben, wie wunderschön es auf diesen Sternen ist, und eigentlich möchte man gar nicht mehr zurück. Die Wesen nehmen uns in ihr Herz auf, obwohl sie uns körperlich nicht sehr nahe kommen.

Ihre Körper sind weniger fest als die unseren. Sie ähneln lieblichen, fließenden Engelswesen. Überall auf diesen Sternen ist eine unbeschreibliche, wunderschöne Liebe spürbar. Man fühlt sich einfach sicher und aufgehoben. Man fühlt sich in Ordnung, in Harmonie mit dem inneren Selbst.

Die Wesen verarbeiten eine Unmenge von Wissen. Sie interessieren sich auch sehr für das Wissen der Erde und der Menschen. Darum sind sie über die Erde und ihre Bewohner gut informiert. Und sie füllen den Suchenden regelrecht mit Liebe auf – mit einer wundersamen, zarten, doch äußerst kräftigen Liebe. Sie vermitteln ihm das tiefe Gefühl, er sei nie allein, sondern immer begleitet.

Diese Wesen sind sehr fröhlich, und alles ist leicht, licht und liebevoll. Sie kommunizieren nicht mit Worten, sondern telepathisch. Sobald man etwas denkt, erhält man schon die Antwort, als könnte man mit dem Herzen sehen, hören und sprechen.

Die Plejadenwesen haben es sich zur Aufgabe gemacht, die Menschen zu begleiten, sie zu stützen, zu behüten. Sie möchten uns helfen, die inneren Augen zu öffnen, die Augen, die mit dem Herzen sehen. Das große Geschenk der Plejadenwesen an uns Menschen ist genau diese Fähigkeit: wieder mit dem Herzen sehen zu können.

Haben wir diese Sichtweise übernommen, hören wir auf, einander zu schaden. Das Licht der Plejaden, ihre Information und ihre Liebe ist wie Nahrung für uns, es erinnert uns daran, woher wir kommen. Stark ist auch die Erinnerung an die Ganzheit. Die Plejadier ermutigen uns dazu, uns oft auf die Sterne auszurichten und nie zu vergessen, dass sie uns auf unserem Weg begleiten. Sie lassen uns unsere Ganzheit spüren, unsere eigene Größe, das, was wir wirklich sind.

Das geschieht ohne Überheblichkeit, einfach indem wir mit den inneren Augen, aus dem Herzen sehen. Dieses Erkennen hat nichts mit der irdischen Polarität zu tun. Wir erinnern uns einfach an diese Größe, an die Verbundenheit und Einheit, die wir immer suchen. Das Streben nach Erkenntnis und nach Erleuchtung ist tief in uns Menschen verankert.

Die Qualität der Plejaden ist wunderbar für Menschen, die sich einsam und unverstanden fühlen, ebenso für diejenigen, die noch nicht ganz auf der Erde angekommen sind. Sie ist auch heilsam für Menschen, die eine tiefe Sehnsucht spüren. Sie scheinen uns unentwegt zu sagen: Wir fühlen uns all-eins.

Zusammenfassung der Wirkung auf den Menschen:

- Man fühlt sich wohl und zu Hause
- Man fühlt sich behütet
- Hilft, sich zu erinnern, woher man kommt
- Fördert Telepathie

Aldebaran – Verbindung zur inneren Kraft

Aldebaran kann uns aufzeigen, wo oder zu welchen Bereichen unseres Körpers wir weniger Verbindung haben, ob wir gut geerdet sind oder eine mangelhafte Verbindung zu Mutter Erde haben. Die Wesen von Aldebaran wirken ohne Forderung und Wertung. Sie zeigen einfach die Möglichkeiten auf, die je-

dem einzelnen Menschen gegeben sind. Der Stern Aldebaran wird von vielen Sternwesen als Ort zum Lernen, als Ort für
eine Auszeit und als ein wunderbarer Ort der Bereicherung genutzt. Viele Wesen aus anderen Sternsystemen kommen gern
hierher.

Die Wesen von Aldebaran selbst sind sehr groß, von brauner
und goldroter Farbe. Sie überwinden Distanzen, einzig indem
sie daran denken. Teleportation ist absolut ausgereift in ihrer
Zivilisation.

Die Sternqualität Aldebarans ist voller Gnade. Diese Gnade
können wir Menschen nutzen, wenn wir das wollen. Die Sternwesen hier kennen das Prinzip der Schuld nicht, vielmehr kennen sie die absolute Vernetzung, die uns auf der Erde abhandengekommen ist. Uns diese wieder zu ermöglichen, darauf haben
sie ihr Augenmerk gerichtet. So senden sie den Menschen und
allen Lebensformen auf der Erde diese Gnade, und wenn wir
bereit sind, sie anzunehmen, können wir leichter, lichter und
fröhlicher unsere Aufgaben übernehmen. Sie ermutigen uns
zum Handeln, ein Herz aus Liebe zu entwickeln und diese Liebe
auch zu verteilen. Sie ermutigen uns, den Verstand zu gebrauchen, der so vieles erkennen kann.

Die Wesen von Aldebaran kennen keine Zeit, unser Konzept
der Zeit existiert für sie nicht. Sie können jemandem das Gefühl
geben, er habe eine weite, wochenlange Reise unternommen,
ohne dass er seinen physischen Körper überhaupt bewegt hat.
Sie ermutigen uns, die Fähigkeiten und Gaben, die wir als Menschen auf Erden haben, wirklich zu nutzen. Wir sind uns oft zu
wenig bewusst, wie effizient und nachhaltig wir als Menschen
wirken können – für unsere Seele, für die Seele aller Ahnen und
für die Seelen, die noch auf die Erde kommen werden.

Aldebaran bringt viel von der roten Kraft auf die Erde. Diese
rote Kraft gibt uns eine intensive und starke Verbindung zur
Erde; eine gewisse Bodenständigkeit, die uns hilft, in der physi-

schen Welt zu bestehen, unseren Platz einzunehmen und uns unserem Wesen entsprechend zu entfalten.

Aldebaran hilft auch, sich nach dem Innern auszurichten. Dort ist die ursprüngliche Ganzheit noch vorhanden. Die Sternqualität von Aldebaran ist deshalb ausgezeichnet zum Meditieren geeignet. Sie lässt uns in die feinstofflichen und spirituellen Welten eintauchen, und es braucht direkt Willen und Absicht, dann wieder in die grobstoffliche Welt zurückzukommen. An der im Innern vorhandenen Ruhe und Ganzheit kann man großen Gefallen finden, sodass man sich richtiggehend durchringen muss, wieder in die Alltagswelt zurückzukehren. Doch auch dahingehend stärkt uns die Energie dieses Sterns.

Auf Aldebaran herrschen die Farben Rot, Gold und Braun vor. Diese Sternqualität ist kräftig und stark und doch voller Liebe und Sanftmut. Sie wirkt wellenförmig von unten her über die verschiedenen Ebenen. Aldebaran gibt uns über diese angenehme Kraft und Verbundenheit mit Mutter Erde ein Gefühl der Zusammengehörigkeit, des gemeinsamen Miteinanders. Man hat das Gefühl, mit der Kraft und der Energie von Mutter Erde und einem offenen, kosmischen Geist vieles erreichen zu können. Denn aus dieser ruhigen, ausgeglichenen Kraft können Widerstände überwunden und Herausforderungen leichter angenommen und gemeistert werden. Durch die Liebe von Aldebaran und der guten Verbindung zu Mutter Erde fühlt man sich als Mensch sicher zwischen Himmel und Erde verankert und aufgehoben.

Die Wesen von Aldebaran fördern in uns auch das Bewusstsein über den Zusammenhang von Verwurzelung und Ausdehnung, wie man ihn sehr gut am Bild des Baumes erkennen kann. Je besser wir verwurzelt sind, desto weiter können wir unsere Fühler in den Kosmos und in die geistige Welt hinausstrecken, ohne hier auf der Erde bei Stürmen den Halt zu verlieren. Wer gut in den Erdenkräften und seinem Körper verankert ist, kann mit zahlreichen Möglichkeiten, Perspektiven, Standpunkten und abstrakten multidimensionalen Konzepten spielen, ohne dabei in Verwirrung zu geraten oder seine irdischen Aufgaben und Pflichten aus den Augen zu verlieren.

Die Qualität von Aldebaran kann innerlich tief berühren und – wenn wir dies zulassen – in dieser Tiefe eine Kraft freisetzen, die uns ganz zu uns kommen lässt und uns in unseren Entscheidungen und Taten bestärken kann. Wer länger mit Aldebaran arbeitet, merkt wahrscheinlich, dass diese Sternqualität eine stützende und kräftigende Wirkung auf ihn selbst und seine Lebenssituation hat. Er sieht die Dinge klarer und packt an, was es zu tun gibt.

Zusammenfassung der Wirkung auf den Menschen:

- Zeigt uns unsere Fähigkeiten und Gaben
- Motiviert, anstehende Aufgaben anzupacken
- Dehnt aus
- Hilft, sich von Schuld zu befreien
- Gibt eine innige Verbundenheit zu Mutter Erde
- Schenkt eine ruhige, ausgeglichene Kraft

Mirzam – Den Selbstausdruck stärken

Mirzam ist eine wundersame Sternqualität. Auf Mirzam funkelt und flimmert alles, wie Triaden von kleinen Lichtfunken – wunderschön. Es herrschen Blautöne vor, bis zu Weiß und Gold reichen sie. Ich verspüre das Bedürfnis, diese prickelnden Lichtfunken tief einzuatmen, bis in die Füße zu transportieren und mich damit bis hinauf zum Kopf aufzufüllen.

Ich verspüre ein starkes Verlangen, zu gähnen, um die Luft auszuwechseln und mich mit diesem Funkeln und Sprinkeln neu zu vitalisieren. Ich gähne, atme die alte Luft intensiv aus. Mein Brustraum füllt sich neu und das wirkt sehr belebend. Die Lichtfünkchen weiten mich enorm aus.

Die Wesen von Mirzam sind wunderschön, auch sie prickeln und funkeln in diesen blau-weiß-goldenen Farben. Doch an ihnen überwiegen die goldenen Lichtfunken. Die Wesen hier haben einen kugelrunden Kopf mit großen, tiefen Augen. Sie sind wie in diese Lichtfunken gekleidet.

Es ist alles sehr flach auf Mirzam, man sieht weit und wird selbst ganz weit. Vor allem die Lunge bekommt unglaublich viel Volumen. Mirzam ist für Menschen heilsam, die nicht tief genug atmen. Dieser Stern schafft einen harmonischen Ausgleich zwischen Geben und Nehmen und der Balance von Ein- und Ausatmen. Mirzam wirkt auch stark auf den Kehlkopf und das Halschakra. Diese Sternqualität ist nicht zuletzt empfehlenswert für Teenager und für Menschen, die an einem Übergang stehen, oder solche, die eine große Veränderung vor sich haben. Er hilft ganz besonders dann, wenn ein Bewusstseinssprung oder ein wichtiger Entwicklungsschritt bevorsteht. Mirzam hilft zudem, wenn es darum geht, Grenzen auszuloten. Dieser Stern wirkt vor allem vom Halschakra an aufwärts und besonders stark auf der rechten Kopfseite.

Auf Mirzam ist es unvorstellbar weit und offen. Der Stern lädt ein, sich auszudehnen und auszuprobieren, wie weit man sich öffnen und Raum einnehmen kann. Mithilfe seiner dynamischen Lichtfunken geschieht diese Weitung ganz einfach. So ist Mirzam auch eine wunderbare Sternqualität und Hilfe für introvertierte Menschen, die zu wenig von ihrem Platz einnehmen, oder für Menschen, die nicht so gut und gern sprechen, sondern sich stets in sich zurückziehen und alles innerlich mit sich selbst ausmachen.

Wenn jemand bereit dazu ist, öffnet Mirzam ihm die feinstoffliche Welt, die Welt zu den Engeln und den Devawesen. Mirzam gibt auch Mut, etwas Neues zu wagen und auszuprobieren; etwas, das einem vielleicht sogar etwas verrückt vorkommt. Dieser Stern ist auch hilfreich für Menschen, die sich in der Materie zu fest verfangen haben. Die Mirzam-Qualität kann in uns wieder das Zauberhafte wecken: die Welt der Märchen, Mythen und der Wunder. Auch alle Menschen, die mit Kindern zusammenarbeiten, können von diesem Stern profitieren, da sie sich mit seiner Unterstützung besser auf sie einstimmen können. Kinder kennen diese Qualität, diesen Zauber und diese Lebendigkeit. Auch diese unermesslich vielen Lichtfunken kennen sie noch ganz gut, deshalb können sie sich stärker als die meisten Erwachsenen an Feuerwerken begeistern. Diese sprühende funkelnde Qualität ist ihnen noch vertrauter.

Ähnlich unscheinbar und unauffällig wie Mirzam am Himmel, ist es, wenn man mit ihm arbeitet. Es braucht Zeit und die klare Absicht, sich auf Mirzam einzulassen. Will man an seine Themen herangehen, empfiehlt es sich, einen Mirzam-Kristall bei sich zu tragen und seine Schwingung stetig das eigene Feld beleben zu lassen. So kann man sich am besten von der prickelnden und funkelnden Qualität beleben und durchlichten lassen, die Mirzam aus den Tiefen des Verborgenen an uns sendet.

Die Sternqualität Mirzam eignet sich insbesondere auch für die Arbeit im spirituellen Bereich. Wer sich mit Mirzam verbindet und sich mit seinen Lichtfunken auffüllt, erfährt eine Ausdehnung und Öffnung seines »Empfangsbereichs«. Gleichzeitig bietet dieses belebte Lichtfeld einen kraftvollen Schutz und ein gutes Sensorium für die verschiedenen spirituellen Angebote und Aussagen. Durch dieses verfeinerte Gespür merkt der Einzelne besser, was für ihn passt und stimmt und was nicht. Probiert man etwas aus und merkt, dass es nicht stimmig ist, hilft Mirzam durch seine blau-weiß-goldene Lichtqualität, sich auch wieder davon zu lösen. Die Wesen von Mirzam lieben es, auf uns Menschen zu schauen, und senden uns ständig ihr belebendes, kraftvolles Licht.

Zusammenfassung der Wirkung auf den Menschen:

- Weitet aus
- Hilft, tief zu atmen
- Ausgezeichnet für Menschen, die an einem Übergang stehen
- Wirkt stark vom Halschakra aufwärts
- Hilft introvertierten Menschen, ihren Platz einzunehmen
- Hilft, zu sprechen und sich auszudrücken
- Öffnet für die Welt der Märchen, Mythen und Wunder
- Öffnet den Empfangsbereich und hilft zu unterscheiden
- Ideal für Menschen, die mit Kindern arbeiten

Polaris (Polar- oder Nordstern) – Kraft zur Verwirklichung

Auf Polaris herrscht die Farbe Weiß vor. Die Bewohner dort, irgendwie menschenähnliche Wesen, doch ohne Haare, stellen sich als Stütze hinter uns. Indem sie uns den Rücken stärken, zeigen sie uns einen reinen Raum vor uns, wie ein sauberes Schneefeld, in dem jeder seine eigenen Spuren hinterlassen kann.

Polaris wirkt beim Menschen stark auf den Rücken, kräftigt ihn, als hätte man zwei Stützen hinter sich. Der Polarstern zeigt uns, dass alles offen ist, dass es unendlich viele Möglichkeiten gibt. Wenn der Mensch sich auf ein Ziel ausgerichtet hat, ist Polaris eine große Kraft, die es leichter möglich macht, auf diesen Fokus ausgerichtet zu bleiben.

Polaris eignet sich ausgezeichnet, um in Gruppen zusammenzuarbeiten, da sich jedes einzelne Mitglied in seiner Ausrichtung gestärkt fühlen und seinen persönlichen Beitrag authentisch vertreten kann. Polaris zeigt aber auch auf, wo man sich zu viel aufgeladen hat, wo man Dinge mitträgt, die nicht mehr benötigt werden oder die man bloß von jemand anderem übernommen hat. Polaris wirkt kräftigend auf uns Menschen und hilft auch in dieser Hinsicht, die eigene Ausrichtung zu finden und zu halten.

Polaris gibt uns Kraft, unsere Aufgaben zu erledigen, das heißt: diese im ersten Schritt zu erkennen, bewusst zu wählen und dann fokussiert auf diese Herausforderung ausgerichtet zu bleiben, bis die Aufgabe erledigt ist. Polaris hilft dem Menschen, zielsicher seinen Weg zu machen. Er gibt Orientierung.

Zusammenfassung der Wirkung auf den Menschen:

- Zeigt uns viele Möglichkeiten auf
- Stärkt den Rücken
- Hilft, dem persönlichen Fokus treu zu bleiben
- Gibt Kraft, die eigenen Aufgaben zu erledigen
- Ausgezeichnet für Gruppenarbeit
- Gibt Orientierung

Antares – Klaren Überblick gewinnen

Antares gibt uns den großen Überblick. Auf Antares wirkt einerseits manches schwer, langsam und gewissermaßen träge. Doch es gibt dort auch eine entgegengesetzte Qualität, die sich ausgesprochen fein, dynamisch und ausgedehnt anfühlt. Durch diesen Kontrast hilft Antares dem Menschen sehr gut, sich auszudehnen und gleichzeitig seinen Körper zu spüren, die Schwere und die Komprimierung oder Verdichtung, die wir hier auf der Erde erfahren. Der Stern hilft uns, unseren Raum einzunehmen und uns gut in unserer Mitte zu spüren.

Die gewisse Trägheit lässt uns auch ganz ruhig und zentriert werden. Aus dieser Ruhe heraus können wir gut erkennen, dass wir nicht nur dieses Menschenkind sind, das sich hier auf der Erde inkarniert hat, sondern eine Essenz oder eine Art Kondensat aus vielen Leben.

Weil Antares eine sehr weite Übersicht bietet, ist dieser Stern auch ausgezeichnet, wenn jemand vergeben möchte. Aus der hier vermittelten inneren Ruhe und Gelassenheit heraus kann er mit seiner Hilfe vergangene Situationen erkennen und verzeihen. Je besser wir vergeben und verzeihen können, desto mehr Licht und Liebe kann durch uns hindurch wirken, durch uns nach außen strömen und wieder zu uns zurückfließen.

Wenn man sich wütend oder aufgewühlt fühlt, kann Antares diese Energie erden und ableiten. Der Stern hilft, solche Gefühle herunterzufahren und zu sich, in den Bauch zurückzukommen. Er hilft zu erkennen, dass die Gefühle nie von außen kommen, sondern als energetische Ladungen in uns selbst sind. Die Menschen oder Situationen im Außen sind immer nur die Auslöser. Durch diese Einsicht und die gute Verbindung zur Erde kann man schnell und einfach die Gefühlswallungen abmildern und den eigentlichen Knoten dahinter sehen. Sobald wir hinter den Vorhang, in die Tiefe sehen, können wir ausgezeichnet vergeben und verzeihen: den anderen und uns selbst.

Die Wesen von Antares schauen liebevoll auf die Erde und ihre Bewohner. Sie haben keinen Körper, so wie wir das kennen. Wenn sie sich mit einem Menschen unterhalten, können sie jegliche Form annehmen, die für ihn angenehm ist.

Einmal stand ein Wesen vor mir, das einen sehr breiten Kopf mit unglaublich lieben Augen hatte. Augen mit einer Tiefe, wie ich sie mir zuvor kaum hätte vorstellen können. Es wirkte auf mich gefühlsmäßig wie die Farbschwingung Rot, eher etwas schwer und träge. Sehen jedoch konnte ich ein helles, leuchtendes Grün. Das Wesen stellte sich mir mit dem Namen Kanukat vor. Es reichte mir seine Hand und lud mich auf eine Reise ein; eine Reise meiner Seele, um zu sehen, wie und wo ich schon gelebt hatte. Ich erkannte, dass die Qualität von Antares auch für die Klärung vergangener Leben und die Reinkarnationsarbeit sehr nützlich sein kann.

Antares wirkt auch auf die Nase und die Atmung. Er fördert die Bewusstheit von Ein- und Ausatmung und ist unter anderem sehr empfehlenswert, wenn jemand eine Atemtherapie macht. Er bringt auf der feinstofflichen Ebene zusätzliche Impulse, sich des Atems und des Austausches von Prana bewusst zu werden.

Diese Sternqualität wirkt eigentlich auf alles, was wir in unserem Körper als Kanal zur Verfügung haben, zum Beispiel auch auf die Venen, die Arterien und alles, was eine Röhrenform hat und einen Austausch initiiert: den Blutkreislauf, den Atemkreislauf, den Craniosacralen Puls, den Nahrungsaustausch und den Austausch von Energien in der Aura zwischen Mineralien, Pflanzen, Tieren, Menschen und dem Kosmos. Die Wesen von Antares möchten in uns Menschen das Bewusstsein für Austausch und Kreisläufe wecken, insbesondere für eine überpersönlichere, ausgedehnte, universelle Sicht der großen Kreisläufe des Kosmos.

Zusammenfassung der Wirkung auf den Menschen:

- Hilft, sich auszudehnen und zugleich zentriert zu bleiben
- Hilft, zu vergeben und zu verzeihen
- Gibt Übersicht und Einblick in vergangene Leben
- Ist eine effiziente Unterstützung bei einer Atemtherapie
- Fördert Bewusstheit über Kreisläufe und Energieaustausch

Prokyon – Erwachen zum Licht

Prokyon ist eine stark aufweckende Sternqualität, die einen Menschen sehr präsent sein lässt. Auf dem Stern Prokyon sieht alles aus wie Glas, glatt und klar – und doch hat es deutlich erkennbare Konturen. Wenn man sie anfasst, sind sie aber nicht fest. Auf Prokyon hat man eine uneingeschränkte Sicht. Man sieht durch alles hindurch, je nachdem, worauf man seinen Fokus richtet.

Die Sternqualität Prokyon wirkt bei mir stark auf die Stelle im Nacken, wo sich die Nervenstränge überkreuzen. Prokyon ist für mich besonders hilfreich, wenn ich mich konzentrieren muss. Es entsteht Klarheit, eine unglaubliche Ruhe und Sicherheit. Da der Mensch viel mit Gedanken arbeitet, haben die Wesen von Prokyon gemerkt, dass es gut ist, uns klare, wache Gedanken zu senden.

In der Sternenwelt von Prokyon gibt es viel Licht. Es ist ganz hell, und es ist ein sehr angenehmes Licht. Auf Prokyon hat man das Rätsel des Lichts längst gelöst und weiß, dass alles im Universum aus Licht ist. So haben es sich die Wesen von Prokyon zur Aufgabe gemacht, in uns Menschen das Bewusstsein zu wecken, dass auch wir Licht sind. Durch dieses Bewusstsein können wir mit der Zeit unsere feste, »gefrorene« Wirklichkeit Schritt für Schritt »auftauen«.

Sternenlichtkristalle mit Prokyon-Energie wirken sehr gut auf Pflanzen, denn auch die Pflanzenwelt ist verdichtetes Licht. Da Pflanzen das Sonnenlicht direkt für die Photosynthese nutzen, sind sie noch viel stärker im Lichtnetz eingebettet als wir. Daher sind sie auch empfänglicher für die Lichtinformationen und Lichtimpulse, die von Prokyon auf unseren Planeten kommen. Das liegt auch daran, dass die Wesen von Prokyon eine tiefe Liebe und Bewunderung für die Erde und ihre zahlreichen Lebensformen haben. Prokyon ist eine hervorragende Unterstützung in allen natürlichen Belangen. Er kann auch für die Gartenarbeit und beim Umgang mit Tieren genutzt werden, insbesondere auch bei der Haltung von Bienen.

Die Wesen von Prokyon wirken in der Regel auf subtile Weise auf unsere Entwicklung ein. Sie stimulieren uns indirekt über Mutter Erde, um so zu allen Lebensformen zu gelangen. Man kann sagen, dass sie sich intensiv mit der Erde beschäftigen. Sie stellen sich aber nicht in den Mittelpunkt, sondern wirken lieber sanft aus dem Hintergrund. Sie haben eine große Loyalität den Menschen gegenüber und geben ein gutes Beispiel, wie man seinen Platz auf eine demütige und doch zielgerichtete Art und Weise einnehmen kann.

Prokyon ist eine ausgezeichnete Hilfe für die sogenannten schwierigen Kinder sowie für Menschen, die wenig Verbundenheit spüren und sich des Lichts in sich selbst nicht bewusst sind. Prokyon kann helfen, Kindheitsverletzungen ins Bewusstsein zu bringen, diese zu erkennen und dann auszuheilen. Prokyon ist zudem ausgezeichnet bei motorischen Störungen und ähnlichen Schwierigkeiten.

Die Sternqualität von Prokyon ist sehr hilfreich in Phasen großer Bewegung und Umwälzung. Durch seine Verbindung und Vernetzung zu den verschiedenen Lebensbereichen der Natur vermittelt er uns ein beruhigendes Gefühl des Verbundenseins und Aufgehobenseins in solchen Zeiten.

Es ist sehr hilfreich, sich einen mit dem Licht von Prokyon energetisierten Sternenlichtkristall auf das erste, zweite und/ oder dritte Chakra zu kleben, um stärker in die Verbindung zum Ursprung auf der Gefühlsebene zu kommen und ihn harmonisierend wirken zu lassen. Es empfiehlt sich dann auch, regelmäßig Prokyon-Wasser zu trinken, damit seine Lichtimpulse vom Körper besser aufgenommen werden und in die Zellen gelangen können. Informationen zur Zubereitung von Sternenlichtwasser finden Sie auf Seite 266.

Die Sternenwelt von Prokyon hat eine tiefere Beziehung zu den Sternen El Nath und Almach. Sie sind wie Geschwister, mit unterschiedlichen Facetten und Aspekten.

Zusammenfassung der Wirkung auf den Menschen:

- Weckt Präsenz
- Fördert die Konzentrationskraft
- Zeigt uns, dass wir Lichtwesen sind
- Weckt eine leichte, doch tiefe Verbundenheit mit der Natur
- Ideal für die Pflanzenwelt
- Bringt Bewusstheit über Kindheitsverletzungen

Capella – Alles ist mit allem verbunden

Auf Capella ist alles goldglänzend, und es sind hier wundersame Wesen zu Hause. Sie sehen aus wie kleine Sonnen, mit einem Mittelpunkt und vielen Strahlen, die in alle Richtungen gehen. Capella lässt uns stark auf der körperlichen Ebene reagieren, insbesondere zwischen dem Kopf und dem Solarplexus. Ich spüre ihn im gesamten Kopf, etwas stärker an der Stirn und an den beiden Hinterknochen, zwischen denen die Wirbelsäule beginnt.

Capella hilft, Ideen in die Tat umzusetzen. Es ist eine ruhige und bestimmte Sternenergie, die zeigt, dass spirituelle Ideen relativ einfach und ohne viel Kraftaufwand umgesetzt werden können, wenn man offen bleibt und die universelle Lichtvernetzung nutzt.

Die Wesen von Capella senden uns unentwegt Informationen und sind durch ihre Ausstrahlung in stetem Austausch miteinander. Mit ihren unzähligen Lichtstrahlen erzeugen sie raumartige Lichtgebilde oder plastische Lichträume, die sie gemeinsam modulieren. Diese Gebilde haben wiederum etwas Wesenhaftes oder Lebendiges an sich. Sie sehen aus wie dynamische Hologramme, die sich je nach Teilnehmerzahl erweitern oder kleiner werden. Es ist ein unglaublich faszinierendes Spektakel, das mich ein bisschen an Gruppentänze oder Menschenpyramiden aus Akrobaten erinnert, nur ist es eben aus Licht und viel dynamischer.

Es gibt hier viele dieser kleinen Sonnen und natürlich haben sie ein viel stärkeres Verbundenheitsgefühl als wir Menschen. Es ist für sie ganz normal, dass alle zusammengehören, auf vielfältige Weise zusammenwirken und dann wieder auseinandergehen, um neue Lichtgestalten zu bilden. Es ist wie bei einem Superorganismus, in dem alles in stimmiger Weise zusammenspielt. Hier gibt es keine Wertung oder Hierarchie, die bestimmt, wer dazugehört und wer nicht. Die kleinen Lichtsonnen sind sich keiner Individualität in unserem Sinne bewusst. Dennoch verfügen sie über Intelligenz und können ihr Selbst oder ihre Identität innerhalb der gemeinsam erzeugten Lichtgebilde aufrechterhalten.

Die Wesen von Capella schauen sehr wohlwollend auf die Erde. Sie senden uns Lichtfunken voller Klarheit, Verbundenheit und innerer Ruhe. Es sieht aus, als würde es kleine Goldfunken regnen. Capella stärkt das Bewusstsein der Verbundenheit unter den Menschen und lässt uns erkennen, dass wir hier auf der Erde unsere Individualität leben dürfen und sollen. Dieser Stern vermittelt uns eine innere, ruhige Zufriedenheit und ein Gefühl dynamischen Fließens, wie man es von Tai-Chi- oder Qi-Gong-Übungen her kennt.

Capella hat eine nährende Qualität, die sehr hilfreich in Trennungssituationen ist. Dieser Stern lässt uns spüren, dass wir trotz äußerer Entfernung oder gar Trennung auf einer tieferen Ebene verbunden bleiben. Er bringt auch Einsicht und Bewusstheit darüber, inwiefern die vermeintliche Getrenntheit auf unserer Entwicklungsstufe manchmal nötig ist, um bestimmte individuelle Entfaltungen oder neue Erfahrungen zu ermöglichen, die für die Seele wichtig sind.

Capella hat auch eine klärende Wirkung im Hinblick auf die eigene Familie oder das karmisch bedingte Familienschicksal. Wer ausführlicher damit arbeitet, wird vieles aus der eigenen Familien- und Ahnengeschichte erkennen und heilen können und zum Teil tiefe Einsichten und Weisheit daraus gewinnen.

Die Lichtqualität von Capella hilft nicht zuletzt, familiäre Veränderungen oder Trennungen heil zu überstehen, und ist hierin sehr nützlich für Kinder. Sie vermittelt ein Gefühl, wohin man in der Welt gehört, sodass sich trotz allfälliger Turbulenzen aus dieser Ruhe heraus ein gutes, stabiles Selbstbewusstsein entwickeln kann. Die Lichtenergie von Capella ist wie ein warmes Bad, in dem man sich wohl und geborgen fühlt und sich an die tiefgründige Einheit hinter den Dingen erinnert. In diesem angenehmen, wohligen Bad prickeln die Funken der Verbundenheit, wie wenn sie über das Wasser unsere Zellen informieren würden; nährend und anregend, doch auf eine ruhige und gelassene Art.

Die Wesen von Capella haben eine gute, freundschaftliche Verbindung mit der Sternzivilisation von Algol – es ist, als würde dieser Stern eine komplementäre Qualität zu der ihren haben. Abwechselnd mit Capella und Algol zu arbeiten, kann uns ganz in die Mitte unserer menschlichen Herzqualitäten bringen.

Zusammenfassung der Wirkung auf den Menschen:

- Hilft, Ideen im Kopf in die Tat umzusetzen
- Gibt Selbstvertrauen
- Klärend und stärkend bei Familienangelegenheiten
- Lässt uns erkennen, wo wir hingehören

El Nath – Einblick in das eigene Denken

Die Zivilisation von El Nath ist sehr mächtig und es gibt hier eine enorme Zahl von Wesen. Ihre Körper sind sehr groß. Sie sind alle kräftig gebaut und von einer rötlichen Farbe. Genauso mächtig ist ihre Energie. El Nath ist insgesamt kraftvoll und stark. Seine Wesen haben den Denkprozess, das Denken bis in alle Details, extrem verfeinert.

So kann uns El Nath helfen, wenn wir Dinge oder Situationen genau anschauen oder uns entscheiden müssen. Dann kann El Nath uns viele Möglichkeiten aufzeigen und uns unterstützen, alles mit scharfem Verstand zu analysieren. Er hilft uns auch zu erkennen, wo sich unser Verstand festgebissen hat. Er kann uns zeigen, wo wir vielleicht zu lange im Dunkeln getappt sind und sich unsere Gedanken im Kreis gedreht haben. El Nath bringt insgesamt ein klareres Verständnis über die vielen Möglichkeiten.

Die Wesen und die Zivilisation von El Nath sind schon sehr alt. Sie haben die Gefühle nicht »weggedacht«, doch kommen sie bei ihnen einfach erst an zweiter Stelle. Es wird alles über das Denken analysiert und selten mit den Gefühlen verbunden. Die Wesen von El Nath haben erkannt, dass es viel Leid gibt wegen der unguten Verquickung von Denken und Fühlen.

Auch Wesen von anderen Sternsystemen gehen zur Ausbildung auf El Nath, weil bekannt ist, dass man dort die Kunst des Denkens komplett verfeinert hat. Auf El Nath ist man sehr geradlinig, sein Einfluss gibt auch uns höchst klare Gedanken. Die Wesen von El Nath haben den Denkprozess auf höheren Ebenen erschlossen, als wir uns vorstellen können. In diesen Höhen, wo alles vernetzt ist, geht es nicht mehr um das Individuum. Die Wesen von El Nath denken nicht vom Gehirn oder vom einzelnen Individuum aus nach außen, sondern wie von einer höheren Ebene aus. Sie nehmen Gedanken auf, erkennen die unendlich vielen Möglichkeiten und bringen diese dann auf einen Punkt – oder besser gesagt auf viele relevante Punkte.

Da sich die Wesen von El Nath ihres Körpers sehr bewusst sind, lassen sie ihn niemals außen vor. Alles Denken wird durch den Körper transportiert und als Information in die Mitte des Sterns gesendet. Wenn dieser Stern einmal stirbt und implodiert, werden diese ganzen Möglichkeiten wie in einer Umstülpung durch ein schwarzes Loch in einen neuen Kosmos katapultiert. Man kann sagen, dass sie eine Speicherbank in ihrem Sterninnern haben, die voller Möglichkeiten ist.

Oft sind, wenn wir mit dem Stern El Nath arbeiten, körperliche Symptome da. Man spürt sich ganz stark bei sich selbst, wie in einer Hülle abgeschirmt von außen und mit seiner eigenen Welt beschäftigt. Wenn man El-Nath-Energien unbewusst bei sich trägt, gibt er einem eine gute Bodenhaftung und einen klaren Zugang zu den Gedanken. Wer sich aber bewusst auf El Nath ausrichtet, kann seine persönliche kleine Welt spüren. El Nath zeigt, was in uns drinnen ist, welche Gedanken wir verfolgen, welche Gedanken in unseren Zellen gespeichert sind. Ein solcher Prozess ist manchmal etwas intensiv und kann für den Einzelnen eine große Herausforderung sein. Wenn wir erkennen, wie wir unsere Gedanken gebrauchen, welche Mechanismen wir in unserem Körper gespeichert haben, haben wir eine große Chance zu wachsen und die Möglichkeit, für uns neue und passendere Programme zu schreiben.

Die Wesen von El Nath schauen sehr interessiert auf die Erde. Es ist ihnen wichtig, zu erfahren, was die Menschen mit ihren Gedanken alles erschaffen, wie viel Freude und wie viel Leid daraus entstehen. Deshalb ist es den Wesen dort ein Anliegen, dass wir lernen, unsere Gedanken gut zu erden, dass wir vom Kopf bis zu den Füßen verbunden sind. Außerdem wollen sie uns vermitteln, dass wir unsere eigenen Gedanken durchschauen und erkennen können, und dass wir immer eine Wahl haben.

El Nath, der Denker, regt den höheren Denkprozess an und zeigt jene Perspektive auf, bei der die Fakten für alle stimmen. Interpretationen werden außer Acht gelassen. Es geht nur darum, was wirklich ist und welche Perspektiven und Möglichkeiten es gibt. Welche wir wählen, liegt bei uns. Dieser Stern wirkt körperlich stark auf den mittleren Rücken und zeigt oft auch auf, dass der Denker sich an etwas festklammert.

Zusammenfassung der Wirkung auf den Menschen:

- Unterstützt Denkprozesse
- Zeigt die vielen Möglichkeiten in einer Situation auf
- Bringt einen Menschen ganz zu sich
- Wirkt stark auf den mittleren Rücken

Spica – Medialität fördern

Die Sternenwelt von Spica schwingt sehr hoch und schnell. Diese Sternqualität arbeitet für uns Menschen intensiv vom Herzchakra an aufwärts. Sie trägt uns in eine unglaubliche Weite – voller Leichtigkeit, als ob man fliegen könnte. Doch zu diesem Fliegen bedarf es keines Körpers. Spica fördert intensiv die Verbindung zu Vater Himmel. Dieser Stern gibt uns also vor allem Leichtigkeit und beflügelt unseren Geist. Er weckt in uns die Erinnerung an die unermessliche Weite und lässt uns erkennen, dass alles möglich ist. Das zeigte sich sogar in den Bauten: Auf Spica nahm ich eine Art kuppelförmige Gebäude wahr, die komplett lichtdurchlässig waren, ich konnte durch sie hindurchsehen.

Spica ist sehr erhebend, beflügelt unsere Seele und trägt uns durch die Dimensionen. Die manchmal etwas harte irdische Realität wird mit der Lichtschwingung dieses Sterns viel leichter.

Der Mensch hat die Möglichkeit, aus einer leichten Sphäre auf sein menschliches Sein zu schauen und zu erkennen, dass er sich nicht nur an die materielle Realität und an die menschliche Geschichte klammern muss.

Spica hilft uns, zu erkennen, dass wir wunderbare Geistwesen sind, mit verschiedenen Facetten und mit unglaublich vielen Möglichkeiten. Spica wirkt stark öffnend im Kronenchakra, doch mit einer zarten und klaren Verbindung zu Mutter Erde. Dieser Stern lässt uns erkennen, dass es nicht möglich ist, sich weiterzuentwickeln, wenn wir unsere Sicht nur auf einen Standpunkt fixieren. Wenn wir nur eine Perspektive einnehmen, begrenzen wir uns. Die Wesen von Spica reichen uns die Hand, um einen Schritt oder zwei über diese feste, menschliche Sphäre hinaus zu tun.

Da man in der Sternenwelt von Spica als Mensch in sich seine eigene Weite erkennen kann, ist Spica auch wunderbar unterstützend bei der Meditation. Die Energie trägt uns schnell, effizient und behütet in die weiten Dimensionen in unserem Innern. Spica vermittelt Freiheit.

Spica wirkt auch auf unsere Körperflüssigkeiten. Da seine Schwingung sehr hoch ist, wird durch diese Energie auch einiges im Körper umgewälzt und bewegt.

Es ist eine wundersame, wunderschöne Sternenwelt, in türkis- bis magentafarbenen Abstufungen gehalten, in allen verschiedenen Kombinationen, mal mehr Türkis, mal mehr Magenta. Die Wesen von Spica sind wunderschön, riesig, ganz zart und filigran. Sie wirken richtiggehend majestätisch. Man fühlt sich ganz leicht auf diesem Stern. Es ist eine stille, sehr anregende Energie. Sie belebt, weckt auf, öffnet das Herz und durchlichtet.

Die Wesen von Spica sind sehr liebenswürdig, doch auch etwas distanziert – so wie Hoheiten eben sind. Doch der gewisse Abstand ist nicht unangenehm. Man würde es vielleicht gar nicht ertragen, wenn man von dieser Schwingung zu viel bekäme, denn sie belebt die Zellen. Sie vibrieren richtiggehend.

Die Wesen von Spica haben es sich zur Aufgabe gemacht, den Menschen Licht und Leichtigkeit in die Zellen zu senden; viel hohe, belebende Schwingung. Spica-Energie ist ausgezeichnet geeignet, wenn man eine stärkere Verbindung mit der feinstofflichen Welt will oder einfach auch, wenn man müde ist und sich ausgelaugt fühlt. Dann kann die Sternqualität Spica unseren Geist beleben und uns in unsere Innenwelt, in unser inneres Paradies geleiten, wo wir uns innerhalb kürzester Zeit unglaublich gut regenerieren können.

Spica unterstützt jede Art der Medialität und der Mystik. Wenn wir länger mit Spica arbeiten, werden wir merken, dass sich die eigene Medialität verfeinert und eine andere Schwingung als diese erdverhaftete in uns stärker wird. Deshalb ist es ratsam, immer wieder eine Pause zu machen oder mit einer anderen Sternqualität abzuwechseln, die stärkere Aspekte zu den unteren Chakren hat, damit wir die Verbindung zum Alltagsgeschehen nicht verlieren. Spica richtet sich eben stärker nach oben, fördert stark die Verbindung zu Vater Himmel, diese Erinnerung, die tief in uns verankert ist und uns immer wieder nach der Ganzheit suchen lässt.

Die Spica-Qualität ist auch nützlich, wenn man eine wichtige Frage hat. Richten Sie sich nach dem Stern Spica aus, und Ihre Fragen werden beantwortet werden.

Zusammenfassung der Wirkung auf den Menschen:

- Bewirkt eine angenehme Leichtigkeit
- Beflügelt den Geist, belebt den Körper
- Wirkt öffnend im Kronenchakra
- Gute Unterstützung zum Meditieren

Algol – Klarheit auf dem Weg

Für mich ist diese Lichtschwingung wie eine große Hand, die mich mit der Aufforderung anschubst: »Mach, du weißt es doch!« Es herrschen dort Blauaspekte vor, Blauweiß insbesondere, und es gibt auch viel Violett auf Algol.

Algol weckt auf. Es ist eine belebende Qualität, die im gesamten Kopf arbeitet. Die Energie wirkt tief in die Zellen hinein. Algol hilft zu erkennen, was man möchte, und hilft, einen Weg zu finden, wie man das Ziel erreicht.

Die Wesen von Algol sind sehr grazil und monumental groß. Sie sehen aus, als würden sie wallende, durchsichtige Gewänder tragen, obenauf ein großer Kopf mit kleinen, unvergleichlich lieben Augen. Die Wesen von Algol haben es sich zur Aufgabe gemacht, eine gewisse Klarheit zur Erde zu senden für all jene Menschen, die sich dafür öffnen. Durch diese Klarheit kann man den eigenen Weg, wie man ihn sich wünscht, und das Ziel besser erkennen. Algol gibt uns eine Anregung mit, sich auf den eigenen, persönlichen Weg zu machen. Der Stern wirkt insbesondere auf den Nacken, aber auch stark auf die Hände und Arme – auf die Handlungsfähigkeit. Auch Kinder reagieren sehr gut auf Algol, da diese Qualität klar, rein und direkt ist.

Die Energie der Vernetzung ist auf diesem Stern sehr präsent. Ich sah dort ein immenses Lichtnetz, einen riesigen Lichtteppich, alles schien miteinander verwoben zu sein. Ich hatte den Eindruck, dass der Stern von der Peripherie her an jedem einzelnen Knotenpunkt in diesem Lichtnetz wirkt, und ich spürte, dass auch wir Menschen zu diesem Netz gehören. Es scheint uns nur der bewusste Zugang abhandengekommen zu sein. Jegliche Informationen, die Liebe, das Licht – alles wird über dieses Netz im Kosmos verteilt. Algol wirkt über diese Vernetzung.

Zusammenfassung der Wirkung auf den Menschen:

- Hilft, zu erkennen, was man möchte
- Bringt Klarheit für den persönlichen Weg
- Regt an
- Fördert die Vernetzung

Vega – Öffnung für die Stille und den inneren Klang

Vega gibt mir das Gefühl, dass sich ein großer dicker Vorhang öffnet. Dahinter, in strahlend gelber, warmer Farbe, komme ich in die Sternenwelt von Vega. Dort ist es wunderbar warm, die Landschaft ist von sanften Hügeln geprägt und alles leuchtet goldgelb.

Diese Sternenergie ist überaus einladend. Von überall her erreichen den Besucher Schwingungen von entzückender Musik. Die Wesen hier sehen aus wie lang gezogene, goldene Sonnen mit wachen, leuchtenden Augen. Ihre Zivilisation hat viele Transformationen durchgemacht. Sie wissen, was es heißt, wenn von Umstülpung, Chaos und Unruhe gesprochen wird.

Die Wesen von Vega haben in ihren Wissensspeichern noch genaue Erinnerungen an ferne Zeiten, als viele Kriege geführt wurden. Es waren Kriege aufgrund von sprachlichen Missverständnissen und kulturellen Unterschieden. Diese Konflikte entarteten schließlich zu großen Zerstörungen, und dies nur wegen Kommunikationsproblemen. Deshalb sind die Wesen von Vega eher schweigsam. Das Sprichwort »Reden ist Silber, Schweigen ist Gold« passt gut zu ihnen. Sie hätten uns sehr viel zu sagen, da sie sehr viele Erfahrungen gemacht haben, aus denen wir lernen könnten. Sie haben jedoch die Weisheit erworben, dass Erfahrungen und Erkenntnisse oder Konzepte, die nicht selbst erlebt und durchlebt worden sind, falsch aufgefasst werden können. Deshalb setzen sich die Vega-Wesen heute für eine universale Kommunikationsform ein. Ihr Vorschlag dafür ist die Musik. Musik kann Kulturen und Welten verbinden. Sie kann den Geist öffnen und besänftigen und auch uns Menschen zur inneren Ruhe kommen lassen. Vega möchte uns inspirieren, die Kraft der Musik mehr zu nutzen und mit ihrer Unterstützung vermehrt ins Innere zu reisen.

Vega möchte die Menschen auch zu einem globalen, gemeinsamen Friedenslied anregen. Ein Lied, das für alle Menschen auf allen Kontinenten das Gleiche bedeutet und tief im Innern die Erinnerung wachrüttelt, dass wir eine Einheit sind. (Dieser Impuls ist auf der Erde bereits angekommen. Auf der Webseite www.songsforpeace.net können Sie über diesbezügliche Lieder abstimmen, selbst einen Song vorschlagen und Weiteres mehr.) Das innere Wissen kann sehr gut auch sprachübergreifend über Töne und Klänge aufgeweckt werden. In allen Zeiten großer Unruhen wäre es wunderbar, ein solches Lied zu nutzen und vermehrt über die Medien auszustrahlen.

Über Töne können wir Zugang zu unserem inneren Wissen bekommen, und dabei hilft uns Vega sehr gern. Die Wesen dort nähren uns, indem sie unsere innere Tonleiter anstoßen. Dies müssen wir nur zulassen. Versuchen Sie es! Singen Sie zum Beispiel eine Stunde täglich in privater Atmosphäre alles, was Sie sagen möchten, und horchen Sie dem Klang nach, der Ihre Aussage begleitet.

Vega möchte uns Menschen zu einer Zeit der Einkehr in uns selbst anregen, eine Zeit, in der wir einfach unsere Augen schließen, unsere Ohren öffnen, uns nach Vega ausrichten und die Botschaft dieses Sterns in uns anklingen lassen, ohne zu bewerten, zu sortieren oder einzuordnen.

Zusammenfassung der Wirkung auf den Menschen:

- Wirkt angenehm einladend
- Fördert die liebevolle Kommunikation
- Öffnet für Musik und die Muse allgemein
- Motiviert, in die Stille zu gehen

Sterntabelle

Zusammenfassung und Kurzbeschreibung der wichtigsten Eigenschaften der 13 Sterne:

Aldebaran	Motiviert, anstehende Aufgaben anzupacken. Ist eine ausdehnende Qualität. Hilft, sich von Schuldgefühlen zu befreien. Ruhige, ausgeglichene Kraft, die uns unsere Gaben zeigt. Unterstützt die Verbundenheit zu Mutter Erde.
Algol	Hilft, zu erkennen, was man möchte. Bringt Klarheit für den persönlichen Weg. Wirkt anregend und fördert die Vernetzung.
Antares	Hilft, ruhig zu werden. Gibt eine große Übersicht. Effiziente Unterstützung bei Atemtherapie. Hilft, zu vergeben.
Arcturus	Das Tor zur Sternenwelt, wirkt reinigend und klärend. Eine behutsame Qualität, welche entspannt und zugleich anregend wirkt.
Capella	Gibt Selbstvertrauen. Lässt einen den eigenen Platz erkennen. Hilft, Ideen in die Tat umzusetzen. Klärend und stärkend bei Familienangelegenheiten.
El Nath	Bringt einen stark zu sich selbst. Zeigt die vielen Möglichkeiten auf. Unterstützt und verfeinert Denkprozesse. Wirkt auf den mittleren Rücken.

Mirzam	Wirkt stark vom Halschakra aufwärts. Hilft, zu sprechen und zu unterscheiden. Unterstützt tiefere Atmung und weitet aus. Öffnet für die Welt der Märchen und Mythen. Ideal für Menschen, die mit Kindern arbeiten.
Plejaden (Alcyone)	Eine sehr liebevolle Qualität, die einem wohl tut. Man fühlt sich behütet. Hilft einem, sich zu erinnern, woher man kommt. Fördert telepathische Fähigkeiten.
Polaris	Gibt Kraft, um die eigenen Aufgaben zu erledigen. Gibt Orientierung und hilft, dem persönlichen Fokus treu zu bleiben. Ausgezeichnet für Gruppenarbeiten.
Prokyon	Fördert die Konzentrationskraft. Weckt die Präsenz. Zeigt uns, dass wir Lichtwesen sind. Ideal für die Arbeit mit der Pflanzenwelt. Lässt einen eine leichte, doch tiefe Erdverbundenheit erfahren.
Sirius	Kann heftig wirken. Zeigt auf, was ist. Bringt Klarheit und hilft, sich zu fokussieren.
Spica	Sehr gute Unterstützung zum Meditieren. Wirkt öffnend im Kronenchakra. Beflügelt den Geist und belebt den Körper. Bewirkt eine angenehme Leichtigkeit.
Vega	Eine angenehme, einladende Qualität. Fördert die liebevolle Kommunikation und motiviert, in die Stille zu gehen. Öffnet für die Musik und die Muse allgemein.

Informationen über weitere Sterne finden Sie in folgenden Büchern:

- Caroline Zimmerli: *Sternenkommunikation.*
- Fred Rubenfeld und Michael Smulkies: *Sternenlicht-Elixiere.*

Dein Stern ruft dich!

Nachdem wir vieles über Sternenlicht, dessen Potenzial und die verschiedenen Zusammenhänge berichtet haben, kommen wir nun zum wichtigsten Teil: der Umsetzung. Es gibt mittlerweile eine Menge Sternenlichtprodukte und -behandlungen, die Sie im abschließenden Kapitel beschrieben finden. Es gibt jedoch auch Wege, mit denen man sich allein und ohne Sternenlichtkristalle, wie wir sie anbieten, den Sternen annähern kann.

Sternenlicht: Der neue Schlüssel zu Heilung, Ganzheit und Erfüllung

Dem zivilisierten Stadt- oder Agglomerationsmenschen fehlt es oft an Kohärenz und natürlicher Verbundenheit. Die moderne Hektik führt zu Stress und Erschöpfung. Eine Portion Sternenlicht kann hier Wunder wirken. In Zeiten von Chaos, Niedergeschlagenheit oder Orientierungslosigkeit gibt es kaum ein besseres Rezept als Sternenlicht. Probieren Sie es aus!

Wer einen starken Glauben hat, kann und sollte sich mit oder ohne Sternenlicht auf Gott als »Referenzquelle« beziehen, wie wir es bereits vorgeschlagen haben. Doch auch gläubige Menschen haben Disharmonien in ihren Chakren und gehen durch Entwicklungsphasen hindurch, in denen sie ihre Verbindung zu Gott nicht mehr spüren, in Zweifel fallen oder glauben, keinen Ausweg und keine Perspektive mehr zu haben. Auch dann helfen die Sterne weiter. Durch ihren Gleichgewichtspunkt sind sie mit den göttlichen Innenräumen verbunden, während ihr höheres Licht bis in unsere Raumzeit hineinreicht. Sterne sind die Leuchtpunkte, die von der höheren Existenz zeugen. Sie sind die sichtbaren Durchgangstore zur Ur-Lichtquelle. Sie sind die »Navigationssatelliten« der Seele, die uns weiterführende Impulse vermitteln. Nicht umsonst steht der Stern im Tarot für Glück, Hoffnung und Zuversicht. Wenn wir nach oben schauen und uns bewusst mit den Sternen verbinden, geht es uns schnell besser. Unser Verstand öffnet sich für die größere Ganzheit und unsere Seele wird durch die Weite des Kosmos genährt.

In den anderen Kapiteln haben wir die vielschichtigen Zusammenhänge zum Sternenlicht bereits dargelegt, sodass wir hier die wichtigsten Vorzüge nur noch summarisch zusammenfassen:

- Sternenlicht verbindet mit dem großen Ganzen, dem Kosmos.
- Sternenlicht erzählt uns die Geschichte des Universums.
- Sternenlicht erweitert unseren Horizont.
- Sternenlicht klärt und harmonisiert die Chakren.
- Sternenlicht erweitert die DNA und die Wahrnehmung.
- Sternenlicht erweckt brachliegende Bewusstseinsebenen.
- Sternenlicht erweckt kosmisches Bewusstsein.
- Sternenlicht erinnert die Seele an ihre ursprüngliche Ganzheit.
- Sternenlicht ist die äußere Verbindung zur inneren Ur-Lichtquelle, zu Gott.
- Sternenlicht bereitet den nächsten Schritt der Evolution vor.
- Sternenlicht taut die gefrorene 3D-Welt auf.
- Sternenlicht aktiviert den Lichtkörper.

Die Kohärenz des Sternenlichts ist der verborgene Faktor, der die Menschheit aus dem Raupenstadium in den des Schmetterlings, in den Lichtkörper führt. Die breite, kollektive Nutzung von Sternenlicht wird einen evolutionären Schub einleiten.

Sternenlicht erzählt uns die Geschichte unseres ursprünglichen, heilen und ganzen Selbst und führt uns wieder in diese Ganzheit. Durch Sternenlicht erwacht der Kosmos, die ungeteilte Ganzheit in jedem Einzelnen von uns. Auf der Basis von kohärentem Sternenlicht werden Mensch und Kosmos künftig auf natürliche Weise verknüpft, sodass das Ganze in jedem Teil erwacht und jeder Teil das Ganze harmonisch mitgestaltet. Dies ist genau die Beziehung, die eine holoenergetische Wirklichkeit charakterisiert. Deshalb ist die Integration von Sternenlicht der Schlüssel, wie man von einer getrennten, wir sagen hier »gefrorenen« Welt zur dynamischen Wirklichkeit eines fließenden multidimensionalen Superhologramms – dem Lichtkörper – wechseln kann.

Der Zustand der Erleuchtung, wie ihn die Mystiker beschreiben, ist gekennzeichnet durch die Verbundenheit mit allem, was ist. Es ist diese Verbundenheit, die im Superhologramm des Lebens durch die göttliche Ur-Lichtquelle als Referenzstrahl und durch die Kohärenz des Sternenlichts zum Ausdruck kommt. In unserem Innern ist es die göttliche Ur-Lichtquelle, welche die gesamte Einheit zusammenhält und ausmacht, und in der äußeren Welt ist das, was kohärent ist und auf uns wartet, das Sternenlicht. Es wartet auf jeden Einzelnen, um ihn zurückzuführen in die größere Einheit. Es wartet auch auf Sie! Durch Sternenlicht beginnt ein neues Abenteuer. Ein neues Kapitel wird im Buch des Lebens aufgeschlagen; ein Kapitel, an dem wir alle mitschreiben.

Ihr Stern und seine Botschaft

Es gibt eine faszinierende Methode, um herauszufinden, welcher Stern uns gerade am besten unterstützen kann. Hierzu geht man in einer klaren Nacht hinaus, möglichst auf dem Land, wo weniger Lichtquellen sind, und bewundert den Sternenhimmel. Und manchmal scheinen uns dabei gewisse Sterne regelrecht zuzublinzeln.

Als Kind war ich (Edwin) überzeugt, dass sich die Sterne durch ihr Funkeln untereinander und mit uns verständigen. Später erfuhr ich, dass dieses Blinzeln ein Effekt ist, der durch die Bewegungen der Luftmoleküle in unserer Atmosphäre zustande kommt. Das erklärt unter anderem auch, warum Sterne mit bläulichem Licht wie beispielsweise Sirius stärker funkeln als andere. Das blaue Licht hat eine kürzere Wellenlänge und interagiert stärker mit den Molekülen der Luft. Wiederum einige Jahre später erfuhr ich allerdings, dass das ganze Universum ein riesiges, intensivst vernetztes Lichthologramm ist, in dem auch eine Art Lichtkommunikation jenseits von Raum und Zeit stattfindet. Durch diese Erkenntnis der Quantenelektrodynamik konnte ich mich auf neuer, bewusster Ebene wieder mit meiner kindlichen Mystik verbinden.

Wenn wir also das Gefühl haben, dass ein Stern durch sein Funkeln zu uns spricht, können wir ihm zuhören. Die Bewegung der Luftmoleküle in diesem speziellen Moment könnte gar nicht so zufällig sein, wie es der rationale Verstand vermutet. In seinem Buch *Gehirn-Magie* beschreibt der Physiker Ulrich Warnke ein interessantes Paradox, das eine Konsequenz der Quantenelektrodynamik beziehungsweise der Wheeler-Feynman-Absorber-Theorie ist: Es handelt sich um den Widerspruch, dass das Licht von einem Stern aus unserer Sicht Jahre braucht, um zu uns zu gelangen, obschon das auf dem Stern befindliche Elektron, das eine Lichtwelle zu uns ausgesandt hat, im

Moment unserer Beobachtung augenblicklich »weiß«, was geschehen ist. Diese seltsame Vernetzung geht sogar so weit, dass man sagen kann, der Stern habe den Steckbrief der Lichtwelle auf den Empfänger zugeschnitten. Wenn wir das Licht eines Sterns betrachten, dann »weiß« dieser augenblicklich, wo wir uns befinden, und alle an diesem Wahrnehmungsprozess beteiligten Teilchen, wie beispielsweise die mit dem Sternenlicht interagierenden Luftmoleküle, »wissen« es auch!

Sie dürfen also darauf vertrauen, dass ein Stern, der Ihnen »zublinzelt«, momentan richtig für Sie ist. Es gibt aber auch noch andere Möglichkeiten, den gerade passenden zu finden.

Mit welchem Stern soll ich mich verbinden?

Dies ist eine der häufigsten Fragen, die uns gestellt wird. In der spirituellen Aufstiegsliteratur hat der Stern Arcturus diesbezüglich eine Sonderstellung. Er wird als Mittelstation oder »Transformator« für unser Sonnensystem bezeichnet. Es heißt, er sei die erste Schwelle für die Reise über die Zeitzonen unseres Bewusstseins hinaus. Wie dem auch sei: Ich habe, noch bevor mir dieses Konzept der Mittelstation bekannt war, aus einem rein intuitiven Impuls heraus den allerersten Sternenlichtkristall mit dem Licht von Arcturus energetisiert. Unsere praktischen Erfahrungen zeigen zudem, dass diese Sternqualität tatsächlich ein guter Einstieg ist. Wer in sich den Ruf der Sterne spürt, aber keinerlei Idee hat, mit welchem Stern er sich verbinden soll, dem empfehlen wir Arcturus.

Im Laufe der Jahre haben wir durch besondere Kundenwünsche auch Sterne kennengelernt, mit denen wir uns sonst nicht beschäftigt hätten. Einige davon hatten nicht einmal einen Namen, sondern lediglich eine von den Berufsastronomen zugeteilte Sternkatalognummer. Durch diese speziellen Aufträge sind wir zu neuen Erlebnissen und Erfahrungen gekommen und das kosmische Lichtnetz hat sich erweitert.

Außer der direkten Kontaktaufnahme am Himmel gibt es noch andere Wege, wie Sie »Ihren Stern« entdecken können.

- Über die Sterneigenschaften und die entsprechende Tabelle
- Über Berührungsresonanz
- Über den Sternnamen
- Über ein Kartenset, bildhaft oder verdeckt

Finden Sie Ihren Stern mithilfe der Sterntabelle

Sie finden die Tabelle mit den Sterneigenschaften auf Seite 221f. Darauf ist stichwortartig zusammengefasst, welche spezifischen Qualitäten den verschiedenen Sternen zugeschrieben werden. Suchen Sie anhand dieser Tabelle einfach aus, welcher Stern Sie in Ihrer gegenwärtigen Situation am besten unterstützen kann. Auch Carolines Beschreibungen im vorangehenden Kapitel können eine Hilfe sein. Wer bereits mit Sternenlichtkristallen arbeitet und schon eine Affinität zu seinem ersten Stern entwickelt hat, kann diesen auch fragen, welche Sternenschwingung sich als nächste eignet.

Finden Sie Ihren Stern über Berührungsresonanz

Eine hervorragende Möglichkeit, die passende Sternqualität zu wählen, ist die direkte Berührung von Sternenlichtkristallen. Hierzu können Sie entweder ein Komplettset erwerben, das neben dem Kartenset auch 13 verschiedene Sternenlichtkristalle enthält, oder Sie können die Energie der Kristalle in einem Laden oder bei einem Sternbringer erspüren, der über ein Muster-set verfügt. Um herauszufinden, zu welchem Stern Sie gerade am meisten Resonanz haben, halten Sie die Kristalle am besten an den Spitzen zwischen Daumen und Zeigefinger. Die Kristalle strahlen am meisten Energie über die Spitzen ab. Vertrauen Sie Ihrem Gespür und Ihrer Intuition.

Falls Sie zu mehreren Sternqualitäten eine Resonanz verspü-ren, empfehlen wir, mit jener Qualität zu beginnen, die Sie als die angenehmste empfinden. Sollten Sie gar nichts spüren, heißt das nicht, dass Sie unsensibel sind. Es kann gut sein, dass Stern-energien zurzeit kein Thema für Sie sind oder Ihr Zugang zu den Sternen über einen anderen Weg führt. Falls Sie bei jedem Sternenlichtkristall das Gleiche spüren, liegt Ihre Resonanzfä-higkeit vermutlich überwiegend auf der mineralischen Ebene des Kristalls. Dann sollten Sie einen der anderen hier beschrie-benen Wege wählen, »Ihren Stern« zu finden.

Finden Sie Ihren Stern nach dem Klang des Namens

Es kommt vor, dass jemand zum Namen eines Sterns eine starke Resonanz verspürt. Für dieses Phänomen gibt es verschiedene Erklärungen. Alle gut sichtbaren Sterne erhielten ihre Namen in längst vergangenen Zeiten. Um manche Sterne ranken sich My-then, die über Jahrhunderte weitergegeben wurden und so ver-mutlich Teil des kollektiven Unbewussten wurden. Ob man das als Archetyp oder morphogenetisches Feld bezeichnen will, mag dahingestellt sein. Jedenfalls gibt es Menschen, bei denen allein durch den Namen des Sterns etwas in ihrem Innern an-klingt. Um festzustellen, ob Sie über den Namen eine Resonanz zu einem bestimmten Stern haben, sprechen Sie diesen am bes-ten einige Male klangvoll aus und lauschen in den inneren Bereich zwischen Hals und Ohren hinein. Auf dieser inneren Schwingungsebene vernehmen Sie auch die Engel.

Finden Sie Ihren Stern mithilfe des Kartensets

Das Kartenset, das wir anbieten, enthält die Möglichkeit, entweder verdeckt – mit einer Frage im Sinn – eine Karte zu ziehen oder aufgrund der Bilder einer der 13 Sterne auszuwählen. Vertrauen Sie auch hier auf die Resonanzgesetze. Bei beiden Methoden haben wir insbesondere auf Messen immer wieder gestaunt, wie verblüfft die Menschen waren, als sie die Beschreibung zur ausgewählten Karte lasen. Oft sagten sie: »Das passt ja perfekt, genau diese Unterstützung brauche ich gerade!«

Wie heißt Ihr Stern?

Wenn Sie unter freiem Himmel einen Stern entdeckt haben, der Sie besonders anspricht, ist es nützlich, seinen Namen zu kennen. Dann können Sie bei Meditationen, die Sie zu Hause machen, innerlich mit dem Stern in Kontakt treten und seine Lichtenergie durch die Erinnerung in sich reaktivieren. Das funktioniert ähnlich, wie wenn Sie an den Namen einer gewissen Person denken, um mit dieser geistig in Verbindung zu treten. Mit dem Stern geht das sogar noch besser, denn wenn Sie sein Licht einmal bewusst direkt empfangen und intensiv in sich aufgenommen haben, ist diese Information im Körper gespeichert.

Um den Namen Ihres Sterns herauszufinden, brauchen Sie eine Sternkarte. Noch einfacher geht es mit einem modernen Handy und einer entsprechenden Software wie »MicroSky« oder »Google Sky Map« für Android-Nutzer. Für iPhone-User gibt es »GoSkyWatch«, »Star Walk« oder »StarMap«. Diese Apps kann man für wenige Euro aus dem Internet herunterladen. Moderne Mobiltelefone mit integriertem Kompass erkennen per GPS-Satellit den Standort selbständig. Sie müssen Ihr Handy nur noch exakt geradeaus und schön senkrecht zur Blickrichtung vor sich in Richtung des Sterns halten und schon sagt Ihnen das Gerät, wie er heißt.

Falls Sie mit einer Sternkarte arbeiten, empfehlen wir Ihnen ein drehbares Modell, das den jeweils sichtbaren Himmelsausschnitt bezüglich der aktuellen Uhr- und Jahreszeit anzeigt. Sie erhalten sie im STARCON-OnlineShop, auf einschlägigen Astronomiewebseiten oder bei entsprechenden Verlagen. Eine aufklappbare Faltkarte, die den ganzen Nord- und Südhimmel abbildet, ist für den ungeübten Laien ungeeignet. Bei drehbaren Modellen sehen Sie anhand der Horizontblase, was gerade am Himmel zu sehen ist. Zum Lesen der Karte eignet sich eine Taschenlampe mit rotem Licht. Das erleichtert die Dunkeladaption der Augen. Es kostet etwas Zeit, sich einzuarbeiten und genügend Sicherheit zu gewinnen. Man muss die Himmelsrichtungen kennen und sich dann anhand der Horizontblase auf der Drehkarte ins Bild setzen. Ferner ist es von Vorteil, wenn man weiß, wo sich die wichtigsten Planeten befinden, damit man keine falschen Schlüsse zieht. Die Planeten sind auf der Sternkarte nicht eingezeichnet, da sie ihre Position im Laufe des Jahres verändern. Wo sie sich jeweils befinden, können Sie zum Beispiel auf *www.astronomie.ch* oder auf den Webseiten der meisten Sternwarten erfahren. Es gibt im Internet auch Planetarium-Software, die Sie kostenlos auf Ihren PC herunterladen können. Solche Programme zeigen Ihnen den aktuellen Himmel inklusive Planeten und Mond an.

Wenn Sie die Tücken der Technik meiden und lieber traditionell vorgehen möchten, empfehlen wir neben der drehbaren Sternkarte den Erwerb des *Astronomischen Jahrbuches*. Darin

finden Sie neben vielen nützlichen Tipps sämtliche Himmels-
ereignisse, Planetenstellungen, Mondphasen und so weiter.
Achten Sie darauf, dass Sie die Ausgabe des aktuellen Jahres verwenden.

Einladung zur persönlichen Erfahrung

Es löst bereits etwas in einem Menschen aus, wenn er sich bewusst auf einen Stern ausrichtet. Öffnet er sein Gewahrsein über
die Erde hinaus, empfängt das Bewusstsein einen überpersönli-
chen, kosmischen Anstoß. Durch das Sternenlicht stellen Sie
Ihrem System ein höheres Licht und eine weitere Entwicklungsebene zur Verfügung.

Die Kohärenz des Sternenlichts hat eine ordnende, harmoni-
sierende Wirkung. Da jeder Stern ein einzigartiges Lichtspektrum hat, stoßen die verschiedenen Sterne jeweils etwas anderes
in uns an. Bei einigen Sternen erkennt man den Unterschied des
Lichts schon mit bloßem Auge. Arcturus leuchtet orange, Capella gelblich, Sirius blauweiß. Probieren Sie es aus!

Wenn Sie sich auf Ihren Stern ausgerichtet haben, begrüßen
Sie ihn innerlich als ein Lichtwesen, das über eine einzigartige
Individualität verfügt. Machen Sie sich bewusst, dass der Gleichgewichtspunkt des Sterns ein Durchgangstor ist, das Sie mit der
göttlichen Ur-Lichtquelle, mit Gott, verbindet, während sein äußeres Licht, das die Raumzeit erschafft, diese gleichzeitig überbrückt. Sie können dieses Paradox durch die Art und Weise, wie
Sie den Stern anschauen, in gewisser Weise erleben. Wenn Sie
von Ihrem »Ich« hinaus zum Stern blicken (vom Ich-Punkt
nach außen), so erleben Sie die Entfernung, die Distanz. Wenn
Sie das Licht im Sinne empfänglichen Schauens (von der Peripherie nach innen) in sich aufnehmen, so erleben Sie kosmi-

sches Gewahrsein und Verbundenheit. Das Licht überbrückt dann den Raum, den es vom Punkt nach außen erschafft.

Sternenlicht einatmen

Die einfachste Variante, mit den Sternen in Verbindung zu treten, besteht darin, ihr Licht bewusst einzuatmen. Als ich einst am Schluss eines Vortrags die Zuhörer aufforderte, sie sollten doch, wenn sie einmal in den Bergen sind, nachts hinausgehen, sich einen Fixstern am Himmel aussuchen und sein Licht tief in sich einatmen, meldete sich eine Peruanerin zu Wort. Sie erzählte, dass man genau dies in ihrem Heimatort heute noch tut. Es gibt dort jährlich sogar ein spezielles Fest, an dem das ganze Dorf sich auf diese Weise mit den Sternen verbindet. In unseren Breiten, wo man die Sterne wegen des feuchteren Klimas und dem Lichtsmog der Städte zunehmend seltener sieht, empfehlen wir, jene seltenen Gelegenheiten, die sich anbieten, jeweils für diese Übung zu nutzen.

Übung 1: Sternenlicht einatmen
Sternenlicht einzuatmen ist kinderleicht und kostet nichts. Atmen Sie das Licht des Sterns einfach nur bewusst in sich hinein und bringen Sie es mithilfe Ihrer Vorstellungskraft und Ihres Atems in jede Zelle Ihres Körpers. Füllen Sie sich regelrecht auf mit dem Sternenlicht.

Sternenlicht durch die Chakren atmen

Dies ist eine ausführlichere Übung zur Klärung und Harmonisierung der Chakren. Sie ist für draußen in einer warmen Nacht gedacht, zum Beispiel in den Ferien am Strand oder an einem anderen ungestörten Ort. Je weniger Umgebungslicht es hat, desto besser.

Übung 2: Sternenlicht durch die Chakren atmen

Sie können diese Übung stehend oder im Liegen ausführen. Wenn Sie einen geeigneten Ort gefunden haben, schauen Sie zunächst in den Nachthimmel und betrachten Sie ihn einige Minuten staunend wie ein Kind. Wählen Sie dann einen gut sichtbaren Fixstern aus, der Ihnen gefällt. Begrüßen Sie den Stern innerlich als ein Lichtwesen, das wie unsere Sonne neben seiner äußerlich sichtbaren Lichtausstrahlung auch über eine einzigartige innere Individualität verfügt. Machen Sie sich bewusst, dass der Kern des Sterns Sie mit der göttlichen Ur-Lichtquelle verbindet und sein äußeres Licht Ihren Horizont um Lichtjahre erweitert.

Nutzen Sie Ihren Atem und Ihre Vorstellungskraft, um das Licht des Sterns gezielt durch die einzelnen Chakren ein- und auszuatmen. Beginnen Sie unten beim Wurzelchakra. Es liegt dort, wo die Beine am Unterleib zusammentreffen. Achten Sie darauf, dass das Licht Ihres Sterns diesen Bereich gut erreicht. Verändern Sie allenfalls Ihre Lage oder Ausrichtung, damit das Sternenlicht direkt in das Wurzelchakra einströmen kann. Atmen Sie das Sternenlicht zwölf Mal durch dieses Chakra ein und aus und stellen Sie sich dabei vor, wie sich der Bereich rund um Anus, Damm und Genitalien mit Sternenlicht erfüllt und sich das Wurzelchakra harmonisiert.

Wiederholen Sie dasselbe beim Sakralchakra. Es liegt etwas unterhalb der Gürtellinie zwischen dem Wurzelchakra und dem Bauchnabel. Atmen Sie das Sternenlicht zwölf Mal durch das Sakralchakra ein und aus und stellen Sie sich dabei vor, wie sich Ihr Unterbauch und der untere Rücken mit Sternenlicht auffüllen und sich Ihr Sakralchakra harmonisiert.

Gehen Sie in dieser Weise weiter zum Solarplexuszentrum, das unterhalb des Brustbeins liegt, und atmen Sie hier das Sternenlicht zwölf Mal ein und aus.

Machen Sie das Gleiche beim Herz-, beim Hals- und beim Stirn-chakra, sie liegen jeweils genau dort, wo der Name es vermuten lässt. Harmonisieren Sie auch diese Zentren mit Sternenlicht, das Sie direkt vom Stern kommend mithilfe Ihrer Vorstellungskraft durch diese Chakren ein- und ausatmen.

Falls Sie sich hingelegt haben, sollten Sie sich beim Scheitelchak-ra eventuell aufsetzen oder aufstellen, damit Sie das Sternenlicht auch über dieses Chakra oben auf dem Scheitel zwölf Mal direkt ein- und ausatmen können. Vergessen Sie nicht, sich dabei gründ-lich zu verwurzeln.

Stellen Sie sich zuletzt vor, wie Sie sich im Erdmittelpunkt oder Erdenkristall bewusst verwurzeln, und beginnen Sie, das Sternen-licht über Ihr achtes Chakra ein- und auszuatmen. Es befindet sich etwa 20 Zentimeter über dem Scheitel.

Lassen Sie die Übung noch etwas in sich nachklingen, bevor Sie sie auf Ihre Weise beenden, oder Sie fahren fort mit einer der fol-genden Erweiterungen.

Erweiterung zu Übung 2: Trinität

Wenn Sie mit Übung 2 schon vertraut sind, können Sie sie an-schließend erweitern. Stellen Sie nach dem achten Chakra auf eine bipolare Atmung um, derart, dass Sie in Ihrer Vorstellung Sternen-licht über das achte Chakra hinunter ins Herzchakra atmen, wäh-rend Sie gleichzeitig kristalline Erdenergie von unten ins Herzcha-kra hochatmen. Beim Ausatmen visualisieren Sie eine Lichtkugel in Ihrem Herzchakra, die allmählich größer und heller wird. Stellen Sie sich beim bipolaren Einatmen vor, wie Sie durch den Atem den Kristall im Zentrum der Erde und den Stern am Himmel zu sich hin atmen, sodass beide Ihnen mit jedem Atemzug etwas näher kom-men. Beim Ausatmen wird die Lichtkugel im Herzchakra immer größer und heller. Auf diese Weise nähern sich Erdenkristall und Stern immer mehr an, und es bildet sich eine wundervolle Licht-sphäre um sie herum, deren Kern in Ihrem Herzen liegt.

Fahren Sie damit fort, bis Sie den riesigen Erdenkristall zu sich hoch- und den Stern zu sich heruntergeatmet haben und Sie sich nunmehr mitten in einem großen imaginären Sternenlichtkristall befinden. Zusammen mit der inzwischen über Ihren Körper hinaus ausgedehnten Lichtsphäre Ihres Herzens symbolisiert das Ganze den kosmischen Lichtkörper feinstofflich kristalliner Materie und die Trinität aus Vater (Himmel/Stern), Mutter (Erde/Kristall) und Sohn (Christus).

Bleiben Sie einige Minuten in der Energie dieser Trinität, indem sie Ihren Atem nun ganz natürlich fließen lassen und sich dieser größeren Einheit mit einem Gefühl der Dankbarkeit für das Leben hingeben.

Sternenlicht ins Meer leiten

Das Wasser ist die kondensierte Verbundform der Gase Wasserstoff und Sauerstoff, die vom Kosmos und den Sternen stammen. Sternenlichtenergie, die Sie in sich spüren, ist in Resonanz mit dem Wasser des Meeres, das sich auf einer tieferen und mehr verdichteten »Oktave« befindet. Daher lassen sich Sternenergien besonders gut ins Meer leiten. Haben Sie Übung 2 am Strand gemacht, lässt sich gut die folgende anschließen. Diese Übung kann sehr inspirierend sein. Folgen Sie Ihren eigenen Impulsen und halten Sie vielleicht Papier und Stift bereit, damit Sie Ihre Eingebungen hinterher gleich notieren können.

Erweiterung von Übung 2: Im Meer

Wenn Sie in den Ferien am Meer sind, können Sie diese Erweiterung ebenfalls an Übung 2 anschließen:
Begrüßen Sie das Meer vom Strand aus und gehen Sie langsam ins Wasser. Verbinden Sie sich mit dem Meer in dem Bewusstsein, dass es der Ursprung des Lebens auf der Erde ist. Gehen Sie bis

zum Herz- oder Halschakra ins Meer hinein, sodass Sie noch frei atmen können und Ihnen die Wellen nicht ins Gesicht schlagen. Bewegen Sie sich ganz langsam durch das Wasser und stellen Sie sich dabei vor, wie das Meerwasser Ihre Chakren durchspült, gleich einem Schwamm, der von der Strömung durchflutet wird. Das Salzwasser reinigt ihre Chakren und leitet störende Energien ab. Bringen Sie dem Meer für diesen Dienst ein Gefühl der Freude entgegen und leiten Sie zum Dank Sternenlicht, das Sie über das achte und siebte Chakra aufnehmen, ins Wasser. Transformieren Sie auf diese Weise kosmische Lichtenergie für einige Minuten lang ins Meer und verbinden Sie sich geistig mit den Delfinen und Walen. Sie werden auch die Engel der Meere genannt, da sie ebenfalls spirituelle Energien im Wasser verankern und die Geschichte der Erde bewahren.

Sternenlichtmeditation an besonderen Plätzen

Wenn man direkt mit Sternenlicht meditieren will, braucht es geeignete äußere Bedingungen. Städte eignen sich kaum, da es hier zu viel störendes Fremdlicht gibt und man die Sterne kaum noch sieht. Am besten geht es irgendwo auf dem Land. Zudem sollten milde Temperaturen herrschen.

Mithilfe von Sternenlichtkristallen kann man kosmische Energie auch tagsüber verankern. Am besten tut man dies an Kraftplätzen oder Meridianpunkten der Erde. Alles, was an solchen Punkten stattfindet, entfaltet eine verstärkte Wirkung auf unserem Planeten. Man kann das mit den Meridianpunkten des Menschen vergleichen. Wird eine Energie an einem Meridianpunkt eingegeben, wird sie durch das ganze System transportiert und verteilt. Viele dieser Kraftpunkte der Erde sind in einem polaren Bewusstsein verankert. Oft haben frühere Machthaber ihre Burgen, Schlösser oder Kirchen darauf errichtet. Sternenlicht kann helfen, diese Plätze in einem neuen kosmischen Bewusstsein zu verankern, das über die Dualität der dritten Dimension hinausgeht.

Auch Gewässer wie Seen, Flüsse oder Bäche können genutzt werden, um die kosmischen Schwingungen auf der Erde zu verteilen. Ausgezeichnet sind Thermen, wo man es trotz kühler Nächte warm hat und die kosmische Energie gut verteilen kann. Als ich (Edwin) 1986 im Esalen-Institut an der Big-Sur-Küste die ganze Nacht in der Therme lag und die Sterne bestaunte, hatte ich dieses Bewusstsein noch nicht. Wunderbar und unvergesslich war das Erlebnis aber allemal.

Vor einigen Jahren war ich im Winter ein Wochenende im Wallis in Leukerbad, wo man bis 20 Uhr unter freiem Himmel im Thermalbad sein kann. Trotz des Umgebungslichts sah man nach Einbruch der Dunkelheit einige helle Sterne recht gut. Die Gemeinde liegt auf 1400 Metern Höhe. Das Sternenlicht muss also durch 1,4 Kilometer weniger Luft hindurch, als wenn man sich auf Meereshöhe befindet. Das Außenbecken des Thermalbades hatte einen Liegerost, und so konnte ich im warmen Wasser liegend, den Nacken bequem auf dem abgerundeten Beckenrand, wunderbar Sternenlicht in mich aufsaugen und ins Wasser leiten – ganz ohne Genickstarre.

Thermen sind Kraftquellen der Erde. Man kann sie nicht nur als Energielieferant oder zum Entspannen und Kuren nutzen, sondern auch, um neue Ideen und Impulse in die Welt zu tragen. Vom Esalen-Institut an der Big-Sur-Küste gehen beispielsweise seit den 1960er-Jahren die wichtigsten Impulse für neues Denken und neues Bewusstsein in die Welt. Viele New-Age-Denker, Lehrer, Therapeuten, Wissenschaftler, Künstler und Musiker haben dort Vorträge gehalten, in Kursen unterrichtet oder Konzerte gegeben. Es gibt kaum jemanden unter den großen Pionieren, der nicht an diesem Hot Spot war. Natürlich braucht es für einen solchen Erfolg mehr als nur eine heiße

Quelle. Das Esalen-Institut hat neben der wunderbaren Lage direkt am Meer auch die richtigen Förderer und fähige Leute gehabt. Es ist dennoch bemerkenswert, dass die stärksten ganzheitlichen Bewusstseinsimpulse ausgerechnet von einem Platz ausgehen, bei dem man in der heißen Therme sitzend dem Rauschen des Meeres zuhören und den Sternenhimmel bewundern kann.

Sternenlichtmeditation in den Bergen

Hochgelegene Plätze haben den Vorteil, dass das Sternenlicht durch weniger Luft hindurch muss und somit weniger stark gestreut wird. Mit anderen Worten: Je höher ein Ort liegt und je trockner die Luft ist, desto besser ist die Kohärenz des Sternenlichts. Allerdings kann die Temperatur in den Bergen nachts auch im Sommer unter den Gefrierpunkt fallen, sodass man dicke Kleidung benötigt, die wiederum gewisse Nachteile hat.

Doch auch wenn es für längere Meditationen zu kalt sein sollte, lohnt es sich auf jeden Fall, in den Sternenhimmel zu schauen. Die richtig kalten Nächte sind sogar besonders gut, da sich die Luftmoleküle weniger bewegen. Je nach Meereshöhe und Grad der Dunkelheit werden Sie erstaunt sein über die riesige Anzahl Sterne, die in den Bergen sichtbar sind. Auch wenn man sich schon recht gut auskennt am Himmel, braucht man unter solch optimalen Bedingungen etwas länger, um sich zu orientieren, weil man hier unglaublich viele Sterne sieht.

Berge wirken wie Antennen, die kosmische Energien verankern. Der Grund für die hohe Spiritualität der Bergvölker liegt nicht nur in ihrer Abhängigkeit von der harschen Natur. Berge strahlen auch Kraft aus, die sie vom Kosmos aufgenommen haben. Wer schon einmal eine sternenklare Nacht im hochalpinen Gebirge verbracht und den Himmel bestaunt hat, weiß, wovon wir sprechen. Der Anblick abertausender Sterne bei größter Dunkelheit und unglaublicher Stille hat etwas geradezu Magisches an sich. Man fühlt sich in eine zeitlose Dimension entführt und staunt wieder wie ein Kind. Eine solche Erfahrung ist in den zivilisierten Niederungen kaum erlebbar.

Sternenlichtmeditation in der Wüste

Eine andere Möglichkeit, den Zauber eines prächtigen Sternenhimmels in sich aufzunehmen, ist die Wüste. Doch Vorsicht: Auch hier kann es in der Nacht sehr kalt werden.

Als ich (Edwin) in meinen Zwanzigern war, hatte ich eine Tunesienreise gebucht. Im Angebot dabei war auch ein Wüstentrip mit einer Übernachtung im Beduinenzelt. Die kleine Oase war abgelegen und praktisch unbewohnt. Außer Toiletten, den Zelten und ein paar Beduinen, die mit den Touristen auf Kamelen um die Oase ritten, gab es dort nichts, nicht einmal Elektrizität. Dafür aber war der Sternenhimmel umwerfend. Der Grund für die gute Sicht ist neben der Dunkelheit die trockene und nachts kalte Luft.

Jahre später erfuhr ich, dass die meisten Sternnamen aus dem Arabischen stammen. Das ist auch der Grund, warum viele mit »Al« beginnen: Aldebaran, Alcyone, Almach, Alhena, Algol, Alnilam, Alnitak, Altair … oder El Nath, der auf manchen Karten Alnath heißt. Auch astronomische Begriffe wie Zenith, Nadir oder Azimut stammen aus dem Arabischen. Ebenso die drei Weisen, die als Sterndeuter Christi Geburt vorhergesehen und sich auf den Weg zu ihm gemacht hatten. Wenn man weiß, wie viele Wüsten es im arabischen Raum gibt und wie gut man dort nachts die Sterne sieht, wundert einen all das nicht mehr.

Sollten Sie einmal eine Reise in die Wüste unternehmen, vergessen Sie nicht, den Sternenhimmel zu bewundern. Je nach Breitengrad werden mehr südliche Sterne als bei uns sichtbar sein. Falls der Wüstensand aus Quarz besteht, können Sie ihn bewusst in die Sternenlichtmeditation mit einbauen. Quarz ist hervorragend geeignet, Sternschwingungen aufzunehmen. Natürlich macht das die Wüste seit Jahrtausenden auch von selbst. Aber sie ist sich dessen nicht bewusst. Es ist jedoch genau die bewusste Absicht, die den Unterschied ausmacht und zur Entfaltung des Lichtkörpers beiträgt.

Meditationsübungen für zu Hause

Die nachfolgenden Sternmeditationen stammen von Caroline und sind aus ihrer Erfahrung und Fantasie entstanden. Da jeder Stern und jeder Mensch einzigartig sind, sind auch die individuellen Vorlieben und Wirkungen unterschiedlich. Wir möchten Sie ermutigen, Ihre eigenen Erfahrungen zu sammeln und die Übungen gegebenenfalls Ihren Impulsen entsprechend zu ändern, abzukürzen oder zu erweitern.

Diese sternspezifischen Übungen können ohne Sternenlicht oder Sternenlichtprodukte ausgeführt werden. Sie eignen sich zum Beispiel, wenn der Himmel bewölkt ist oder es Ihnen draußen zu kalt ist. Natürlich ist es von Vorteil, wenn Sie die Lichtschwingung zuvor bereits einmal direkt vom Himmel oder über einen Sternenlichtkristall in sich aufgenommen haben. Dann kann Ihr Körper diese Qualität erinnern und reaktivieren. Dies ist aber nicht zwingend erforderlich. Falls Sie keine Gelegenheit hatten, Sternenlicht direkt zu nutzen, und auch keinen Sternenlichtkristall haben, können Sie diese Übungen trotzdem praktizieren. Über den Namen des Sterns wird das morphogenetische Feld angezapft und Sie kommen auf diese Weise indirekt mit ihm in Berührung.

Klare Nächte gibt es in Mitteleuropa durchschnittlich nur etwa 50 pro Jahr. Nächte mit Vollmond sind nicht optimal, da der Himmel zu stark erhellt ist. Sternenlicht ist hierzulande also ein relativ seltenes und wertvolles Gut. Nutzen Sie es, wann immer Sie können!

Sternmeditationen: Allgemeines

Die Meditationen können im Liegen oder im Sitzen ausgeführt werden. Wichtig ist eine gute Erdung, indem Sie sich zum Beispiel vorstellen, dass Wurzeln aus Ihren Füßen oder Ihrer Wirbelsäule wachsen, die sich in der Erde verankern. Damit Sie sich gut behütet und geschützt fühlen, können Sie jeweils zu Beginn der Übung eine Lichthülle um Ihren Körper visualisieren.

Beginnen Sie jeweils mit einigen tiefen Atemzügen, wobei die Luft bis in den Unterbauch fließt. Lassen Sie beim Ausatmen die Gedanken des Alltags los, damit Ihr Kopf frei wird. Wenn neue Gedanken kommen, lassen Sie sie einfach vorbeiziehen und ärgern sich nicht, falls sie doch erneut auftauchen. Wenn Sie Schwierigkeiten beim Visualisieren haben und keine inneren Bilder sehen können, denken Sie die Dinge einfach mental.

Die Sternmeditationen sind in der Du-Anrede gehalten. Da es eher lange Meditationsreisen sind, empfiehlt es sich, die Texte aufzunehmen, um sie nachher abspielen zu können. Noch schöner ist es, wenn man sich von jemandem durch die Meditation führen lässt.

Meditation mit dem Stern Arcturus

Geh in deiner Vorstellung nach draußen in die Natur und wähle dir eine schöne Wiese aus, die du kennst und auf der du dich wohlfühlst. Das kann irgendwo auf der Erde sein.

Leg dich auf die noch sonnengewärmte Wiese und schau zum Sternenhimmel über dir. Lade den Stern Arcturus ein, mit dir zu kommunizieren.

Es dauert nicht lange, bis sich die Sterne vom Sternbild Bootes einem fliegenden Teppich gleich nähern, sich um dich scharen, deinen Körper in ein Lichtgewand hüllen und dich dann sorgsam hochheben. Es geht immer höher hinauf, und mit jedem Meter, den du höher schwebst, fühlst du dich leichter und lichter.

Nach einer Weile in diesem schwebenden Zustand erscheint vor dir ein wunderbares Sternwesen. Es schaut dich zärtlich an und nimmt dich liebevoll in seine Arme. Das Arcturus-Sternenwesen begleitet dich in einen wunderschönen Raum voller Licht. Es kommen noch mehr liebevolle, zarte Wesen in diesen Lichtraum. Sie bieten dir an, dich mit einem Lichtwedel aus Sternenlichtfünklein äußerlich und innerlich zu reinigen. Du nimmst ihr Angebot dankbar an und genießt diese wohltuende Reinigung. Die Lichtwedel der Sternwesen durchdringen deinen Körper mühelos und reinigen und vitalisieren jede Arterie, jede Vene und jedes Organ. Die reinigenden Arcturus-Lichtfünklein fließen in deinen Kopf, in jede Zelle und jede Drüse. Sie fließen in deinen Hals und in deine Schultern und durchlichten dort Verspannungen. Jede Last wird von den reinigenden Arcturus-Funken aufgelöst und in Lichtenergie verwandelt. Der Lichtstrom fließt in deine Arme und bis in die Fingerkuppen. Deine Arme und Hände werden ganz leicht und lichterfüllt. Das funkelnde Arcturus-Licht fließt weiter in deinen Rumpf und kommt in jede Zelle und in jedes Organ. Da, wo noch Ablagerungen und Belastungen sind, wird das Sternenlicht noch besonders lange und intensiv seine reinigende Wirkung tun.

Nun fließt das Licht in deine Beine, in deine Knie und in die Füße bis in die Zehenspitzen hinunter. Das Arcturus-Licht löst auch dort jede Verkrampfung oder Stauung. Du spürst dich lichtdurchflutet und ganz erneuert. Wie ein Sternenwesen, das aus seinem inneren Licht in die Welt hinaus leuchtet. Ja, das bist du wirklich: ein Sternenkind! Die Atome deines Körpers wurden tatsächlich im Innern der Sterne »gebacken«.

Erfüllt von Sternenlicht trittst du wieder vor jenes Arcturus-Sternenwesen, das dich anfangs hier begrüßt hat. Voller Zuneigung schließt es dich nochmals in die Arme. Es teilt dir mit, dass du jederzeit wieder auf Besuch kommen kannst – wann immer du willst. Es flüstert dir ins Ohr, dass du viel Wasser trinken sollst, damit alles, was sich lösen durfte, aus dem physischen Körper ausgeschwemmt werden kann. Du freust dich riesig über die Reinigung und Klärung deines Wesens und verneigst dich dankend, während du dich verabschiedest.

Und schon sind wieder die Sterne des Sternbilds Bootes in Form eines Winddrachens vor dir. Sie heben dich wie auf einen fliegenden Teppich und segeln mit dir geruhsam in Richtung Erde, wo sie dich zu deinem wunderschönen Platz auf der Wiese bringen. Sorgsam und voller Liebe legen sie dich wieder auf Mutter Erde.

Lass deine Erfahrung noch etwas nachwirken, bevor du dir wieder deines physischen Körpers bewusst wirst und dich langsam bewegst und streckst. Wenn es dir schwerfällt, zu»landen«, hilft es, wenn du deine Füße und Hände bewegst und dann deine Knie zu reiben beginnst. Herzlich willkommen auf dem wundervollen Planeten Erde!

Meditation mit dem Stern Capella

Stell dir vor, wie du in warmem Wasser liegst. Das kann in einer Badewanne, einem Thermalbad oder draußen in einem seichten, warmen Fluss oder einem See sein. Du liegst ganz entspannt und gelöst und fühlst dich wohl und gut aufgehoben. Sanfte Wellen streicheln deine Haut, als du bemerkst, dass das Wasser richtig glitzert und funkelt. Es hat eine sehr belebende und erfrischende Wirkung auf dich.

Neugierig schaust du, woher dieses Licht kommt, das in einem kräftigen, warmen Gelb das Wasser erleuchtet. Es stammt von einem hellen Stern, der direkt über dir ist und seinen Sternenglanz in das Wasser fließen lässt. Es ist der Stern Capella, der nun ganz deine Aufmerksamkeit in seinen Bann zieht. Denn je mehr du dich auf ihn einstimmst, umso kräftiger lässt er sein Licht leuchten.

Es dauert nicht lange und du erkennst in diesem behütenden, umsorgenden Licht ein liebevolles Sternenwesen, das mit dir kommuniziert. Es lädt dich ein, an deine Familie zu denken; vor allem an jene Mitglieder, mit denen du etwas klären möchtest oder zu denen du die Familienbande stärken möchtest. Vielleicht fällt dir sofort jemand ein oder du benötigst etwas Zeit, bis dir eine oder mehrere Personen in den Sinn kommen. Es kann auch deine ganze Familie sein, inklusive Menschen, die bereits verstorben sind. Wenn du jemanden oder einige in deiner Aufmerksamkeit hast, dann richte deine Augen auf das Wasser, in welchem du liegst, und dann wieder auf den Stern Capella.

Das Sternwesen freut sich über deine Ausrichtung und darüber, dass du die Möglichkeit, die es dir bietet, dankbar annimmst. Es fordert dich auf, etwas von diesem Sternenlichtwasser zu deiner Familie oder an einzelne Mitglieder zu senden. Lass ihnen in deiner Vorstellung so viel Sternenlichtwasser zufließen, wie du willst, denn es fließt vom Stern unaufhörlich immer wieder nach. Vor deinem inneren Auge siehst du, wie das jeweilige Familienmitglied vom Sternenlichtwasser sanft streichelnd umhüllt wird – immer wieder, bis du ein anderes Familienmitglied mit Sternenlichtwasser umhüllen willst. Lass dir genügend Zeit, jedem genügend Sternenlichtwasser zukommen zu lassen und jedes Mal zu erleben und nachzuspüren, was geschieht.

(5 Minuten Stille)

Wenn du dann für heute genügend Sternenliebe an deine Familie gesendet hast, dann geh mit deiner Absicht wieder in dein Sternenlichtwasser und spüre, wie deine Haut es mit jedem Atemzug aufnimmt. Es dringt durch die Poren, und dein gesamter Körper wird damit gefüllt und genährt. Du fühlst dich regelrecht aufgetankt und belebt.

Das Capella-Sternwesen gibt dir zu verstehen, dass du jederzeit an dieser kosmischen Zapfsäule tanken kannst, für dich, deine Familie und auch für weitere Wesen, die du kennst. Auch wenn du eine spirituelle Idee hast, die du umsetzen möchtest, hilft dir das Sternenlichtwasser des Capella-Sternwesens dabei, dass die Idee in eine geeignete materielle Form fließen kann.

Mit einem dankbaren Blick zum Stern Capella verabschiedest du dich jetzt von diesem Sternwesen und bringst dein genährtes, aufgefülltes Empfinden allmählich wieder ins Hier und Jetzt. Nimm diese Kraft mit in deine Familie und in deinen Alltag.

Meditation mit dem Stern Spica

Geh in deiner Vorstellung aus dem Gebäude, in dem du dich befindest. Spaziere, bis du auf einen Waldweg kommst. Geh den Weg entlang, bis du auf eine kleine Waldlichtung gelangst. Der Boden ist mit weichem Moos überwachsen und du spürst das Bedürfnis, dich hinzulegen. Entspannt liegst du im weichen Moos, es riecht angenehm nach Waldboden, und du spürst eine starke Verbundenheit mit Mutter Erde, die dich trägt.

Richte nun deine Aufmerksamkeit gegen den Himmel. Am Firmament über dir leuchtet ein Stern ganz intensiv und einladend. Es ist der Stern Spica.

Vor Freude über deine Aufmerksamkeit beginnt er noch stärker zu funkeln. Du spürst, wie ein Aspekt von dir in Resonanz zu Spica geht und diese Resonanz mit jedem Atemzug zunimmt. Die Verbindung wird so intensiv, dass es deinen gesamten physischen Körper zu heben beginnt. Du schwebst über dem Waldboden und wirst immer höher getragen. Ganz sanft und behutsam trägt es dich immer höher, weiter in den Kosmos hinaus. Du reist durch die Galaxie, an anderen Planeten und Sternen vorbei. Du spürst, wie du getragen wirst und eingebettet bist im großen Ganzen.

Auf Spica wirst du von einem wunderschönen violetten Lichtwesen herzlich begrüßt. Es lädt dich ein, seine Welt kennenzulernen. Das Sternenwesen nimmt dich an der Hand und führt dich schwebend durch sein Reich.

(2 bis 10 Minuten Stille)

Und nun lädt dich das Spica-Sternwesen ein, auf einem Stuhl aus Licht Platz zu nehmen. Er schimmert in den schönsten Farben, wie ein Thron. Als du dich darauf setzt, kommt die Erinnerung zurück. Du fühlst dich ganz in deiner Kraft und weißt, dass du auf diesem Thron schon einige Male gesessen hast.

Dein Lichtbegleiter erzählt dir, dass dein Höheres Selbst – ein Teil von dir – nicht mit dir gegangen ist, als du dich entschieden hast, auf der Erde zu inkarnieren. Doch die Verbindung ist immer vorhanden. Es ist eine starke Verbindung, denn dein Höheres Selbst begleitet dich immer und unterstützt dich in jedem Moment deines Erdenlebens. Es arbeitet auf seine Weise an deiner Entwicklung und an eurer Wiedervereinigung.

Das Spica-Sternwesen ermutigt dich, wieder öfters auf deine innere Stimme zu hören, denn dadurch lebst du leichter und lichter. Es bietet dir eine reinigende, klärende Sternendusche an, die du gern annimmst. Kaum hast du innerlich zugestimmt, spürst du, wie dein Kopf zu kribbeln beginnt. Kopf, Hals und Nacken werden nun mit Sternenglanz durchflutet. Alle deine schweren Gedanken und Sorgen werden durch das Sternenlicht transformiert. Es kribbelt, reinigt und klärt deine Arme bis in die Fingerspitzen. Dein gesamter Rumpf und alle Organe werden von Trauer, Angst und Schmerz befreit. Dein Becken wird mit Sternenlicht geflutet, und das Kribbeln geht weiter in deine Beine und Füße bis in die Zehenspitzen. Alle Ansammlungen von Kummer und Schmerz lösen sich im Sternenlicht auf. Du fühlst dich klar und regeneriert. Du leuchtest aus dir selbst.

Voller Dankbarkeit für diese Klärung erhebst du dich dann von deinem Thron, um dem Sternenwesen von Spica deinen persönlichen Dank auszudrücken. Vielleicht sagst du etwas, verneigst dich demütig oder umarmst es. Du bist glückselig und in deiner vollen Kraft.

Nun nimmt dich das Lichtwesen von Spica wieder an der Hand, und du schwebst mit ihm voller Glück und Leichtigkeit zu deinem physischen Körper. Du bemerkst, dass er gar nicht weit weg ist und du mit deiner Aufmerksamkeit jederzeit wieder in Kontakt kommen kannst: mit deinem Höheren Selbst und mit dem liebevollen Sternenwesen von Spica. Dein Wunsch und deine Absicht können dich stets mit ihnen verbinden. Verweile noch ein oder zwei Minuten in dieser Ganzheit. Spüre deine wahre Größe und Kraft und das Geschenk, als Mensch auch Mitschöpfer zu sein.

Bedanke dich dann innerlich für dieses Geschenk und richte deine Aufmerksamkeit auf deinen regenerierten, lichtdurchfluteten Körper. Bewege langsam deine Füße und Beine und komm allmählich ins Hier und Jetzt zurück.

Weitere Meditationsübungen mit anderen Sternen können Sie als PDF-Datei im STARCON-OnlineShop herunterladen.

Der STARCON-Lichtkörperprozess

Kommen wir zum Abschluss speziell auf den STARCON-Lichtkörperprozess zu sprechen. Darin verbinden wir uns schrittweise mit 13 Sternen, die bereits näher behandelt wurden – Sie erinnern sich sicher an die berührenden Schilderungen von Caroline. Die unterschiedlichen Lichtspektren dieser 13 Sterne sprechen verschiedene Themen und Ebenen an, die durch die Sternenlichtintegration erhellt, geklärt und harmonisiert werden. Der Prozess kann auf drei verschiedene Arten durchlaufen werden:

- Zu Hause, indem Selbstanwender vor allem über die Chakren arbeiten
- In Form von 13 Sternenlichtbehandlungen als Einzelsitzungen
- In Form einer Grundausbildung mit zwölf Fortbildungsmodulen

Als natürliches Hilfsmittel verwenden wir spezielle doppelendige Kristalle, die an der STARCON-Sternwarte per Teleskopverfahren physikalisch mit Sternenlicht energetisiert worden sind. Die Sternenlichtkristalle dienen als Mittler, um die höheren Lichtschwingungen der Sterne auf den Menschen zu übertragen.

Die Verteilung der kosmischen Lichtinformation im Körper erfolgt über das Chakren- und Meridiansystem beziehungsweise über die axiatonalen Linien, die entlang der Akupunkturmeridiane verlaufen. Über diese Energiebahnen war der Mensch ursprünglich mit dem Kosmos verbunden. Doch durch den luziferischen Aufstand wurden einige Evolutionssysteme zwecks Schadensbegrenzung von diesem kosmischen Kreislaufsystem getrennt und zur Läuterung dem Karmazyklus unterworfen. Dieser ist nun zu Ende, und das ermöglicht einen Aufstieg. Sternenlichtkristalle sind Bindeglieder für den Wiederanschluss an das kosmische Kreislaufsystem. Sie verkörpern reine, durchlässige Resonanzpfade zur größeren Einheit. Ihr großer Vorteil ist, dass sie frei sind von Schatten, Eigenwilligkeit oder anderen »Filtern« und bis auf die materielle Ebene hinunter eine transparente Lichtbrücke bilden.

Im STARCON-Lichtkörperprozess wird die seit einiger Zeit viel diskutierte und auch in diesem Buch ausführlich besprochene DNA-Erweiterung durch die Rückverbindung mit dem Kosmos und die Integration spezifischer Sternenergien konkretisiert und praktisch umgesetzt. Über die Sternenlichtkristalle erhält die DNA wieder Anschluss an das kosmische Lichtspektrum der Überseele, jenem Teil des Höheren Selbst, der nicht in den karmischen Kreislauf hinabgestiegen ist.

Die kosmischen Lichtschwingungen harmonisieren die Chakren und reaktivieren die brachliegenden Energiezentren oberhalb des Scheitelchakras. Diese erweiterten Wahrnehmungsebenen erwachen durch den Harmonisierungsprozess und die axiatonale Verbindung wieder zu neuem Leben. Sie helfen, das irdisch-materielle Bewusstsein in ein kosmisch-spirituelles Lichtbewusstsein hinein zu erweitern. Die Verbundenheit mit der größeren kosmischen Ganzheit ist als kosmisches Gewahrsein erlebbar, als eine Art Gefühl raumzeitloser Teilhabe an einer umfassenden Ganzheit.

Die Transformation der begrenzten irdischen Verkörperung in den multidimensionalen kosmischen Lichtkörper läuft hier wie bei der Metamorphose der Raupe in den Schmetterling durch die Aktivierung latent vorhandener DNA-Potenziale. Im

Falle des Menschen geschieht dies über das Sternenlicht, wie Sie mittlerweile wissen. Wir glauben, dass es sich um eine evolutionär vorgesehene Entwicklung handelt, die ganz am Anfang steht. Weil die Wirklichkeit holoenergetisch organisiert ist und sich die menschliche Spezies-DNA durch die Sternenlichtarbeit zunehmend kohärent vernetzt, entfaltet sich dieser Prozess nicht als eine persönliche Erleuchtung per Knopfdruck, sondern in Übereinstimmung mit der Seele des Einzelnen als interkollektiver Prozess, der einem langsamen »Auftauen« der materiellen Trennungsillusion gleicht. Was die Erweiterung der DNA betrifft, handelt es sich um ein Selbstexperiment der Menschheit, denn erst die direkte Erfahrung einer bestimmten Anzahl von Menschen wird zeigen, ob die DNA-Rückverbindung das Leben nachhaltig über die Dreidimensionalität hinauszuführen vermag.

Der STARCON-Lichtkörper-Prozess ist ein holoenergetischer Wachstumsprozess, bei dem die kosmische Vernetzung und Ganzheit zunehmend im Bewusstsein des Einzelnen und der Gesellschaft erwacht. Es ist der Weg der äußeren materiellen Evolution, die sich durch das Individuum wahrnimmt, erkennt, würdigt und mit dem geistigen Ursprung rückverbindet. Es ist das Zusammentreffen von Himmel und Erde, von Geist und Materie, von Anfang und Ende, Kosmos und Individuum.

Was sind Sternenlichtkristalle?

Sternenlichtkristalle sind natürliche Kristalle, die an der STARCON-Sternwarte per Teleskop physikalisch mit Sternenlicht energetisiert worden sind. Das Teleskop wird auf den gewünschten Stern ausgerichtet und bündelt das Sternenlicht auf den Kristall. Um die Lichtdichte im Kristall und um den Kristall herum zu optimieren, hat Edwin einen speziellen Adapter entwickelt, der auf das Okular des Teleskops aufgesteckt wird. Er bewirkt durch Mehrfachreflexionen, dass der Kristall von allen Seiten von Sternenlicht umgeben und durchdrungen wird. Der Kristall nimmt während der Energetisierung sozusagen ein Sternenlichtbad. Die Energetisierungsdauer ist von der Größe des Kristalls und dem Durchmesser des Teleskops abhängig. Wir verwenden bisher ausschließlich sogenannte Herkimer-Diamanten. Das sind spezielle, doppelendige Quarzkristalle aus den USA. Es gibt dort vereinzelt Exemplare von unglaublicher Klarheit und Brillanz, die man guten Gewissens als die schönsten ungeschliffenen Juwelen der Welt bezeichnen kann. Diese Naturwunder haben unübertroffene Transmittereigenschaften und sind geradezu prädestiniert, kosmische Lichtinformationen in das feinstoffliche System des Menschen zu übertragen. Da sie ungeschliffen und naturbelassen sind, verfügen sie über ein völlig intaktes Energiefeld, das sich bis in die tiefste materielle Verdichtung hinein vollkommen harmonisch und transparent manifestiert.

Sternenlichtjuwelen verbinden Himmel und Erde. Sie verwirklichen die mystische Vereinigung, die Unio Mystica. Die zauberhaften Kleinode bilden einen durchlässigen Lichtkanal zu den höchsten Bewusstseinsebenen und manifestieren in gewisser Weise im Kleinen bereits einen perfekten Lichtkörper. Sie unterstützen die Entfaltung intuitiver und außersinnlicher Fähigkeiten, geben Führung, Schutz, höhere Einsicht und unterstützen die Ausbildung jener Qualitäten, die sie selbst in so vollendeter Weise verkörpern: Klarheit, Reinheit, Brillanz, Reflexion, Gradlinigkeit, Vielseitigkeit, natürliche Ordnung, Harmonie, natürliche Schönheit, Transparenz, höheres Licht, Lichtkörper ...

Die Herkimer-Diamanten

Unsere zauberhaften Kristalle tragen die etwas irreführende Bezeichnung Herkimer-»Diamant«, doch es sind keine Diamanten, sondern Quarzkristalle aus der Region Herkimer in den USA. Ihre Entstehung ist ein Mysterium, das bis heute nicht vollständig geklärt ist. Das Gebiet war vor 1100 Millionen Jahren von einem Urmeer bedeckt. Ehemalige Meereslebewesen (Pflanzen und einfachste Organismen) hatten sich im Sandboden dieses Urmeeres abgelagert. Im Laufe der Zeit wurde der Sandboden zu Fels verdichtet. Die eingelagerten toten Lebewesen zersetzten sich unter Luftabschluss sehr langsam und hinterließen im Fels Hohlräume. Vor rund 400 Millionen Jahren drang eine ungesättigte Siliziumlösung durch feine Ritzen und Poren in diese Gesteinshohlräume ein und kristallisierte dort äußerst langsam aus. Edelsteinexperten und Geologen schätzen den Wachstumsprozess der reinsten Exemplare auf 60 bis 100 Millionen Jahre und erklären so die außergewöhnliche Brillanz dieser Naturwunder. Das ist eine extrem lange Zeit für so kleine Kristalle. Ein Vergleich mit einem klaren Riesenkristall aus der Schweiz macht das deutlich. Dort wurde im September 2008 am Planggenstock einer der schönsten und größten Quarzkristalle der Welt gefunden: eine riesige Kristallspitze von 1,2 Metern Länge, 40 Zentimetern Durchmesser und 370 Kilogramm Gewicht. Ihr Alter wird auf 16 bis 18 Millionen Jahre geschätzt. Im Vergleich zu den viel kleineren Herkimern ist das relativ wenig. Herkimer-Diamanten integrieren also außergewöhnlich viel Zeit. Sie verkörpern auf wenig Raum eine halbe Ewigkeit. Das macht sie neben ihrer Reinheit, Klarheit und Brillanz für die Sternenlichtarbeit besonders wertvoll.

Ihre doppelendige Form verdanken die Kristalle dem Umstand, dass der Sand des frühen Urmeers aus Kalzium und Magnesium bestand. Das Muttergestein ist also kein Silikat und bot der eingedrungenen Siliziumlösung keine Bindungsmöglichkeit. Die Kristalle wuchsen in den Hohlräumen wie in einer Gebärmutter zweipolig heran. Es erstaunt daher nicht, dass man in ihnen auch ein Symbol für die Geburt des Lichtkörpers sieht, der in den alten Schriften als Diamant- oder Juwelenkörper bezeichnet wird.

Zum Abbau ist Folgendes interessant: Die geologische Schicht, in der die Herkimer-Diamanten vorkommen, wurde im Mohawk-Valley durch natürliche Prozesse nahezu freigelegt. In der Regel liegt diese Schicht mehrere hundert Fuß unter der Erdoberfläche. Beim Rückzug und Schmelzen der riesigen Gletscher, die während der Eiszeit das Land bedeckten, hatten die damals riesigen Wassermengen des Mohawk-Rivers aber die oberen Gesteinsschichten im Valley bis auf wenige Meter über den Kristallen abgetragen.

Die relativ kleinen Minen sind in Familienbesitz. Die Hauptarbeit beim Abbau geschieht von Hand. Nachdem die oberen Erd- und Gesteinsschichten mit dem Bagger und hydraulischen Werkzeugen entfernt worden sind, wird mit Hammer und Meißel behutsam weitergearbeitet, um die kostbaren Naturjuwelen heil ans Licht zu bringen.

Um die beste Qualität zu erhalten, kaufen wir die Kristalle direkt bei der Mine in den USA, wo wir die schönsten Stücke persönlich aussuchen. Ein geeigneter Kristall sollte eine hohe natürliche Brillanz haben, keine milchigen Trübungen aufweisen, sondern möglichst klar und auch frei von Anstoßstellen sein. Dies ist nur dann der Fall, wenn der Nachschub an Siliziumlösung während des Wachstumsprozesses rechtzeitig aufhörte, bevor der Kristall durch den umgebenden Fels begrenzt wurde. Solche Exemplare sind selten und haben eine geradezu magische Anziehungskraft. Leute, die das Phänomen »Herkimer-Diamant« nicht kennen, können anfangs oft nicht glauben, dass es sich um einen naturvollendeten, ungeschliffenen Kristall handelt. Zeigt man ihnen einen Felsbrocken mit einem noch eingeschlossenen Kristall, sind sie sprachlos.

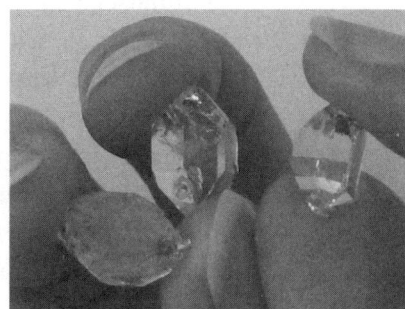

Herkimer-Diamant im Fels   *Kristallauswahl*

Eigenschaften und Symbolik

Der Herkimer-Diamant verfügt über einzigartige Eigenschaften. Seine doppelendige Form qualifiziert ihn als optimalen Transmitter (Schwingungsübermittler), der in beide Richtungen arbeitet: senden und empfangen. Seine enorme Klarheit, Brillanz und Lichtsammelkraft stehen für höchste Bewusstseinsqualitäten. Als klarer, farbloser Kristall ist er in der Lage, auf allen Chakrenebenen zu wirken. Er unterstützt Ganzwerdung und luzides Träumen speziell im Sinne multidimensionaler Bewusstseins- und Lichtkörperentfaltung.

Die natürliche Schönheit klarer Herkimer-Diamanten ist ein Symbol für die Vollendung der individuellen Form, die am Ende des alten beziehungsweise am Anfang des neuen Evolutionszyklus erscheint. Herkimer-Diamanten verkörpern das Christusprinzip: das Herabsteigen in die Tiefe und Dunkelheit der Materie und das äonenlange Eingeschlossensein in ihr. Sie verkörpern aber auch die Befreiung und Erlösung von der Dunkelheit und die Vereinigung von Geist und Materie, Himmel und Erde.

Dies gilt insbesondere für die mit Sternenlicht energetisierten Juwelen. Sie verkörpern den Aufstieg des befreiten und erlösten Kristalls ins himmlische Licht. Die moderne Welt kennt den Herkimer-Diamanten erst seit etwa 200 Jahren. Sein Fundort liegt im Bundesstaat New York (»Neue Stadt«) und wird als Hinweis auf den »Neuen Himmel« beziehungsweise das »Neue Jerusalem« gedeutet.

Sternenlichtkristalle sind Aufstiegsjuwelen. Ihre beiden Terminalpunkte und die Verbindung von Himmel und Erde kennzeichnen sie als die Alpha-Omega-Kristalle, die uns am Ende des alten Äons beim kollektiven Übergang auf die neue Entwicklungsebene helfen.

Ganzheitliche Verbindung mit den höheren Ebenen

Die Grundidee bei der Sternenlichtarbeit ist, dass der Einzelne sich durch die Verbindung zu den Sternen der größeren kosmischen Ganzheit hingibt, sodass diese durch ihn hindurch in sein Leben hineinwirken kann. Dadurch kann sich das individuelle Leben harmonisieren und besser mit dem Seelenplan und mit dem größeren Ganzen in Übereinstimmung kommen. Die Verbindung mit höheren Ebenen ist ein grundlegendes Evolutionsprinzip und Voraussetzung für den Sprung auf die nächste Entwicklungsstufe.

Das Besondere am Sternenlichtansatz ist, dass die Verbindung mit den höheren, inneren Ebenen durch eine natürliche höhere Lichtordnung (Sternenlicht) und mithilfe natürlicher Kristalle geschieht. Die Überseele, die über die Sternenverbindung durch diese Kristalle hindurchwirken kann, sorgt dafür, dass sich der Entwicklungsprozess harmonisch und ausgewogen entfaltet und nicht etwa einseitig stattfindet, beispielsweise durch eine Verlagerung oder Verschiebung der Ausrichtung des eigenen Bewusstseins ins Seelisch-Geistige. Das hat den Vorteil, dass sich das Bewusstsein ganzheitlich entwickelt und der Einzelne davor bewahrt bleibt, einen Realitätsverlust zu erleiden, wenn er sich für die höheren Ebenen öffnet.

Die Kunst bei der spirituellen Entwicklung ist es, die verschiedenen Ebenen des Körper-Seele-Geist-Komplexes und ihre Gesetzmäßigkeiten unterscheiden zu können. Solange man sich nur auf eine Seite konzentriert, die materielle oder die spirituelle, ist es einfach. Doch die Zeitqualität verlangt jetzt etwas anderes: Wir sind alle aufgefordert, uns vom Entweder-oder zum Sowohl-als-auch weiterzuentwickeln, und müssen Wege finden, Vision und Praxis zu vereinen. Ohne die Verbindung mit den höheren Ebenen bleiben wir in den Beschränkungen einer limitierten Sicht gefangen, und ohne Unterscheidungsfähigkeit scheitern wir an den Hürden der Materie. Sternenlichtkristalle helfen uns bei diesem Spagat.

Vorteile der Sternenlichtkristalle

Hilfsmittel haben Vor- und Nachteile. Der Nachteil in unserem Fall ist, dass man die Kristalle kaufen muss und vielleicht nicht immer dabei hat. Doch bei der Sternenlichtarbeit überwiegen die Vorteile bei Weitem. Im Sternenlichtkristall treffen zwei hohe natürliche Ordnungen zusammen: die hohe Ordnung des Sternenlichts und die hohe Ordnung der Atome im Kristallgitter. Durch die Herstellung per Teleskopverfahren liegt eine klare, fokussierte Ausrichtung auf den Stern vor, und durch den klaren Kristall ein bis auf die unterste Ebene der Materie vollkommen lichtdurchlässiger Mittler. Bildlich gesprochen ist ein Sternenlichtkristall die perfekte Harfe, auf der die Engel des

Himmels ihre Melodie spielen können, um die Chakren zu harmonisieren. Die Kristalle sind klein und leicht. Sie können jederzeit überallhin mitgenommen und angewendet werden. Man braucht keinen klaren Sternenhimmel und kein warmes Klima. Man kann sie sich bequem zu Hause auflegen oder auch tagsüber am Körper aufkleben.

Was haben Sternenlichtkristalle mit der Überseele zu tun?

Die Überseele ist nicht in den karmischen Kreislauf der Seele hinabgestiegen, sondern »zu Hause« im Innenraum oder Hyperraum geblieben. Dieser Innenraum ist zeitlos beziehungsweise jenseits der Raumzeit unseres äußeren Universums. Er enthält sowohl alle Wege der Vergangenheit wie auch alle Möglichkeiten der Zukunft. Man könnte auch sagen, dass die Überseele alle vergangenen und zukünftigen Seelenerfahrungen in sich enthält. Für den Verstand ist das schlicht unvorstellbar.

Die Verbindung zu diesem höherdimensionalen Innenraum der Überseele läuft über eine verborgene Wellenform, zu der wir seit dem Fall aus der Einheit den Zugang verloren haben. Sternenlichtkristalle haben diesen Zugang jedoch und bilden für uns eine Brücke zur Überseele. Sie sind für beide Wellenformen durchlässig, für quer- und längsschwingende Wellen (Transversal- und Longitudinalwellen). Sterne erzeugen beide Wellenformen und sind die Durchgangspforten zur Überseele. Die beiden Wellenformen wirken bildlich gesprochen wie die Buchstaben in den Zeilen und Spalten eines Kreuzworträtsels zusammen, wobei die Transversalwellen dem Licht entsprechen und der äußeren Welt, während die Longitudinalwellen im Kristall extrem hochfrequenten Schallwellen entsprechen, die im optischen Bereich schwingen und in den Hyperraum hineinreichen. Im Sternenlichtkristall begegnen und überkreuzen sich die beiden Wellenformen und ermöglichen der Überseele den direkten Zugriff auf uns. Wir bitten bei der Arbeit deshalb Kristall und Stern innerlich immer um ihre Mitwirkung. Beide Lebensformen befinden sich zwar innerhalb der Raumzeit unseres Universums und sind in ihrer äußeren Erscheinung auch vergänglich. Im Unterschied zu uns sind sie aber keine Zeitwesen, sondern leben ganz im Hier und Jetzt. Die uns vertraute Erfahrung von vorher und nachher, Vergangenheit und Zukunft existiert für sie nicht.

Die Arbeit mit den Sternenlichtkristallen

Wir empfehlen, sich zu Beginn mit den Sternenlichtkristallen anzufreunden. Es ist wie bei jeder Arbeit: Wenn Wesen, die gemeinsam etwas bewirken wollen, in einem offenen, freundschaftlichen Verhältnis zueinander stehen, geht die Arbeit einfacher, leichter und mit mehr Freude vonstatten. Wir glauben, dass die Sternenlichtkristalle es »spüren«, wenn man ihnen Beachtung und Wertschätzung für ihre Hilfe entgegenbringt.

Für Sternenlichtkristalle gibt es viele praktische Anwendungen. Sie können sich ganz einfach vorstellen, dass überall dort, wo Sie mit den Kristallen hinkommen, auch kosmische Ordnung und Lichtinformation hinkommt. Mehr Sternenlicht gibt mehr Sichtfeld, mehr Ordnung, Heilung und Ganzheit. Sie können wirklich alles machen, was sich für Sie stimmig anfühlt. Vertrauen Sie Ihren inneren Impulsen. Sie können den Sternenlichtkristall zum Beispiel auf schmerzende Stellen kleben, in Ihre Körperpflege- oder Gesichtscreme legen, Ihr Trinkwasser damit veredeln. Sie können damit meditieren oder ihn als »Antenne« gebrauchen, wenn Sie eine Frage an den Kosmos haben, und vieles mehr.

Übungen, Meditationen, Begleitung von anderen Menschen

Wir legten die Kristalle zum Beispiel auf die verschiedenen Chakren oder befestigten sie unserer Intuition folgend an einer Schnur von der Decke hängend, sodass sie etwa 20 Zentimeter über dem Kopf schwebten. Dabei machten wir die Erfahrung, dass sich mit der Zeit neue überpersönliche Bewusstseinszentren außerhalb des Körpers bemerkbar machten. In unserem Leben reflektierte sich dies in einem starken Engagement für globale Meditationen und einem wachsenden Interesse an evolutionären Fragen.

Die einfachste und schnellste Übung mit den Sternenlichtkristallen ist, wenn man sie am Morgen auswählt und als Unterstützung für den Tag direkt auf den Körper klebt. So genießt man die Begleitung der Sternenfreunde den ganzen Tag über – und wenn mal einer zwickt, so denkt man gleich wieder an seine Unterstützung.

Sternenlichtkristalle können auf alle Chakren gelegt werden. Wir empfehlen, intuitiv zu wählen, wie oft, wie lange und wo der Kristall aufgelegt wird. Man kann sie sich auch über Nacht aufkleben.

Wunderbar sind die Kristalle, wenn man sie zur Meditation auf das dritte Auge auflegt oder aufklebt. Ich (Caroline) bezeichne das als kosmisches Fernsehen. Man kann sie auch mithilfe einer kleinen Haarklammer am siebten Chakra anbringen und meditieren oder damit spazieren gehen – in gleichzeitiger Verbindung nach unten zur Erde kann man so das achte Chakra erwecken.

Sternenlichtkristalle können auch eine vorzügliche Hilfe sein, wenn jemand Angst vor dem Tod hat. Je nach Situation können sie als ein Symbol des Lichts und Aufstiegs dem Betroffenen Gelassenheit und Zuversicht bringen und ihm die Angst vor dem Unbekannten nehmen. Durch ihre kosmische Resonanz können sie zudem dem Astralkörper helfen, sich vom fleischlichen Leib zu lösen.

Kosmische Verankerungen an Kraftorten

Sternenlichtkristalle eignen sich ausgezeichnet, um kosmische Energien an Kraftorten zu verankern. Es gibt hierzu schöne und kraftvolle Meditationen und Rituale, und es ist stets ein gutes Gefühl, der Erde in Dankbarkeit etwas zurückzugeben. Lichtarbeit an Kraftplätzen ist überhaupt etwas Wunderbares. Man ist in der Natur und tut sich selbst und dem größeren Ganzen etwas Gutes.

Wird eine Lichtarbeit an einem Kraftplatz ausgeführt, entfaltet sie über das Meridiannetz der Erde eine verstärkt positive Wirkung auf unserem Planeten. Wie unser Körper, so ist auch die Erde von verschiedenen Meridianen, Kraftlinien und Energiegittern durchzogen. Häufig befinden sich dort, wo es zu Überschneidungen solcher Linien kommt, Kraftplätze. Was an einem solchen Ort stattfindet, hat Einfluss. Frühe Priester und Machthaber haben dies gewusst und ihre Tempel, Kultstätten, Kirchen, Burgen oder Schlösser absichtlich an Kraftplätzen erbaut. Viele dieser Orte sind heute noch mit einem polaren Bewusstsein besetzt. Durch bestimmte Meditationen oder durch Sternenlichtkristalle kann an diesen Plätzen das neue Einheits- oder Christusbewusstsein verankert werden. Diese Form der Lichtarbeit wirkt direkt auf individueller und globaler Ebene und ist ein bedeutender Beitrag zur Lichtkörpermanifestation.

Im Internet finden Sie auf www.sternbringer.net eine Übersicht darüber, wo wir und andere Lichtarbeiter der Erde bereits Sternenlichtkristalle »eingepflanzt« haben. Wir freuen uns, dass auf diese Weise ein kosmisches Lichtnetz gewoben wird, das sich zunehmend auf der Erde verbreitet. Es ist ein Weg, am eigenen und gleichzeitig auch am größeren planetaren Lichtkörper mitzuweben. Wie im Großen, so im Kleinen!

Gruppenarbeit

Sternenlicht und Sternenlichtkristalle eignen sich auch hervorragend für Gruppenarbeit und Gruppenmeditationen, bei denen man ein starkes kosmisches Energiefeld aufbauen will. Wir haben verschiedene Meditationen entwickelt, um kosmische Energien auf der Erde als Gruppe zu verkörpern und zu verankern. Einige Sterne eignen sich ganz besonders dafür. Seminarleitern, die diese Meditationen für ihre Arbeit nutzen möchten, geben wir gern weitere Auskunft.

Das Energetisieren von Räumen

Wir haben eine Bekannte, die ein kleines Café betreibt und seit einiger Zeit jeden Morgen die Eingangstür und alle Ecken des Cafés mit unserem Sternenlichtspray besprüht. Sie ist der festen Überzeugung, dass die Besucher in ihrem Café sehr viel angenehmer und besser gelaunt sind als früher.

Ich (Caroline) mache dies oft in meiner Praxis: Bevor ein Klient kommt, reinige ich den Raum mit einem Arcturus-Sternenlichtspray. Ich verwende hierzu eine erneuerbare Essenz, die einen kleinen Sternenlichtkristall in der Flasche hat und immer wieder mit Wasser nachgefüllt werden kann. Damit lässt sich großzügig umgehen. Ich habe auch Klienten, die nach einer Sternenlichtbehandlung etwas Sternenlichtessenz in die Aura gesprüht haben möchten. Sie fühlen sich dadurch beschützt und begleitet.

Sternenlicht in den Chakren und der Aura

Es gibt verschiedene Möglichkeiten, Sternenlicht in die Chakren und in die Aura zu bringen. Hierzu haben wir verschiedene Produkte entwickelt, die wir im Folgenden kurz vorstellen möchten.

Sternenlichtsprays und -essenzen

Die Sternenlichtsprays eigenen sich besonders gut für das Besprühen der Aura. Man kann damit auch in die Mundhöhle sprühen; auf die Haut, die Chakren oder ins Badewasser, und natürlich kann man damit auch Räume besprühen oder Pflanzen. Die Essenzensprays unterstützen insbesondere auch den Aufbau des achten Chakra über dem Kopf, wenn man diesen Bereich regelmäßig besprüht.

Sternenlichtparfums

Ich (Caroline) habe in Zusammenarbeit mit einem Zürcher Parfumeur verschiedene Sternenlichtparfums entwickelt, die dem Lichtspektrum des jeweiligen Sterns nachempfunden sind. Zusätzlich wurde die Parfum-Base jeweils an der STARCON-Sternwarte per Teleskopverfahren mit echtem Sternenlicht durchflutet. Sternenlichtparfums sind eine weitere Möglichkeit, die Sternschwingung in die Aura zu bringen.

Einzel- oder Singlekristalle

Man legt sie auf oder klebt sie sich mit einem hautfreundlichen Pflaster auf die Chakren sowie bestimmte Körperstellen oder

Schmerzpunkte. Man kann sie auch auf Insektenstiche aufkleben. Die Anwendungshäufigkeit und Dauer richtet sich nach dem persönlichen Empfinden. Man kann die Kristalle den ganzen Tag und auch die Nacht über tragen. Nach dem Auflegen der Sternenlichtkristalle stellt sich schnell eine gewisse Ruhe ein. Manche Menschen erleben auch ein Kribbeln, das sich jedoch sehr beruhigend anfühlt. Die Harmonisierung der Chakren kann schon mit einem ganz kleinen Sternenlichtkristall gelingen und ist überaus einfach: Man steckt den Kristall in das Loch des beiliegenden Silikonplättchens und legt ihn auf das gewünschte Chakra. Das Loch dient zur vertikalen Ausrichtung des Kristalls. Dieser gibt seine Sterneninformation vor allem über die Spitzen ab und arbeitet in beide Richtungen, er sendet und empfängt.

Legt man den Kristall auf das Scheitelchakra, entsteht eine direkte feinstoffliche Verbindung zwischen den höheren kosmischen Chakren und den Gehirnzentren. Erweiterte Wahrnehmung, Intuition, inneres Wissen, Vertrauen in das Leben sowie Einblick in größere Zusammenhänge beginnen sich bei regelmäßiger Anwendung zunehmend zu entfalten.

Unsere Erfahrungen zeigen, dass sich Sternenlichtkristalle klärend, ordnend und harmonisierend auf alle Chakren auswirken. Durch ihre Klarheit und Lichtdurchlässigkeit wirken sie bis in die tiefen unteren Schichten und Chakren hinein. Die zähen und hartnäckigen Muster und Konditionierungen hocken genau dort unten. Deshalb ist die Arbeit vor allem auch hier zu tun. Oft wird das Verhalten des Menschen auch heute noch von den Überlebensinstinkten des ersten Chakra gesteuert. Auch im zweiten und dritten Chakra haben sich meist alte Muster und Konditionierungen festgesetzt, die wir durch die Illusion der Trennung erworben haben: Selbstwertprobleme oder Macht-Ohnmacht- beziehungsweise Täter-Opfer-Dynamiken.

Spirituelles Wissen allein bringt nichts, wenn sich die Disharmonien und Verknotungen in diesen Chakren nicht lösen. Sternenlichtkristalle sind hier eine große Hilfe. Mit ihrer hohen Lichtordnung können sie diese Ebenen harmonisieren und klären. Arbeitet man nur an den höheren Chakren, ändert sich real gesehen nicht viel. Es kommt zwar zu einer Verschiebung der Aufmerksamkeit auf die höheren Schwingungsbereiche und zu tollen Erlebnissen. Solange aber der physische Körper noch unsere Basis ist, holt uns die Realität immer wieder ein – früher oder später. Wir empfehlen deshalb, mit den unteren Chakren zu beginnen und sich dann »hochzuarbeiten« oder zumindest die unteren Zentren nicht zu vernachlässigen.

Sternenlicht in alle Zellen bis hin zur DNA bringen

Um die kosmischen Lichtinformationen in die Zellen und in die DNA zu bringen, nutzt man am besten die energetischen Schaltstellen: Die Chakren und die Meridianpunkte. Diese werden in der Sternenlichtbehandlung, die wir weiter unten beschreiben, optimal bedient. Sensitive Menschen, die sich mit den Meridianen auskennen, haben uns schon geschildert, wie sie während einer Sternenlichtbehandlung die Ausbreitung der Lichtinformation entlang der Meridiane spüren konnten.

Als Selbstanwender können Sie das Sternenlicht bei den Übungen mithilfe Ihres Atems, Ihrer Gedanken und Ihrer Vorstellungskraft in die Zellen und zur DNA bringen. Energie folgt den Gedanken!

Sternenlicht und Wasser:
Wie man selbst damit arbeitet

Eine weitere Möglichkeit ist das regelmäßige Trinken von Sternenlichtwasser. Man sagt, Wasser habe ein Gedächtnis wie ein Elefant. Wasser kann ausgezeichnet Schwingungen aufnehmen. Daher kann man es auch mit Sternenlichtkristallen veredeln. Hierzu legt man den Kristall direkt ins Wasser, oder – damit man ihn nicht verliert – in ein Tee-Ei. Nach wenigen Minuten ist das Wasser aufgeladen.

Sie können den Sternenlichtkristall auch mit in die Badewanne nehmen und dann im Sternenwasser baden. Im sagenumwobenen Lemurien soll man das Licht der Sterne mit großen Parabolspiegeln gebündelt und mit Reflektoren in Bäder geleitet haben. Nach dem Gebrauch wurde das Sternenwasser nicht etwa weggegossen, sondern für die Bewässerung der Pflanzen verwendet. Das geht natürlich nur, wenn keine schädigenden Zusätze im Wasser sind. Sie können auch Ihr Gießkannenwasser mit einem Sternenlichtkristall aufwerten. Orchideen oder Passionsblumen werden besonders gern mit solch einem Wasser gegossen oder besprüht. Eigentlich kann man jedes Wasser mit Sternenlichtkristallen veredeln. Wir haben auch schon Sternenlichtsirup gemacht. Lassen Sie Ihrer Fantasie freien Lauf.

Die Sternenlichtbehandlung

Als wir mit dem Venustransit 2004 realisierten, dass die Sternenlichtarbeit genetisch wichtig sein könnte, begriffen wir sofort, dass wir einen Weg suchen mussten, die Lichtinformation der Sterne möglichst effizient und breit zu integrieren. Gleichzeitig galt es, die gegebene Beschränkung aufgrund der wenigen klaren Herkimer-Diamanten und der seltenen sternenklaren Nächte zu überwinden. Es ging also darum, eine Behandlungsform zu entwickeln, mit der man mit einem Arbeitskristall möglichst viele Menschen verbinden und mit Sternenlicht nähren konnte. Und es war klar, dass die Meridiane mit einbezogen werden mussten.

Wir begannen sofort zu experimentieren. Vor allem Caroline hat zahlreiche Selbstversuche gemacht und sich kleine Transmitterkristalle nachts auf die Meridianpunkte geklebt, um deren Auswirkungen zu erfahren. Manchmal machte sie solche Experimente auch tagsüber. Dann wurden Sternenlichtkristalle auf alle Chakren geklebt, auf die Medulla, den Nabel, oder sie wurden im Haar befestigt. Durch unsere früheren Erfahrungen und ihre neuen Selbstexperimente, die zeitweise auch mehrere Nebenchakren oder die Rückseite des Körpers miteinbezogen, kamen wir zu wichtigen Erkenntnissen. Letztlich galt es aber, das Ganze in einen möglichst einfachen und effizienten Behandlungsablauf zu bringen, der leicht zu unterrichten und zu erlernen war und auch ohne jahrelange therapeutische Erfahrung praktiziert werden konnte.

Es gelang uns, innerhalb eines Jahres eine komplette Kurzausbildung zu erarbeiten. Dabei waren uns die hohe Sensitivität von Caroline und die Erfahrungen, die Edwin mit früheren Strukturen der Energiearbeit in der Zusammenarbeit mit Gerda gemacht hatte, eine große Hilfe. Im Sommer 2005 begannen wir, die ersten »Sternbringer« in der neuen STARCON-Methode zu unterrichten.

Bei der STARCON-Sternenlichtbehandlung ist die Sternenlichtintegration am intensivsten, da die kosmische Lichtinformation des gewählten Sterns vom ausführenden Sternbringer – also dem ausgebildeten Behandler – mit dem Sternenlichtkristall und kraftvollen Affirmationen zu allen Chakren und Meridianen gebracht wird. Der Klient liegt dabei entspannt auf einer Massageliege und kann sich der kosmischen Verbindung ganz hingeben.

Zuerst erfährt der Klient über die Chakren eine Öffnung seines Energiesystems. Dann folgt die Sternverbindung über die Meridiane (axiatonale Verbindung) und anschließend wird die Sternenenergie über das Chakrensystem integriert. Eine Sitzung dauert 90 Minuten, davon sind 50 Minuten reine Behandlungszeit. Der Rest wird für Vorbereitung, Einstimmung und Ausklang benötigt.

Es ist keine Methode, die sagt: Dieser Stern ist für dies und jener für das. Natürlich gibt es Zuordnungen, die eine gewisse Berechtigung haben und die wir gern nutzen, weil der Mensch immer auf der Suche nach etwas ist, das ihm bei bestimmten Themen hilft. Solche Zuordnungen sind hilfreich, um den Interessierten einen Anhaltspunkt zu geben. Der Mensch ist aber ein äußerst komplexes und vielschichtiges Wesen, und nicht jeder geht auf die gleiche Weise in Resonanz zu denselben Lichtaspekten eines Sterns. Der Bewusstseins- beziehungsweise Entfaltungsprozess verläuft individuell entsprechend der persönlichen Struktur und Situation des Einzelnen.

Jenseits der Therapie – von Mensch zu Mensch

Die Sternbringerarbeit, wie wir sie verstehen, ist keine Therapie. Es ist eine Arbeit, die von Mensch zu Mensch stattfindet und nicht von Therapeut zu Patient. Deshalb bezeichnen wir Menschen, die diese Methode praktizieren, als Sternbringer. Es gibt hier kein Gefälle und keine Projektionsebene. Der Ausführende behandelt den Klienten weder als Therapeut noch als Heiler oder Guru, sondern eben schlicht und einfach als Sternbringer. Hauptakteure sind die Sternenlichtkristalle und die Überseele des Klienten. Der Sternbringer tritt dienend in den Hintergrund. Er ist lediglich ein Freund oder Gehilfe, der für den Klienten einen bewährten Behandlungsablauf ausführt, damit sich dieser ganz entspannen und hingeben kann. Der Sternbringer ist während der Behandlung zudem der Anker in die materielle Welt. Dadurch kann sich der Klient – wenn sein Vertrauen da ist – ganz in diese kosmische Erfahrung seiner Seele hineinbegeben. So können tief greifende Transformationen geschehen, die manchmal bis in die physische Ebene hineinreichen und körperliche Reaktionen auslösen. Dabei werden Klient und Sternbringer nie überfordert, weil das höhere Bewusstsein den Prozess steuert. Das ist das Besondere und das Schöne an dieser Arbeit: Allein durch Hingabe und Präsenz kann sehr viel Tiefgreifendes geschehen.

Der Faktor Hingabe

Es heißt, dass der Mensch durch seine Eigenwilligkeit von der Einheit getrennt und in die irdische Begrenzung verbannt wurde. Der Heimweg erfolgt deshalb über die Hingabe, denn Hingabe ist letztlich nichts anderes als der freiwillige Verzicht auf Eigenwilligkeit. Die Hingabe bezieht sich bei einer Sternenlichtbehandlung in erster Linie auf den Klienten. Doch auch der Sternbringer sollte sich der Eigenwilligkeit enthalten.

Bei der STARCON-Methode steht neben dem Klienten die Verbindung mit dem Ursprung und dem Kosmos im Zentrum und nicht eine Krankheit oder das Können eines Heilers oder Therapeuten. Das heißt, dass wir bei dieser Arbeit das Ergebnis nicht unseren eigenen Fähigkeiten zuschreiben, sondern der Hingabefähigkeit des Klienten.

Wir sind überzeugt, dass der Verzicht auf Eigenwilligkeit deutliche Vorteile mit sich bringt. Das Gefälle zwischen Therapeut und Klient fällt weg und damit auch die Projektionen oder

Erwartungen an den Ausführenden. Der Klient wird ganz in die Eigenverantwortung gestellt. Auf diese Weise gibt es keine Versprechungen oder Hoffnungen. Der Klient muss sich allfällige Potenziale durch seine Hingabe selbst erschließen.

Was erfährt der Klient während der Behandlung?

Der Klient spürt manchmal, wie er auf mehreren Ebenen gleichzeitig präsent ist – einerseits lokalisiert in seinem physischen Körper und andererseits als nichtlokales, weit ausgedehntes Wesen. Wir deuten dies als zartes Anklingen unserer wahren Größe als kosmische Lichtwesen. Eindrücklich ist, dass dabei zuweilen auch ganz klare Gedanken oder Botschaften auftauchen.

Manche Klienten erleben dieses Gefühl der Ausdehnung sehr stark. Man hat dann oft den Eindruck, dass der ganze Praxisraum energetisch ausgefüllt ist. Körperliche Empfindungen wie Kälte, Wärme, Druck und so weiter können auftauchen und ebenso rasch wieder verschwinden. Manche erleben Raum-Zeit-Reisen, sehen dynamische Geometrien, Lichtwesen oder haben intensive Farb- und Klangerlebnisse. Andere tauchen tief weg, ohne zu wissen, wo sie waren und was passiert ist, beziehungsweise wie viel Zeit vergangen ist. Das Erfahrungsspektrum ist recht breit.

Viele stellen nach ein paar Behandlungen fest, dass sie nicht mehr in belastenden Verhaltensmustern oder Ängsten stecken bleiben, sondern echte Fortschritte machen. Durch die hinzukommenden kosmischen Lichtimpulse und das Eintauchen in die größere Perspektive kann der Einzelne bald erkennen, was sich eigentlich in seinem Leben abspielt, und somit schneller eine neue Wahl treffen. Manche Klienten berichten von einer zunehmenden inneren Sicherheit, die ihnen zum Beispiel bei einem Auftritt vor vielen Menschen zugutekommt. Eine innere Ruhe und Gelassenheit stellt sich ein. Sie fühlen sich eingebettet in ein Lichtgewebe, das sie trägt. Auch dass sich Ängste wie Existenzängste, Selbstwertängste und ähnliche abschwächen oder gar auflösen, beschreiben die Klienten. Einige erzählten, dass sich ihre Schlafprobleme gelöst haben und sie wieder einen tiefen, gesunden Schlaf genießen.

Driftet der Klient während einer Sitzung weg, so ist er innerhalb kurzer Zeit auch wieder voll da und klar in seinen Gedanken. Manchmal sieht man nach einer Behandlung besser oder empfindet Farben, Geräusche oder Gerüche intensiver.

Was immer wieder beeindruckt, ist die Offenheit und das Vertrauen der Klienten nach einer Sitzung. Es ist, als hätte man auf einer anderen Ebene einen gemeinsamen Tanz erlebt. Es entsteht eine Verbundenheit, für die es keine Worte gibt. Sie ist einfach da.

Auf welche Weise die kosmischen Lichtimpulse umgesetzt werden, wird übrigens nicht vom ausführenden Sternbringer bestimmt, sondern durch das Höhere Selbst des Klienten. Jeder erhält genau das, was für ihn richtig und verkraftbar ist. Und da die persönliche Bereitschaft des Klienten zur Hingabe ein Schlüsselfaktor ist, macht es keinen Sinn, jemandem eine Sitzung aufzuschwatzen.

Kosmisches Selbstverständnis

Bei jenen, die die Methode schon länger praktizieren und bereits mehrere kosmische Lichtqualitäten integriert haben, hat sich auch ein neues Lebensgefühl eingestellt – ein eigenartig paradoxer Balanceakt. Man könnte es auch als neuen, kosmischen Selbstwert bezeichnen oder als neues Selbstverständnis, das sich mit der Zeit entwickelt. Es beruht nicht auf äußerer Leistung, sondern auf eben diesem neuen kosmischen Gefühl der Verbundenheit, der Gleichberechtigung und Wertschätzung.

Je mehr wir uns für den Kosmos interessieren und uns mit ihm verbinden, umso deutlicher erfahren wir einerseits unsere persönliche Winzigkeit in diesem riesigen kosmischen Ozean, woraus sich eine gesunde Bescheidenheit entwickelt. Andererseits spüren wir durch die Hingabe immer deutlicher, wie sich dieser unermessliche Kosmos und seine Geschichte gerade jetzt durch unser kleines individualisiertes Selbst von außen betrachten und sich selbst erkennen kann. Es fühlt sich an, als wären wir seine Augen, mit denen er sich selbst entgegenblickt, und es scheint, als ob wir Menschen trotz unserer winzigen Nichtigkeit dazu berufen sind, den Kosmos durch unser Staunen, Fühlen und Würdigen erst richtig ins Dasein zu rufen. Damit fällt unserer Nichtigkeit auch eine Bedeutung zu; eine Bedeutung, die nicht auf äußerer Leistung und Anerkennung gründet, sondern allein in der Tiefe bewussten Seins liegt. Man kann hier buchstäblich von einem kosmischen Bewusstsein sprechen.

Die Vision der Sternbringer

In dieser Vision entsteht durch die fortschreitende Verbindung mit den Sternen und dem Kosmos auf der Erde ein fünfdimensionales holoenergetisches Netzwerk über die erweiterte Spezies-DNA der Menschheit. Hierzu wird eine bestimmte Anzahl von Menschen benötigt, die sich auf dieses Experiment einlassen. Wir setzen hier vor allem auf die STARCON-Behandlungsmethode und die ausführenden Sternbringer, von denen bereits einige Dutzend aktiv sind. Um den Prozess voranzubringen und den Lichtkörper zu manifestieren, wird es noch viele weitere Sternbringer brauchen. Mit der Grundausbildung und den Erweiterungsmodulen haben wir eine Struktur vorbereitet, die nach einer gewissen Einführungszeit über Supervisoren jeweils unabhängig von uns weiter wachsen kann. Unser Ziel ist, dass es in 20 Jahren in jeder Region einen Supervisor und in jeder größeren Stadt mindestens einen aktiven Sternbringer gibt, der solche Sternenlichtbehandlungen anbietet.

Auf der Webseite *www.sternbringer.org* ist ersichtlich, wer in welchem Ort bereits welche Sternverbindungen anbietet. Sternbringer, die hier genannt sind, haben die angegebene Sternqualität bereits integriert und arbeiten mit den per Teleskop energetisierten und ebenfalls eingetragenen Sternenlichtkristallen. Die Auflistung dient der Übersicht und der Qualitätssicherung. Weitere Informationen über die Sternbringer-Grundausbildung und die Erweiterungsmodule finden Sie auf: *www. holoenergetic.ch*

... außer man tut es!

Wir hoffen, dass wir Sie motivieren konnten, sich über das Licht der Sterne mit dem Kosmos zu verbinden und die eine oder andere Übung öfter zu praktizieren. Falls Sie Seminar- oder Gruppenleiter sind, freuen wir uns, wenn Sie diese Meditationen anleiten und unter die Menschen bringen. Wir sind sicher, dass Sie dadurch inspiriert werden, wie Sie die Erweiterung hin zum kosmischen Bewusstsein auf Ihre individuelle Weise unterstützen und ausdehnen können, sodass sich ein fortwährender kosmischer Entfaltungsprozess ergibt.

Der Kosmos und die Sterne sind nicht nur der nächste Schritt in der Evolution der Menschheit, sondern die Sterne reichen mit ihrem Licht auch ganz konkret in unsere physische Dimension hinein. Sie strecken uns sozusagen die Hand entgegen, an der wir uns hinaufziehen können, um den globalen Transformationsprozess aus einer größeren Perspektive zu erkennen und unseren Platz darin einzunehmen. Wenn Sie uns durch das Buch bis hierher gefolgt sind, so wissen Sie, dass es nicht um den Griff nach den Sternen geht, sondern um das schlichte Annehmen eines Angebots, das schon seit Jahrmillionen da ist und auf diesen Moment und auf uns alle – ja, gerade auch auf Sie – gewartet hat.

Sternbringer-Botschaft

Wir sind gekommen, euch daran zu erinnern,
dass ihr wahrhaftig kosmische Wesen seid.
Die Atome eures Körpers enthalten eine Geschichte,
die älter ist als euer Sonnensystem.
Es ist eure Sternengeschichte,
die jetzt vollendet wird.
Wie eine reife Frucht hängt die Erde
an einem Zweig des galaktischen Baumes.
Die Zeit der Ernte ist da, und die reife Saat
wird in den kosmischen Lichtkörper aufgenommen.
Es liegt an dir, ob du an diesem
lebendigen Mysterium teilnehmen willst.

Literaturverzeichnis

Adams, George: *Grundfragen der Naturwissenschaft. Beiträge zur Anthroposophie.* Stuttgart. Verlag Freies Geistesleben, 1979.

Argüelles, José: *The Mayan Factor. Path Beyond Technology.* Santa Fe, New Mexico. Bear & Company, 1987.

Becker, Antoinette (Hrsg.): *Gene, Meme und Gehirne. Geist und Gesellschaft als Natur.* Frankfurt am Main. Suhrkamp, 2003.

Benedikt, Heinrich, E.: *Die Kabbala als jüdisch-christlicher Einweihungsweg. Farbe, Zahl, Ton und Wort als Tore zu Seele und Geist.* München. Ansata Verlag, 2004.

Bergia, Silvio: *Einstein. Das Neue Weltbild der Physik.* In: Spektrum der Wissenschaft – Biographie. 4/1999.

Bischof, Marco: *Biophotonen. Das Licht in unseren Zellen.* Frankfurt am Main. Zweitausendeins, 1995.

Bock, Emil: *Urgeschichte. Beiträge zur Geistesgeschichte der Menschheit.* Frankfurt am Main. Fischer Taschenbuch Verlag, 1985.

Bohm, David/Capra, Fritjof/Ferguson, Marilyn/Pribram, Karl H./Wilber, Ken u.a.: *Das holographische Weltbild. Wissenschaft und Forschung auf dem Weg zu einem ganzheitlichen Weltverständnis – Erkenntnisse der Avantgarde der Naturwissenschaftler.* Bern, München, Wien. Scherz Verlag, 1986.

Bohm, David/Factor, Donald: *Die verborgene Ordnung des Lebens.* Grafing. Aquamarin Verlag, 1988.

Bohm, David/Peat, David F.: *Das Neue Weltbild. Naturwissenschaft, Ordnung und Kreativität.* München. Wilhelm Goldmann Verlag, 1990.

Bojowald, Martin: *Zurück vor den Urknall. Die ganze Geschichte des Universums.* Frankfurt am Main. S. Fischer Verlag, 2009.

Bosman, Ananda: *Light Body Star Ship Field Propulsion. Awakening the Vortexijah.* Svinndal/Norway. Eigenverlag, 1995.

Brennan, Barbara Ann: *Licht-Arbeit. Das große Handbuch der Heilung mit körpereigenen Energiefeldern.* München. Wilhelm Goldmann Verlag, 1989.

Brückner, Gernot: *Gespräche mit dem Unbekannten, Band 1, Band 2, Band 3. Die Transformation der Materie.* Aschau. ITV-Verlag, 1979/1980/1981.

Bucke, Richard Maurice, M.D.: *Cosmic Consciousness. The Classic Investigation of the Development of Man's Mystic Relation to the Infinite.* New York. Arkana Books, 1991.

Busche, Hubertus (Hrsg.): *Gottfried Wilhelm Leibniz. Monadologie.* Berlin. Akademie Verlag, 2009.

Callemann, Carl Johann, Ph.D.: *The Mayan Calendar and the Transformation of Consciousness.* Rochester, Vermont. Inner Traditions; Bear & Company, 2004.

Carey, Ken: *Sternenbotschaft.* Ischl. Ch. Falk Verlag, 1991.

Carey, Ken: *Sternenbotschaft 2. Das dritte Jahrtausend – Leben in der nachhistorischen Zeit.* Ischl. Ch. Falk Verlag, 1991.

Chia, Mantak: *Tao Yoga der inneren Alchemie. Das Geheimnis der Unsterblichen – Fusion der fünf Elemente.* München. Wilhelm Heyne Verlag, 2006.

Chown, Marcus: *Das Universum und das ewige Leben. Neue Antworten auf elementare Fragen.* München. Deutscher Taschenbuch Verlag, 2009.

Coveney, Peter/Highfield, Roger: *Anti-Chaos. Der Pfeil der Zeit in der Selbstorganisation des Lebens.* Reinbek bei Hamburg. Rowohlt Verlag, 1992.

Dahl, Edgar (Hrsg.): *Brauchen wir Gott? Moderne Texte zur Religionskritik.* Stuttgart. S. Hitzel Verlag, 2005.

Davies, Paul: *Der kosmische Volltreffer. Warum wir hier sind und das Universum wie für uns geschaffen ist.* Frankfurt am Main. Campus Verlag, 2008.

Dawkins, Richard: *Das egoistische Gen.* Reinbek bei Hamburg. Rowohlt Taschenbuch Verlag, 1996.

Dawkins, Richard: *Geschichten vom Ursprung des Lebens. Eine Zeitreise auf Darwins Spuren.* Berlin. Ullstein Buchverlage, 2008.

Deutsch, Nathaniel: *The Gnostic Imagination. Gnosticism, Mandaeism and Merkabah Mysticism.* Leiden; New York; Köln. E.J. Brill Verlag, 1995.

Dörner, Dietrich: *Bauplan für eine Seele.* Reinbek bei Hamburg. Rowohlt Taschenbuch Verlag, 2001.

Dow, Jane Ann: *Praktisches Handbuch der Edelstein- und Kristalltherapie.* Interlaken. Ansata Verlag, 1993.

Drunvalo Melchizedek: *Die Blume des Lebens. Band 1 & 2.* Burgrain. KOHA-Verlag, 1999 & 2000.

Dürr, Hans-Peter (Hrsg.): *Physik und Transzendenz. Die großen Physiker unseres Jahrhunderts über ihre Begegnung mit dem Wunderbaren.* Bern, München, Wien. Scherz Verlag, 1988.

Dürr, Hans-Peter: *Geist und Natur. Über den Widerspruch zwischen naturwissenschaftlicher Erkenntnis und philosophischer Welterfahrung.* Bern, München, Wien. Scherz Verlag, 1991.

Dürr, Hans-Peter/Meyer-Abich, Klaus Michael/Mutschler, Hans-Dieter/Pannenberg, Wolfhart/Wuketits, Franz M.: *Gott, der Mensch und die Wissenschaft.* Augsburg. Pattloch Verlag, 1997.

Eichenlaub, Michael P./Ettwiller Laurence: *De Novo Genesis of Enhancers in Vertebrates.* IN: PLoS Biology. 1. Nov. 2011.

Eigen, Manfred: *Stufen zum Leben.* München. Piper Verlag, 1987.

Einstein, Albert: *Grundzüge der Relativitätstheorie.* Braunschweig. Vieweg + Sohn, 1973. (5. Auflage)

Einstein, Albert: *Über die spezielle und die allgemeine Relativitätstheorie.* Braunschweig. Vieweg + Sohn, 1973. (21. Aufl.)

Einstein, Albert/Infeld, Leopold: *Die Evolution der Physik. Mit einer Einführung von Albrecht Fölsing*. Reinbek bei Hamburg. Rowohlt Taschenbuch Verlag, 1998.

Eliade, Mircea: *Kosmos und Geschichte. Der Mythos der ewigen Wiederkehr*. Frankfurt am Main. Insel Verlag, 1984.

Fasching, Gerhard: *Sternbilder und ihre Mythen*. Wien. Springer-Verlag, 1993. (3. erweiterte Auflage 1998).

Fasching, Gerhard: *Phänomene der Wirklichkeit. Okkulte und naturwissenschaftliche Weltbilder*. Wien. Springer-Verlag, 2000.

Feynman, Richard P.: *QED – Die seltsame Theorie des Lichts und der Materie*. München. Piper Verlag, 1991.

Frissell, Bob: *Zurück in unsere Zukunft. Die Mer-Ka-Ba: Ein Schlüssel zur 4. Dimension*. Fichtenau. E.T. Publishing, 1995.

Fritzsch, Harald: *Das absolut Unveränderliche. Die letzten Rätsel der Physik*. München. Piper Verlag, 2005.

Gardner, James: *The Intelligent Universe. AI, ET and the Emerging Mind of the Cosmos*. Franklin Lakes, USA. New Page Books, 2007.

Gebser, Jean: *Gesamtausgabe*. Quern-Neukirchen. Novalis Verlag, 1999.

Genz, Henning: *Die Entdeckung des Nichts. Leere und Fülle im Universum*. München, Wien. Carl Hanser Verlag, 1994.

Goswami, Amit: *Das bewusste Universum. Wie Bewusstsein die materielle Welt erschafft*. Freiburg im Breisgau. Verlag Alf Lüchow, 1995.

Grattan, Brian: *Mahatma I & II. The I Am Presence*. Sedona. Light Technology Publishing, 1994.

Greene, Brian: *Das elegante Universum. Superstrings, verborgene Dimensionen und die Suche nach der Weltformel*. Berlin. Siedler Verlag, 2000.

Hawking, Stephen W.: *Eine kurze Geschichte der Zeit. Die Suche nach der Urkraft des Universums*. Reinbek bei Hamburg. Rowohlt Verlag, 1988.

Hawking, Stephen: *Das Universum in der Nussschale*. Hamburg. Hoffmann und Campe Verlag, 2001.

Hey, Tony/Walters, Patrick: *Das Quantenuniversum. Die Welt der Wellen und Teilchen.* Heidelberg. Spektrum Akademischer Verlag, 1998.

Heisenberg, Werner: *Der Teil und das Ganze. Gespräche im Umkreis der Atomphysik.* München. Piper Verlag, 1996.

Hoffmann, Banesh: *Einsteins Ideen. Das Relativitätsprinzip und seine historischen Wurzeln.* Heidelberg, Berlin, Oxford. Spektrum Akademischer Verlag, 1991, 1992, 1997.

Hoffmann, Dieter: *Max Planck. Die Entstehung der modernen Physik.* München. Verlag C.H. Beck, 2008.

Hurtak, James J.: *Das Buch des Wissens. Die Schlüssel des Enoch.* Brienz. Academy for Future Science, 1973/1990.

Jantsch, Erich: *Die Selbstorganisation des Universums. Vom Urknall zum menschlichen Geist.* München, Wien. Carl Hanser Verlag, 1992.

Kaler, James B.: *Sterne und ihre Spektren. Astronomische Signale aus Licht.* Heidelberg, Berlin, Oxford. Spektrum Akademischer Verlag 1994.

Kaku, Michio: *Hyperspace – Einsteins Rache. Eine Reise durch den Hyperraum und die zehnte Dimension.* Berlin. Byblos Verlag, 1995.

Kaku, Michio: *Die Physik des Unmöglichen. Beamer, Phaser, Zeitmaschinen.* Reinbek bei Hamburg. Rowohlt Verlag, 2008.

Kiever, Claus: *Der Quantenkosmos. Von der zeitlosen Welt zum expandierenden Universum.* Frankfurt am Main. S. Fischer Verlag, 2008.

Kienzler, Wilhelm: *Kosmische Realität und Johannes-Offenbarung. Ein Bericht über die Situation des Menschen in den drei Welten Pinda, Anda und Trikuti.* Weinfelden. Selbstverlag W. Kienzler, 1987.

Kienzler, Wilhelm: *Die Schöpfung. Stufen – Kräfte – Gesetze.* Engelberg/Schweiz, München. Drei Eichen Verlag, 1977.

Kopp, Josef Vital: *Entstehung und Zukunft des Menschen. Pierre Teilhard de Chardin und sein Weltbild.* Luzern, München. Rex-Verlag, 1961.

Krishna, Gopi: *Kundalini. Erweckung der geistigen Kraft im Menschen.* Bern, München, Wien. Otto Wilhelm Barth Verlag, 2000.

Krishnamurti, Jiddu/Bohm, David: *Vom Werden zum Sein.* Bern, München, Wien. Otto Wilhelm Barth Verlag, 1987.

Kühlewind, Georg: *Das Leben der Seele zwischen Überbewusstsein und Unterbewusstsein.* Stuttgart. Verlag freies Geistesleben und Urachhaus, 1986.

Kürten, Oskar: *Jesus von Nazareth. Der Menschensohn und der kosmische Christus.* Basel. Verlag Die Pforte, 1982.

Kurzweil, Ray: *The Singularity Is Near. When Humans Transcend Biology.* New York. Penguin Books, 2006.

Kutschera, Ulrich: *Tatsache Evolution. Was Darwin nicht wissen konnte.* München. Deutscher Taschenbuch Verlag, 2009.

Landua, Rolf: *Am Rand der Dimensionen. Gespräche über die Physik am CERN.* Frankfurt am Main. Suhrkamp Verlag, 2008.

Lazlo, Ervin: *Kosmische Kreativität. Neue Grundlagen einer einheitlichen Wissenschaft von Materie, Geist und Leben.* Frankfurt am Main und Leipzig. Insel Verlag, 1995.

Lazlo, Ervin: *Zu Hause im Universum. Eine neue Vision der Wirklichkeit.* Berlin. Ullstein Buchverlage, 2005.

Leadbeater, Charles W.: *Die Chakras. Eine Monographie über die Kraftzentren im menschlichen Ätherkörper.* Freiburg im Breisgau. Verlag Hermann Bauer, 1983.

Leary, Timothy/Wilson, Robert A./Koopman, George A.: *Neuropolitik. Die Soziobiologie der menschlichen Metamorphose.* Basel. Sphinx Verlag, 1981.

Leonard, George: *Der Pulsschlag des Universums. Schwingungen und Rhythmus – was die Welt im Innersten zusammenhält.* Bern, München. O.W. Barth im Scherz Verlag, 1992.

Liberman, Jacob: *Die heilende Kraft des Lichts. Der Einfluss des Lichts auf Psyche und Körper.* München. Piper Verlag, 1996.

Locher-Ernst, Louis: *Raum und Gegenraum. Einführung in die neuere Geometrie.* Dornach. Philosophisch-Anthroposophischer Verlag am Goetheanum, 1988.

Mc Dermott, Robert (Hrsg.): *Sri Aurobindo. Vorbote eines Neuen Zeitalters.* Grafing. Aquamarin Verlag, 1991.

Meier-Koll, Alfred: *Wie groß ist Platons Höhle? Über die Innenwelten unseres Bewusstseins.* Reinbek bei Hamburg. Rowohlt Taschenbuch Verlag, 2002.

Mooser, Paul: *Evolution – Gott, Zufall oder Geist? Die Analyse eines Spekulanten.* Münster. Edition Octopus im Verlagshaus Monsenstein und Vannerdat, 2008.

Muktananda, Swami: *Kundalini. Das Geheimnis des Lebens.* Telgte. Siddha Yoga Verlag, 2002.

Narby, Jeremy: *Die kosmische Schlange. Auf den Pfaden der Schamanen zu den Ursprüngen modernen Wissens.* München. Deutscher Taschenbuch Verlag, 2004.

Needleman, Jacob: *Vom Sinn des Kosmos. Moderne Wissenschaften und alte Wahrheiten.* Frankfurt am Main. Insel Verlag, 1993.

Pearce, Joseph Chilton: *Der nächste Schritt der Menschheit. Die Entfaltung des menschlichen Potentials aus neurobiologischer Sicht.* Freiamt. Arbor Verlag, 1994.

Pearce, Joseph Chilton: *Biologie der Transzendenz. Neurobiologische Grundlagen für die harmonische Entfaltung des Menschen.* Freiamt. Arbor Verlag, 2004.

Peat, David F.: *Synchronizität. Die verborgene Ordnung.* Bern, München, Wien. Scherz Verlag, 1987.

Penrose, Roger: *Das Große, das Kleine und der menschliche*

Geist. Heidelberg, Berlin. Spektrum Akademischer Verlag, 1998.

Peruzzi, Giulio: *Maxwell – Der Begründer der Elektrodynamik.* IN: Spektrum der Wissenschaft – Biographie. 2/2000.

Popp, Fritz-A.: *Biologie des Lichts. Grundlagen der ultraschwachen Zellstrahlung.* Berlin, Hamburg. Verlag Paul Parey, 1984.

Popp, Fritz-Albert: *Die Botschaft der Nahrung. Unsere Lebensmittel in neuer Sicht.* Frankfurt am Main. Fischer Taschenbuch Verlag, 1993.

Prigogine, Ilja: *Vom Sein zum Werden. Zeit und Komplexität in den Naturwissenschaften.* München. Piper Verlag, 1992.

Randall, Lisa: *Verborgene Universen. Eine Reise in den extradimensionalen Raum.* Frankfurt am Main. Fischer Taschenbuch Verlag, 2008.

Raphaell, Katrina: *Wissende Kristalle für unsere spirituelle Entwicklung und zur Harmonisierung des Alltags.* Interlaken. Ansata Verlag, 1986.

Raphaell, Katrina: *Botschaft der Kristalle. Die Transmission des Lichts.* Saarbrücken. Neue Erde Verlag, 1997.

Rassmann, Klaus (Hrsg.): *Jean Gebser-Brevier. Wesentliche Aussagen aus seinem Werk.* Quern-Neukirchen. Novalis Verlag, 1998.

Ricard, Matthieu/Thuan, Trinh Xuan: *Quantum und Lotus. Vom Urknall zur Erleuchtung.* München. Goldmann Verlag, 2008.

Rubenfeld, Fred/Smulkies, Michael: *Sternenlicht-Elixiere. Heilung durch Energien aus dem Kosmos.* Freiburg. Edition Sternenprinz, Verlag Hans-Jürgen Maurer, 1992.

Russell, Peter: *Die erwachende Erde. Unser nächster Evolutionssprung.* München. Wilhelm Heyne Verlag, 1984.

Russell, Peter: *Im Zeitstrudel. Die atemberaubende Erforschung unserer Zukunftschancen.* Wessobrunn. Volkar-Magnum Verlagsgesellschaft, 1994.

Russell, Walter: *Geheimnis des Lichtes. Das universale Partnerprinzip.* Oberstaufen. Genius Verlag, 2002.

Sanella, Lee: *Kundalini Erfahrung und die neuen Wissenschaften.* Essen. Synthesis Verlag, 1989.

Satprem: *Evolution II. Nach dem Menschen, wer? Vor allem aber: Nach dem Menschen, wie?* Einsiedeln. Daimon Verlag, 1993.

Schönberger, Martin: *Verborgener Schlüssel zum Leben. Weltformel I-Ging im genetischen Code.* Frankfurt am Main. Fischer Taschenbuch Verlag, 1977.

Schrödinger, Erwin: *Was ist Leben? Die lebende Zelle mit den Augen des Physikers betrachtet.* München. Piper Verlag, 1987.

Singer, Wolf: *Vom Gehirn zum Bewusstsein.* Frankfurt am Main. Suhrkamp Verlag, 2006.

Singer, Wolf/Ricard, Matthieu: *Hirnforschung und Meditation. Ein Dialog.* Frankfurt am Main. Suhrkamp Verlag, 2008.

Skriver Carl Anders: *Die vergessenen Anfänge der Schöpfung und des Christentums.* Lübeck-Travemünde. Husum Druck- und Verlagsgesellschaft, 1977.

Solara, Antara Amaa-Ra: *An die Sterngeborenen.* Ischl. Ch. Falk Verlag, 1991.

Sri Nisargadatta, Maharaj: *Ich Bin.* Bielefeld. J. Kamphausen, 1989.

Stonier, Tom: *Information und die innere Struktur des Universums.* Heidelberg. Springer-Verlag, 1991.

Swimme, Brian: *Das Universum ist ein grüner Drache. Ein Dialog über die Schöpfungsgeschichte oder von der mystischen Liebe zum Kosmos.* München. Claudius Verlag, 1991.

Tachi-ren, Tashira: *Der Lichtkörper-Prozess. 12 Stufen vom dichten zum lichten Körper.* Freiburg. Hans-Nietsch-Verlag, 1998.

Talbot, Michael: *Jenseits der Quanten: Wie die Neue Physik die Kluft zwischen Wissenschaft und Glauben überbrückt.* München. Wilhelm Heyne Verlag, 1986.

Talbot, Michael: *Mystik und Neue Physik. Die Entwicklung des Kosmischen Bewusstseins.* München. Wilhelm Heyne Verlag, 1989.

Talbot, Michael: *Das Holographische Universum. Die Welt in neuer Dimension.* München. Droemer Knaur, 1992.

Tansley, David V.: *Energiekörper.* München. Kösel Verlag, 1985.

Tipler, Frank: *Die Physik der Unsterblichkeit.* München. Piper Verlag, 1994.

Toms, Sven P.: *Ursprung des Lebens.* Frankfurt am Main. S. Fischer Verlag, 2005.

Ulrich, William: *The Quartz Crystals of Herkimer County and its Environs.* In: Rocks & Minerals VOL. 64, No. 2. March/April, 1989.

Van Gelder-Kunz, Dora/Karagulla, Shafica: *Die Chakras und die feinstofflichen Körper des Menschen.* Grafing. Aquamarin Verlag, 1989.

Vilenkin, Alex: *Kosmische Doppelgänger. Wie es zum Urknall kam; wie unzählige Universen entstehen.* Berlin, Heidelberg. Springer-Verlag, 2008.

Von Glasenapp, Helmuth: *Die fünf Weltreligionen. Hinduismus, Buddhismus, Chinesischer Universismus, Christentum, Islam.* Kreuzlingen/München. Hugendubel (Diederichs), 2001.

Von Jankovich, Stefan: *Die energetische Struktur des Menschen.* Ergolding. Drei-Eichen-Verlag, 1990.

Walsh, Roger N./Vaughan, Frances (Hrsg.): *Fritjof Capra, Stanislav Grof, Abraham Maslow, Charles Tart, Ken Wilber u.a. – Psychologie in der Wende. Grundlagen, Methoden und Ziele der Transpersonalen Psychologie des Neuen Bewusstseins.* Bern, München, Wien. Scherz Verlag, 1985.

Warnke, Ulrich: *Gehirn-Magie. Der Zauber unserer Gefühlswelt.* Saarbrücken. Popular Academic Verlag, 1997.

Watson, James D.: *Die Doppelhelix.* Reinbek bei Hamburg. Rowohlt Taschenbuch Verlag, 2005.

Weinberg, Steven: *Die ersten drei Minuten. Der Ursprung des Universums.* München. Deutscher Taschenbuch Verlag, 1980.

Weinreb, Friedrich: *Der göttliche Bauplan der Welt. Der Sinn der Bibel nach der ältesten jüdischen Überlieferung.* Bern. Origo Verlag, 1978.

White Eagle: *Sternenlicht.* Grafing. Aquamarin Verlag, 2001.

White, Frank: *Der Overview-Effekt. Wie die Erfahrung des Weltraums das menschliche Wahrnehmen, Denken und Handeln verändert.* Bern, München, Wien. Scherz Verlag, 1989.

Whorf, Benjamin Lee: *Sprache – Denken – Wirklichkeit. Beiträge zur Metalinguistik und Sprachphilosophie.* Reinbek bei Hamburg. Rowohlt Taschenbuch Verlag, 1984.

Wickert, Johannes: *Einstein. Albert Einstein in Selbstzeugnissen und Bilddokumenten.* Reinbek bei Hamburg. Rowohlt Taschenbuch Verlag, 1972.

Wilber, Ken: *Das Atman Projekt. Der Mensch in transpersonaler Sicht.* Paderborn. Junfermann Verlag, 1990.

Wilber, Ken: *Eine kurze Geschichte des Kosmos.* Frankfurt am Main. Fischer Taschenbuch Verlag, 1997.

Wolf, Fred Alan: *Parallele Universen. Die Suche nach anderen Welten.* Frankfurt am Main und Leipzig. Insel Verlag, 1993.

Zajonc, Arthur: *Die gemeinsame Geschichte von Licht und Bewusstsein.* Reinbek bei Hamburg. Rowohlt Taschenbuch Verlag, 2001.

Zeilinger, Anton: *Einsteins Schleier. Die neue Welt der Quantenphysik.* München. Verlag C.H.Beck, 2003.

Zimmerli, Caroline: *Sternenkommunikation. Gesammelte Informationen über unsere Sternengeschwister.* Uetikon am See. Starcon Eigenverlag, 2011.

Zimmerli, Caroline: *Alma erinnert sich an ihren Stern. Geschichten und Gedichte für große und kleine Kinder.* IN: Autorenwerkstatt 98, Anthologie, c/o Edition Fischer, 2008.

Zimmerli, Edwin: Globale Transformation. IN: Zeitschrift Reiki-Info 2/1997.

Zimmerli, Edwin: *Dimensionen und Bewusstsein*. IN: Zeitschrift Reiki-Info, 2/1999.

Zimmerli, Edwin: *Schwingungen und Frequenzerhöhung, Teil 1 & 2*. IN: Elraanis Verlag, Magazin Lichtfokus, Nr. 22 & 23, 2008.

Zimmerli, Edwin: *Schwingungen und Frequenzerhöhung, Teil 3 & 4. Kohärenz und Lichtkörper & Die Welt als Superholosphäre*. IN: Elraanis Verlag, Magazin Lichtfokus, Nr. 25 & 26, 2009.

Zimmerli, Edwin: *Phänomen 2012 – Die Macht der Meme*. IN: Elraanis Verlag, Magazin Lichtfokus, Nr. 27, 2009.

Zimmerli, Edwin: *Energie aus dem Kosmos. Mit Hilfe von Sternenlicht das Bewusstsein erweitern*. IN: Magazin Bio Schweiz, 3/2008.

Über die Autoren

Edwin Zimmerli ursprünglich in der Erforschung und Entwicklung von Hochfrequenz-Übertragungstechnologien tätig, betreibt heute das Starcon-Institut für Bewusstseinsforschung und -technologien in der Schweiz. Sein Spezialgebiet ist die holistische Körper- und Energiearbeit. Er ist ein international gefragter Referent und Seminarleiter.

Caroline Zimmerli wurde durch ihre besondere Feinfühligkeit früh zur Wahrnehmung und Erkundung feinstofflicher Bereiche geführt. Sie hat sich in verschiedenen Körper- und Energietherapien weitergebildet und leitet eine Beratungspraxis.

Kontakt und Webadressen

Kontakt

STARCON – Edwin & Caroline Zimmerli
Tramstraße 105
CH-8707 Uetikon am See
SCHWEIZ
Tel. 0041-(0)44-920 40 71
E-Mail: info@starcon.ch

Informationen im Internet

STARCON Sternwarte: www.starcon.ch
Herstellung von Sternenlichtprodukten/Sternenlicht-Energetisierung

Praxis von Caroline Zimmerli: www.healing-star.ch
Sternenlichtbehandlungen und mediale Beratungen

Lichtkörper Akademie Schweiz: www.holoenergetic.ch
Vorträge, Seminare, Ausbildungen in der STARCON-Methode

Ausgebildete Sternbringer: www.sternbringer.org
Wer wo welche STARCON Sternenlicht-Behandlungen anbietet

Verankerung mit Sternenlicht-Kristallen: www.sternbringer.net
Wo auf der Erde schon Sternenlicht-Kristalle liegen (Cosmic Grid)

Sternenlicht-Produkte und Astro-Zubehör online bestellen:
STARCON WebShop: www.starcon.rent-a-shop.ch